高等教育"十四五"规划教材·**数智财经系列**

Excel在财务中的应用

杨　桦　吴　琼　朱晓东／主　编

王凌智　朱建中　李　贺／副主编

立信会计出版社

LIXIN ACCOUNTING PUBLISHING HOUSE

图书在版编目(CIP)数据

Excel 在财务中的应用 / 杨桦，吴琼，朱晓东主编.
上海：立信会计出版社，2025.6. --(高等教育"十四
五"规划教材). -- ISBN 978-7-5429-7915-5

Ⅰ. F275-39

中国国家版本馆 CIP 数据核字第 2025R0829A 号

策划编辑　　陈　旻
责任编辑　　陈　旻
美术编辑　　吴博闻

Excel 在财务中的应用

Excel ZAI CAIWU ZHONG DE YINGYONG

出版发行	立信会计出版社		
地　　址	上海市中山西路 2230 号	邮政编码	200235
电　　话	(021)64411389	传　真	(021)64411325
网　　址	www.lixinaph.com	电子邮箱	lixinaph2019@126.com
网上书店	http://lixin.jd.com		http://lxkjcbs.tmall.com
经　　销	各地新华书店		

印　　刷	上海华业装潢印刷有限公司
开　　本	787 毫米×1092 毫米　　1/16
印　　张	13.75
字　　数	302 千字
版　　次	2025 年 6 月第 1 版
印　　次	2025 年 6 月第 1 次
书　　号	ISBN 978-7-5429-7915-5/F
定　　价	49.00 元

如有印订差错，请与本社联系调换

Excel 作为财务办公领域的基石软件,不仅具备电子表格制作的基础功能,而且以其内置的数学、财务和统计等函数库,成为人们应对复杂数据处理与分析的得力助手。在财务工作的广阔舞台上,Excel 及其插件 Power Query 编辑器的应用,不仅极大地提升了工作效率与数据准确性,而且推动财务管理向精细化、智能化方向迈进。在这一数据处理工作中,用户不仅掌握了技术工具,更在实践中锤炼了严谨求实、精益求精的工匠精神,体现了新时代财务人员对专业知识的执着追求和对工作质量的不懈坚持。

Power Query 编辑器作为 Excel 的强大数据引擎,其高效的数据获取、清洗、转换与整合能力,为企业财务人员财务分析提供了坚实的数据支撑。数据处理工作不仅是技术操作的展现,更是对数据科学精神的实践——从纷繁复杂的数据中提炼价值,确保每一份分析报告都建立在准确、完整、规范的数据基础上。我们在使用 Excel 工具时,不仅要具备高超的技术能力,而且要秉持诚实守信、客观公正的职业道德,确保财务分析结果的公正性和可信度,为企业决策提供坚实的保障。

《Excel 在财务中的应用》是一本财务智慧与责任融合的教材,其精髓深刻体现在多个维度之中。

价值导向:本书不仅是技术指南,而且是融合了价值导向的财务知识宝库。它引导读者在掌握 Excel 及其插件 Power Query 编辑器高级技巧的同时,深刻理解并践行积极向上的价值观,将个人成长与国家发展紧密结合,以强烈的责任感和使命感参与到财务管理与决策支持中。

职业素养:本书不仅教授 Excel 在财务中的应用技巧,还注重培养读者的职业素养。每章内容都蕴含了对职业素养的探讨,旨在使读者在技能提升的同时,增强职业认同感和社会责任感,为国家的经济发展贡献自己的力量。

道德伦理:本书将道德伦理与财务知识紧密结合,通过 Excel 在财务中的具体应用案例,展现财务工作中的道德判断和伦理考量。读者在掌握技术的同时,也将学会如何在财务决策中遵循道德原则,成为既有技能又有担当的财务专业人才。

社会责任:本书在教授 Excel 高级应用技巧的同时,强调财务工作所承载的社会责任。我们通过深入浅出的讲解和案例分析,让读者理解财务工作对于企业、行业乃至国家经济的重要性,以及自身在其中的角色和责任,从而以更加积极和负责的态度投身工作。

最后，我们衷心希望本书能够成为广大财务工作者、数据分析师以及相关专业学生的良师益友，助力他们在财务领域不断攀登新的高峰。同时，我们也期待读者能够在学习过程中积极反馈意见和建议，共同推动本书的完善与进步，为培养更多德才兼备的财务人才贡献力量。让我们携手并进，在财务领域的数字化转型与发展中书写更加辉煌的篇章！

本书由东北财经大学杨桦、辽宁财贸学院吴琼和朱晓东担任主编，辽宁财贸学院王凌智、朱建中和李贺担任副主编。在本书编写过程中，我们参考了一些相关著作和文献，在此向这些著作和文献的作者深表感谢。本书若有不足之处，欢迎广大读者批评指正。

编　者

2025 年 5 月

目 录

Excel 基本操作

 知识目标

(1) 熟悉 Office 365 Excel 的工作界面。

(2) 熟悉 Office 365 Excel 的基本操作、Excel 公式和常用函数,理解相对地址、绝对地址和混合地址的概念及其应用场景。

(3) 了解并掌握 Excel 中柱形图、饼图和组合图等多种图表的制作方法和步骤,能够根据数据特点选择合适的图表类型展示信息。

 能力目标

(1) 通过 Excel 的数据处理和函数应用,提升数据分析和处理的能力,能够快速、准确地从大量数据中提取有价值的信息。

(2) 培养根据数据特点和展示需求,设计并制作专业、直观的数据图表的能力,提高数据可视化效果。

 素质目标

(1) 数据准确性。在输入和处理数据时,学生必须保持高度的准确性和严谨性,这不仅是技术要求,更是职业素养的体现。引导学生理解在财务和统计等领域中,一个微小的数据错误就可能导致严重的后果,从而培养他们对工作认真负责的态度。

(2) 版权意识。使用 Excel 模板或下载网络资源时,学生应尊重知识产权,不能随意复制粘贴未经授权的内容,培养版权意识和法律意识。

1.1 Excel 的启动方式、窗口布局及功能区

1.1.1 Excel 的启动方式

1.1.1.1 通过"开始"菜单启动

单击桌面左下角的"开始"菜单,选择"所有程序"或"Microsoft Office",来启动

Excel。

1.1.1.2 通过双击已有 Excel 文件启动

双击桌面或文件管理器中的 Excel 文件(.xlsx)来启动 Excel,并同时打开该文件。

1.1.1.3 通过右键新建启动

在桌面或任意空白处,单击右键,选择"新建",然后从弹出的菜单中选择"Microsoft Excel 工作表",即可创建一个新的 Excel 文件并启动 Excel。

1.1.1.4 通过双击快捷方式启动

如果桌面上有 Excel 的快捷方式,双击该快捷方式即可迅速启动 Excel 并新建一个空白的工作簿。

1.1.2 Excel 的窗口布局

Excel 窗口布局,如图 1-1 所示。

图 1-1 Excel 窗口布局

1.1.2.1 标题栏

标题栏位于 Excel 窗口的最上方,显示了当前打开的工作簿的名称,以及 Excel 软件的图标。通过标题栏,用户可以快速识别当前正在使用的工作簿,并进行必要的操作,如保存和关闭等。此外,标题栏还提供了软件的最大化、最小化和关闭按钮,方便用户调整窗口大小和关闭软件。

1.1.2.2 菜单栏

菜单栏位于标题栏的下方,包含了 Excel 的所有操作命令。菜单栏被分为多个选项卡,如"文件""开始""插入""页面布局""公式""数据""审阅"和"视图"等。每个选项卡下又包含了多个组和命令,用户可以根据需要选择相应的选项卡和命令来完成各种操作。

1.1.2.3 工具栏

工具栏通常位于菜单栏的下方或上方(取决于设置),提供了一些常用的工具和快捷键。工具栏通常被称为"快速访问工具栏",用户可以在其中找到一些高频使用的功能,如"保存""撤销""恢复"等。此外,还可以根据自己的使用习惯自定义快速访问工具栏,添加或删除一些常用的命令。

1.1.2.4 工作表

工作表是 Excel 窗口中最大的区域,用于显示和编辑工作表数据。用户在工作表区域中可以选择单元格、输入数据、插入对象和调整格式等操作。工作表由行和列组成的单元格构成,可以在单元格中输入数据、公式或函数,并通过 Excel 的计算功能得到相应的结果。

1.1.2.5 状态栏

状态栏位于 Excel 窗口的最下方,用于显示当前工作表的状态信息,如选中的单元格范围、求和结果等。通过状态栏,用户可以快速了解当前工作表的基本情况,并根据需要进行相应的操作。

1.1.2.6 滚动条

滚动条位于 Excel 窗口的右侧和底部,用于控制工作区的显示范围。当工作表数据较多时,可以通过滚动条快速定位到需要查看的区域。此外,滚动条还提供了缩放功能,方便对工作区的显示比例进行调整。

1.1.3 Excel 的功能区

Excel 的功能区主要位于菜单栏下方,以选项卡的形式呈现,其中几个主要功能区如下所述。

1.1.3.1 "文件"功能区

"文件"功能区提供了新建、打开、保存、关闭工作簿等基本文件操作功能,以及打印、共享、账户信息和选项设置等高级功能。

1.1.3.2 "开始"功能区

"开始"功能区包含了常用的文本格式设置、单元格样式、排序和筛选等功能,用户可以在此功能区下快速设置文本的字体、大小和颜色等属性,以及调整单元格的边框和填充色等样式。

1.1.3.3 "插入"功能区

"插入"功能区提供了插入图片、图表、公式、符号、批注、超链接、超级表和数据透视表等功能,用户可以在工作表中插入各种元素,以丰富表格内容和表现形式。

1.1.3.4 "页面布局"功能区

"页面布局"功能区主要用于调节页面相关属性,如页边距、纸张大小、打印区域和主题设置等,用户可以在此功能区下设置工作表的打印格式和布局。

1.1.3.5 "公式"功能区

"公式"功能区是专为函数设计的功能区,包含了函数库功能、定义名称功能、公式审核和计算功能等,用户可以在此功能区下输入和编辑公式,以及进行复杂的数据计算和分析。

1.1.3.6 "数据"功能区

"数据"功能区提供了数据验证、数据透视表、排序和筛选等高级数据分析工具,用户可以在此功能区下对数据进行清洗、整理和分析,以提取有价值的信息。

1.1.3.7 "审阅"功能区

"审阅"功能区集成了多种与文档审阅相关的功能,包括但不限于拼写检查、语法检查、批注、修订、更改跟踪和比较文档等。这些功能使用户能够更加方便地对文档进行校对、修改和审查,特别适用于团队协作和编辑长文档的场景。

1.2 工作簿、工作表和单元格

工作簿、工作表和单元格是电子表格软件中的三个核心概念,它们相互关联、相互配合,共同构成了数据处理和分析的基础框架。

1.2.1 工作簿概述

1.2.1.1 工作簿的定义与功能

工作簿是 Excel 环境中用来储存并处理工作数据的文件,即 Excel 文档就是工作簿。它是 Excel 工作区中一个或多个工作表的集合,用于组织和存储相关数据。

工作簿的扩展名在 Excel 2007 及以后版本通常为".xlsx",而在早期版本(如 Excel 2003 及以前)则为".xls"。

1.2.1.2 工作簿的特点与限制

一个工作簿可以包含多个工作表,但数量受到可用内存的限制。虽然 Excel 有一个默认的工作表数量(如 Excel 2016 及以后版本默认包含 1 个工作表),但实际上用户可以根据需要添加更多工作表,直到达到系统资源或内存的限制。在大多数情况下,这个限制远高于一般用户的使用需求。

工作簿可以保存为多种类型,如普通 Excel 工作簿(.xlsx)、启用宏的工作簿(.xlsm)、二进制工作簿(.xlsb)以及兼容 Excel 97-2003 的工作簿(.xls)。

1.2.1.3 工作簿的操作与管理

用户可以在工作簿中添加、删除、重命名工作表,并根据需要,通过选择多个工作表(形成一个工作组)或使用 VBA 宏来对工作表执行统一的操作。工作簿和工作表都可以跨文件引用,允许用户在不同工作簿之间引用数据。

1.2.2 工作表概述

1.2.2.1 工作表的定义与功能

工作表是显示在工作簿窗口中的表格,用于存储和处理数据。它是 Excel 完成工作的基本单位,由列和行划分出的"存储单元"——单元格所组成。

1.2.2.2 工作表的特点与限制

每个工作表可以包含的行数和列数有明确的最大值。具体来说,Excel 365(以及 Excel 2016 及以后版本)中的工作表最多可以有 1 048 576 行和 16 384 列。这一限制是微软在设计 Excel 软件时就确定的,旨在满足绝大多数用户的数据处理需求。每个工作表都有一个默认名称(如 Sheet1,Sheet2 等),但用户可以自定义名称。

1.2.2.3 工作表的操作与管理

用户可以在工作簿中新建、删除、重命名工作表,并通过单击工作表标签来切换不同的工作表,工作表中的数据可以单独处理,也可以与其他工作表中的数据进行汇总计算或跨工作表引用。

1.2.3 单元格概述

1.2.3.1 单元格的定义与功能

单元格是工作表中行与列的交叉部分,是组成工作表的最小单位。它是数据输入、存储和编辑的基本单元。

1.2.3.2 单元格的特点与命名

单元格按所在行、列的位置来命名,如"A1"表示第一行第一列的单元格。单元格中可以存放各种类型的数据,包括文本、数字、公式和图形等。

1.2.3.3 单元格的操作与管理

用户可以在单元格中输入和修改数据,以及编辑公式和函数等。单元格还可以进行拆分、合并等操作,以满足不同的数据处理需求。

1.3 Excel 公式与核心数据处理函数

1.3.1 Excel 公式

1.3.1.1 Excel 公式的定义与基本概念

1) Excel 公式的定义

Excel 公式是指用加、减、乘、除等运算符,将文本、数值、日期和函数等组合在一起,以执行特定计算或数据处理的表达式。

2）Excel 公式的基本概念

等号(=)：所有公式都以等号开头，表示接下来的内容是一个待执行的表达式。

元素：公式可以包含单元格引用、数值、文本、日期和函数等多种元素。

运算符：用于连接公式中的各个元素，执行算术、比较和文本连接等操作。

其基本运算符有：

(1) 算术运算符，如加(+)、减(-)、乘(*)、除(/)等，用于执行基本的数学运算。

(2) 比较运算符，如等于(=)、大于(>)、小于(<)等，用于比较两个值的大小或判断其是否相等。

(3) 文本连接运算符，如&，用于将两个或多个文本值连接成一个文本字符串。

(4) 引用运算符，如冒号(:)用于定义一个连续的单元格区域，指定了区域的左上角和右下角的单元格，并包含这两个单元格之间的所有单元格；逗号(,)用于将多个单元格区域或单个单元格引用合并为一个引用。

1.3.1.2 Excel 公式的输入与编辑

1）Excel 公式的输入方法

用户可以在单元格内直接输入公式，以等号开头，然后输入具体的表达式；也可以使用 Excel 的“公式库”或“插入函数”功能，通过选择函数和输入参数来快速构建公式。

2）Excel 公式的编辑与修改

选中包含公式的单元格后，用户可以在编辑栏中直接修改公式的内容；也可以使用 Excel 的“查找和替换”功能，批量修改公式中的特定元素。

1.3.1.3 单元格引用

单元格引用是 Excel 中用于标识单元格位置的方式，通过单元格的坐标（列标和行号）来引用单元格中的数据。Excel 中的单元格引用主要分为以下几种类型。

1）相对引用

相对引用是 Excel 默认的引用方式。在相对引用中，当公式被复制或拖动到表格中的其他单元格时，公式中的单元格引用会相对于原单元格的位置发生变化，如图 1-2 所示。

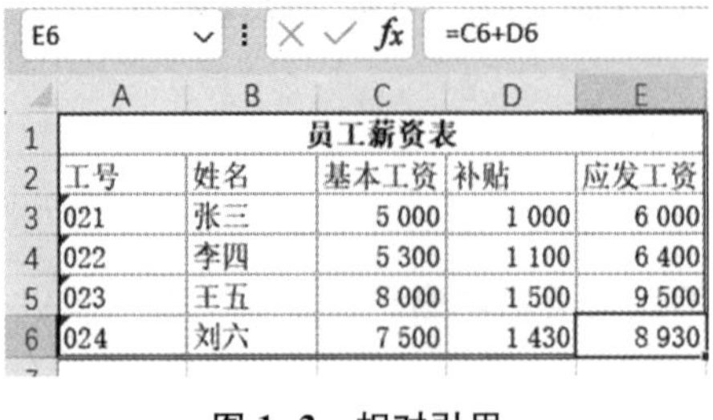

	A	B	C	D	E
1	员工薪资表				
2	工号	姓名	基本工资	补贴	应发工资
3	021	张三	5 000	1 000	6 000
4	022	李四	5 300	1 100	6 400
5	023	王五	8 000	1 500	9 500
6	024	刘六	7 500	1 430	8 930

图 1-2　相对引用

假设在 Excel 中有一个简单的员工薪资表，其中，C 列是基本工资，D 列是补贴，E 列用于计算应发工资。在 E3 单元格中输入公式“= C3 + D3”来计算第一个员工的应发工资，当将这个公式从 E3 单元格复制到 E4、E5 单元格时，公式会自动变为“= C4 + D4”“= C5 + D5”，这是因为，公式中的单元格引用是相对的，随着公式的移动而自动调整。

2）绝对引用

在绝对引用中，公式中的单元格引用被锁定，即使公式被复制或拖动到表格中的其他单元格，引用的单元格也不会改变。绝对引用的符号是在行号和列号前面都加上美元符号 $（按 F4 键可在三种引用方式中切换），如图 1-3 所示。

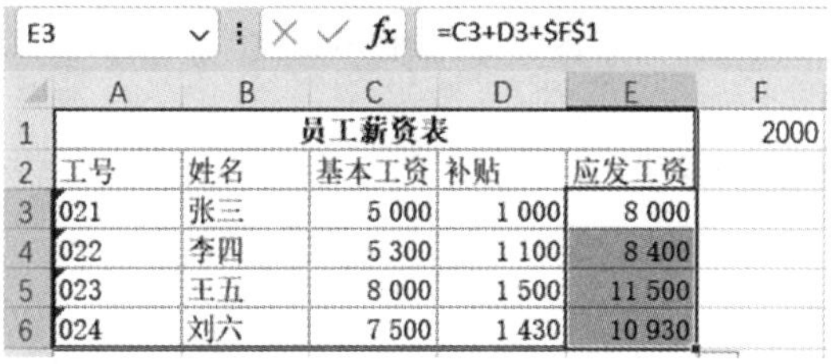
E3 =C3+D3+$F$1

	A	B	C	D	E	F
1	员工薪资表					2000
2	工号	姓名	基本工资	补贴	应发工资	
3	021	张三	5 000	1 000	8 000	
4	022	李四	5 300	1 100	8 400	
5	023	王五	8 000	1 500	11 500	
6	024	刘六	7 500	1 430	10 930	

图 1-3　绝对引用

假设有一个固定的奖金（如 2 000 元），这个奖金存储在 F1 单元格中，用户如果想要在计算应发工资时加上这个固定的奖金，可以使用绝对引用来锁定 F1 单元格。在 E2 单元格中输入公式“= C3 + D3 + $F$1”。即使将这个公式复制到 E 列的其他单元格，$F$1 的引用也不会改变，始终指向 F1 单元格。

3）混合引用

混合引用是行或列中有一个是相对引用，另一个是绝对引用。这种引用方式允许在复制或拖动公式时，一部分单元格引用保持不变，而另一部分则随着公式的移动自动调整。

（1）锁列不锁行。如图 1-4 所示，假设在 A 列中有一系列固定的税率，B、C、D 列是员工的收入，在 E 列中，计算每个员工的税额 1，税率在 A 列中保持不变，而 B、C、D 列中的收入不同。用户可以在 E2 单元格中输入公式“= $A2 * B2”，然后向右向下拖动填充柄。这样，无论公式被拖动到哪行哪列，A 列的税率引用都会保持不变，收入引用会从 B 到 C 到 D 列。

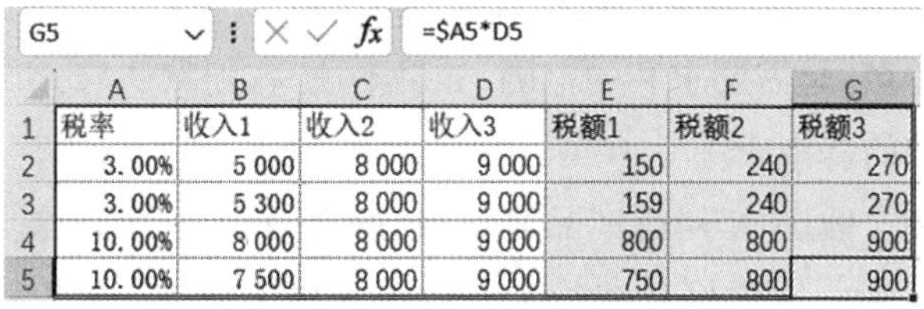
G5 =$A5*D5

	A	B	C	D	E	F	G
1	税率	收入1	收入2	收入3	税额1	税额2	税额3
2	3.00%	5 000	8 000	9 000	150	240	270
3	3.00%	5 300	8 000	9 000	159	240	270
4	10.00%	8 000	8 000	9 000	800	800	900
5	10.00%	7 500	8 000	9 000	750	800	900

图 1-4　锁列不锁行

(2) 锁行不锁列。如图 1-5 所示，计算每个产品每个月份的销售额占总销售额比重时，在 E3 单元格输入公式"＝B3/B$7"，然后将其向右拖拽到 F、G 列，公式会自动调整，如 F7 的公式为"＝C7/C$7"，G7 的公式为"＝D7/D$7"。

G3 =D3/D$7

	A	B	C	D	E	F	G
1	销售数据表						
2	产品名称	1月	2月	3月	1月占比	2月占比	3月占比
3	A	6 000	5 000	6 700	25.10%	25.91%	26.48%
4	B	7 000	6 000	5 500	29.29%	31.09%	21.74%
5	C	7 500	4 500	8 600	31.38%	23.32%	33.99%
6	D	3 400	3 800	4 500	14.23%	19.69%	17.79%
7	合计	23 900	19 300	25 300	100.00%	100.00%	100.00%

图 1-5 锁行不锁列

1.3.2 核心数据处理函数

1.3.2.1 SUM 函数

SUM 函数是 Excel 中计算单元格区域数值和的函数，它是 Excel 中应用最广泛的函数之一，因其简单、直观而受到用户的喜爱。

1) SUM 函数的基本语法

SUM 函数的基本语法为 SUM(number1, [number2], …)。其中，number1 为必需参数，表示要求和的第一个数字区域；[number2]，…为可选参数，表示其他要相加的数字或数字区域。

2) SUM 函数的高级应用

SUM 函数可以与条件语句(如 IF 函数)结合使用，以实现更复杂的求和操作。例如，使用 SUMIF 或 SUMIFS 函数可以根据一个或多个条件对单元格区域进行求和(详见 1.3.2.2 和 1.3.2.3)。

1.3.2.2 SUMIF 函数

SUMIF 函数是 Excel 中条件求和函数。它允许用户按照指定的条件对一系列单元格进行求和。

1) SUMIF 函数的基本语法

SUMIF 函数的基本语法为 SUMIF(range, criteria, [sum_range])。其中，range 为必需参数，表示需要进行条件判断的范围；criteria 为必需参数，是用于筛选数据的条件；sum_range 为可选参数，是需要求和的范围，如果不填写，则默认与 range 相同。

2) SUMIF 函数的基本应用

(1) 单条件求和。假设 A 列有产品名称，B 列有对应的销量，要计算某个特定产品(如"甲产品")的总销量。用户可以在一个空白单元格中输入公式"＝SUMIF(A:A,"甲产品",B:B)"。这个公式表示在 A 列中查找值为"甲产品"的单元格，并对这些找到的单元格在 B 列中对应的销量进行求和。

(2) 计算大于或小于某个值的总和。如果要计算 B 列中销量大于 100 的所有产品的销量总和,可以使用公式"= SUMIF(B:B,">100")"。这里只指定了 range 和 criteria 参数,因为 range 本身就是需要求和的区域,所以省略了 sum_range 参数。

(3) 使用通配符进行模糊匹配。如果要对包含某个特定字符(如"钢")的所有产品进行销量求和,可以使用通配符 *,公式为"= SUMIF(A:A,"*钢*",B:B)"。这里的"*钢*"表示 A 列中包含"钢"字的任意文本。

(4) 多条件求和(结合 SUM 函数)。虽然 SUMIF 函数本身只支持单条件求和,但可以通过结合 SUM 函数来实现多条件求和。例如,要计算"甲产品"和"乙产品"的总销量,可以先分别用 SUMIF 函数求出两者的销量,然后用 SUM 函数将结果相加,公式为"= SUM(SUMIF(A:A,{"甲产品","乙产品"},B:B))"。需要注意的是,这里的大括号{}在输入公式时需要用"Ctrl + Shift + Enter"组合键来输入,以创建数组常量。

1.3.2.3　SUMIFS 函数

SUMIFS 函数是 Excel 中的一个功能强大的函数,它允许用户根据一个或多个条件对指定范围内的单元格进行求和。SUMIFS 函数是 Excel 2007 及更高版本中新增的,相较于 SUMIF 函数,它提供了更多的灵活性,特别是当需要基于多个条件进行求和时。

1) SUMIFS 函数的基本语法

SUMIFS 函数的基本语法为 SUMIFS(sum_range, criteria_range1, criteria1, [criteria_range2, criteria2],⋯)。其中,sum_range 为必需参数,表示需要求和的实际数值所在的区域或数组;criteria_range1 为必需参数,表示第一个条件区域,即要应用第一个条件的区域;criteria1 为必需参数,表示与 criteria_range1 相对应的条件,条件的形式可以是数字、表达式、单元格引用或文本字符串,条件用于确定哪些单元格将被相加;[criteria_range2, criteria2],⋯为可选参数,表示更多条件区域及其对应的条件,可以添加任意数量的条件区域和条件。

2) SUMIFS 函数的基本应用

(1) 单条件求和。假设有一个销售数据表,包含产品名称、销售额等信息,要计算某个特定产品的总销售额,可以使用 SUMIFS 函数,其中 sum_range 是销售额范围,criteria_range1 是产品名称范围,criteria1 是想要计算销售额的产品名称,公式为"= SUMIFS(销售额范围,产品名称范围,"特定产品名称")"。

(2) 多条件求和。如果需要同时根据多个条件进行求和,如同时根据产品名称和销售人员来计算销售额,那么可以在 SUMIFS 函数中添加更多的条件范围和条件,公式为"= SUMIFS(销售额范围,产品名称范围,"特定产品名称",销售人员范围,"特定销售人员")"。

(3) 使用通配符。SUMIFS 函数支持在条件中使用通配符,如星号(*)代表任意多个字符,问号(?)代表任意一个字符。这在进行模糊匹配时非常有用,公式为"= SUMIFS(销售额范围,产品名称范围"=特 * 品")",表示计算所有以"特"开头,后跟任意字符,以"品"结尾的产品销售额。

 案例 1.1

案例背景: 某大学校园内设有三个学生食堂:一食堂、二食堂和三食堂。为了更好地管理食堂的运营,学校采用了电子饭卡支付系统,并记录了每笔交易的详细信息。

要求: 分别求出总收入、一食堂收入、二食堂学期内收入以及三食堂饭卡收入。

案例内容与计算公式,如图 1-6 所示。

	A	B	C	D	E
1	单位	收入类别	时间	收入金额	公式
2	一食堂	点餐	学期内	483 654.20	
3	一食堂	饭卡	学期内	1 587 628.50	
4	一食堂	自助餐	学期内	664 329.80	
5	一食堂	点餐	假期	173 452.10	
6	一食堂	饭卡	假期	277 634.00	
7	一食堂	自助餐	假期	195 035.50	
8	二食堂	点餐	学期内	1 067 349.20	
9	二食堂	饭卡	学期内	1 998 355.00	
10	二食堂	点餐	假期	196 520.10	
11	二食堂	饭卡	假期	682 377.00	
12	三食堂	点餐	学期内	638 629.00	
13	三食堂	饭卡	学期内	1 280 077.70	
14	三食堂	点餐	假期	99 546.30	
15	三食堂	饭卡	假期	159 881.30	
16	合计			9 504 469.7	SUM(D2:D15)
17	一食堂收入合计			3 381 734.1	SUMIF(A2:A15,"一食堂",D2:D15)
18	二食堂学期内收入合计			3 065 704.2	SUMIFS(D2:D15,A2:A15,"二食堂",C2:C15,"学期内")
19	三食堂饭卡收入合计			1 439 959	SUMIFS(D2:D15,A2:A15,"三食堂",B2:B15,"饭卡")

图 1-6 案例内容与计算公式

1.3.2.4 IF 函数

IF 函数全称条件判断函数,在 Excel 中扮演着至关重要的角色。它根据指定的条件对两个或多个可能的输出进行选择,当条件为真(TRUE)时,IF 函数返回一个值;当条件为假(FALSE)时,返回另一个值。

1) IF 函数的基本语法

IF 函数的基本语法为 IF(logical_test,[value_if_true],[value_if_false])。其中,logical_test 为必需参数,表示计算结果为 TRUE 或 FALSE 的任意值或表达式;value_if_true 为可选参数,表示当 logical_test 为 TRUE 时返回的值。如果省略此参数,并且 logical_test 为 TRUE,则 IF 函数返回 TRUE;value_if_false 为可选参数,当 logical_test 为 FALSE 时返回的值。如果省略此参数,并且 logical_test 为 FALSE,则 IF 函数返回

FALSE。

2）IF 函数的基本应用

IF 函数的基本应用非常广泛，它允许用户根据条件测试结果来返回不同的值或执行不同的操作。其基本应用有：

（1）数据分类。即根据数据的某个属性（如数值大小、文本内容等）将数据分类到不同的类别或组别中。例如，根据员工的销售额将其分为"高""中""低"三个等级。

（2）逻辑判断。即执行简单的逻辑判断，根据条件为真或假，返回不同的结果。例如，检查某个日期是否为周末，如果是，则返回"休息日"；如果否，则返回"工作日"。

（3）数据验证。即验证数据是否符合特定的规则或标准，并据此返回相应的信息。例如，检查学生成绩是否及格，如果及格，则返回"通过"；如果否，则返回"未通过"。

（4）条件计算。即根据条件的不同执行不同的计算，并返回计算结果。例如，根据商品的销售数量和单价计算销售总额，如果数量超过一定阈值则享受折扣价。

（5）数据筛选。即基于条件筛选数据，只显示或处理满足特定条件的记录。例如，在数据列表中筛选出销售额超过平均值的所有记录。

（6）嵌套使用。即处理更复杂的条件逻辑，涉及多个条件的测试和多个返回值。例如，根据学生的考试成绩将其分为"优秀""良好""中等""及格""不及格"五个等级，这需要嵌套多个 IF 函数来实现。

 案例 1.2

案例背景： 2025 年年初，某商场对服装品牌"华森""美腾""华胜"进行了一次全面的销售数据分析，一方面采取必要的措施促进销售，另一方面评估不同货季的销售表现，识别出潜在的商机与问题区域。

要求：

（1）如果某商品的销售吊牌额超过吊牌价的 80%，则不打折；如果销售吊牌额低于吊牌价的 80%，则按吊牌价的 70% 计算实际销售金额（即打折后金额），计算并添加一列"实际销售金额"。

（2）分别计算男、女实际销售额的平均值。

（3）分别计算 4 个季度的实际总销售额。

（4）增加一列"季号"，"季度"列 如果为 1，季号为"Q1"，以此类推。

案例内容与计算公式，如图 1-7 所示。

1.3.2.5 OFFSET 函数

OFFSET 函数在 Excel 中的应用非常广泛，它允许用户基于一个起始单元格（或区域），通过指定行和列的偏移量来动态地引用另一个单元格（或区域）。这种动态引用的能力使

	A	B	C	D	E	F	G	H	I
1	品牌	季度	性别	货号	销售数量	销售吊牌额	吊牌价	实际销售金额	季号
2	华森	1	T	377781-010	3	747	249	747	Q1
3	华森	1	T	377781-731	2	498	249	498	Q1
4	华森	1	T	377787-010	1	300	329	300	Q1
5	华森	2	T	449794-091	1	249	249	249	Q2
6	华森	2	T	519505-477	1	229	229	229	Q2
7	华森	3	T	519977-021	2	358	179	358	Q3
8	华森	3	F	529753-010	1	329	329	329	Q3
9	华森	3	T	532500-011	1	399	399	399	Q3
10	华森	3	T	543179-011	1	429	429	429	Q3
11	华森	4	T	543367-077	1	987	789	987	Q4
12	华森	4	T	634872-021	1	179	179	179	Q4
13	美腾	4	F	LG008-1	1	239	239	239	Q4
14	美腾	1	T	LG009-1	1	239	239	239	Q1
15	美腾	1	T	LG009-2	3	717	239	717	Q1
16	美腾	1	T	AKLJ013-2	2	438	219	438	Q1
17	美腾	2	T	AKLJ013-4	1	219	219	219	Q2
18	美腾	2	F	AUBJ002-1	1	159	159	159	Q2
19	华胜	3	T	D82056	4	916	229	916	Q3
20	华胜	3	F	D86984	1	429	429	429	Q3
21	华胜	3	T	G68104	1	699	699	699	Q3
22	华胜	3	T	G68232	1	529	529	529	Q3
23	华胜	4	F	G69627	1	999	999	999	Q4
24	华胜	4	T	G70073	1	598	599	598	Q4
25	华胜	4	T	G70260	2	658	329	658	Q4
26	华胜	1	F	G71287	1	399	399	399	Q1
27	华胜	1	F	G71902	2	738	369	738	Q1
28				计算公式					
29	H2=IF(F2>G2*0.8,F2,G2*0.7)　　向下填充至 H27单元格								
30	男: AVERAGEIF(C2:C27,"T",H2:H27)　 女: AVERAGEIF(C2:C27,"F",H2:H27)								
31	SUMIF(B2:B27,"1",H2:H27) 以第1季度为例								
32	I2=IF(B2=1,"Q1",IF(B2=2,"Q2",IF(B2=3,"Q3","Q4"))) 向下填充至 I27单元格								

图 1-7　案例内容与计算公式

OFFSET 函数在处理数据表格、创建动态图表和进行数据分析时显示出了强大的优势。

1) OFFSET 函数的基本语法

OFFSET 函数的基本语法为 OFFSET(reference,rows,cols,[height],[width])。其中,reference 为必需参数,表示偏移的基准点(基点),即要从中返回引用的单元格或单元格区域左上角的单元格;rows 为必需参数,表示相对于基点要向下(正数)或向上(负数)偏移的行数;cols 为必需参数,表示指定相对于基点要向右(正数)或向左(负数)偏移的列数;[height]为可选参数,表示要返回的引用区域的高度(即行数),如果省略,OFFSET 将返回从基点开始、基于 rows 和 cols 偏移的整个列的高度;[width]为可选参数,表示要返回的引用区域的宽度(即列数),如果省略,OFFSET 将返回从基点开始、基于 rows 和 cols 偏移的整个行的宽度。

2) OFFSET 函数的基本应用

(1) 简单的偏移引用。假设 A1 单元格的值为 10,要获取 A2(即 A1 下方一行)的值,公式为" = OFFSET(A1,1,0)",A1 是起始单元格,1 表示向下偏移 1 行,0 表示不向右偏移列,因此,函数返回 A2 单元格的值。

（2）偏移并引用一个区域。假设从 A1 开始，向下偏移 2 行，向右偏移 1 列，并引用一个 2 行 3 列的区域，公式为"= OFFSET(A1,2,1,2,3)"，将返回从 B3 开始的 2 行 3 列的区域（即 B3:D4）。

（3）与其他函数结合使用。OFFSET 函数经常与其他函数结合使用，以实现更复杂的操作。例如，与 SUM 函数结合来计算动态区域的和，公式为"= SUM(OFFSET(A1,1,0,5,1))"，即对 A2:A6 单元格区域所有数值求和。

（4）动态图表的数据源。假设有一个动态更新的数据表，并且用户希望图表的数据源也随着数据表的更新而自动调整，可以使用 OFFSET 函数来定义图表的数据范围，当数据表更新时，图表也会相应地更新（详见 1.4 常用图表的制作）。

 案例 1.3

案例背景：假设某企业财务部门使用 Excel 来记录和管理日常财务交易，每条交易记录都包括一个唯一的凭证号数、科目编码、科目名称以及相应的金额，随着业务量的增长，财务部门需要定期汇总和分析特定科目的交易金额，以便进行成本控制和预算分析。

要求：分别计算差旅费与邮寄费的总金额。

案例内容与计算公式，如图 1-8 所示。

	A	B	C	D	F
1	凭证号数	科目编码	科目名称	金额	参考公式（不限于1种）
2	记-0055	410501010101	差旅费	658.00	SUM(OFFSET(C1,1,1,5,1))
3	记-0058	410501010101	差旅费	864.00	差旅费总金额
4	记-0152	410501010101	差旅费	480.00	
5	记-0342	410501010101	差旅费	3 464.00	
6	记-0319	410501010102	差旅费	2 080.00	
7	记-0057	410501010202	办公用品	780.00	SUM(OFFSET(C10,1,1,2,1))
8	记-0057	410501010202	办公用品	192.38	邮寄费总金额
9	记-0057	410501010301	手机电话费	1 000.00	
10	记-0152	410501010301	手机电话费	200.00	
11	记-0057	410501010303	邮寄费	245.00	
12	记-0229	410501010303	邮寄费	50.00	
13	记-0344	410501010304	话费补	130.00	
14	记-0057	410501010406	运费附加	270.00	
15	记-0320	4105010105	劳保用品	626.70	

图 1-8　案例内容与计算公式

1.3.2.6　XLOOKUP 函数

XLOOKUP 函数是 Excel 中一个强大的查找函数，它允许用户按行查找表格或区域内容,并返回与搜索词相匹配的结果。它可以在一列中查找搜索词,并从另一列中的同一行返回结果(无论返回列位于哪一侧)。

XLOOKUP 函数在 Office 365 Excel 或在 Excel 2021 以上版本中可用,但在 Excel 2016 和 Excel 2019 中不可用。

1) XLOOKUP 函数的基本语法

XLOOKUP 函数的基本语法为 XLOOKUP(lookup_value,lookup_array,return_array,[if_not_found],[match_mode],[search_mode])。其中,lookup_value 为必需参数,表示要在 lookup_array 中搜索的值;lookup_array 为必需参数,包含要搜索 lookup_value 的数据的单元格范围;return_array 为必需参数,表示根据查找结果检索对应值的范围;[if_not_found]为可选参数,如果未找到有效的匹配项,则返回指定的值,如果省略,则返回♯N/A;[match_mode]为可选参数,用于确定要执行的匹配类型,可选值包括 0(完全匹配,默认)、−1(完全匹配或下一个较小的项目)和 1(完全匹配或下一个较大的项目);[search_mode]为可选参数,用于定义搜索方向,可选值包括 1(从上到下搜索,默认)和 −1(从下到上搜索)。

2) XLOOKUP 函数的基本应用

如图 1-8 所示,查找凭证号数为"记−0319"对应的金额,公式为" = XLOOKUP(A6,A1:A15,D1:D15)";查找凭证号数为"记−0060"对应的金额,如不存在返回"凭证号数不存在",公式为" = XLOOKUP("记−0060",A1:A15,D1:D15,"凭证号数不存在")"。

1.3.2.7 SUMPRODUCT 函数

SUMPRODUCT 函数是 Excel 中的一个非常强大的函数,它主要用于计算数组或范围中对应元素的乘积之和。这个函数特别适用于那些需要同时进行乘法和加法的复杂计算场景,而且它还可以处理非数值型数据的错误,自动忽略它们,只计算有效的数字乘积。

1) SUMPRODUCT 函数的基本语法

SUMPRODUCT 函数的基本语法为 SUMPRODUCT(array1,[array2],[array3],…)。其中,array1,[array2],[array3],…是需要进行乘积计算的数组或范围。Excel 会将每个数组中相同位置的元素相乘,然后将所有乘积相加。需要注意的是,这里可以指定多个数组,但每个数组的元素数量必须相同,或者至少在某个维度上能够匹配(如一个一维数组和一个二维数组中的一行或一列)。

2) SUMPRODUCT 函数的基本应用

(1) 基本乘法求和。假设有两个数组 A1:A3 = {1,2,3} 和 B1:B3 = {4,5,6},则" = SUMPRODUCT(A1:A3,B1:B3)"的结果是 (1 * 4) + (2 * 5) + (3 * 6) = 4 + 10 + 18 = 32。

(2) 使用条件求和。虽然 SUMPRODUCT 函数本身不直接支持条件语句,但可以通过将条件转化为数组来实现条件求和。比如,计算 A 列中所有大于 10 的数与 B 列对应数的乘积之和,公式为" = SUMPRODUCT((A1:A10 > 10) * (A1:A10) * (B1:B10))"。这里,(A1:A10 > 10)会生成一个布尔数组(TRUE 或 FALSE),TRUE 被 Excel 视为 1,FALSE 视为 0。将这个数组与(A1:A10)和(B1:B10)对应的元素相乘,然后求和,就实现了条件求和。

(3) 多条件求和。例如,计算 A 列中所有大于 10 且 B 列对应项小于 20 的 A 列值与 B 列对应值的乘积之和,公式为" = SUMPRODUCT((A1:A10 > 10) * (B1:B10 < 20) * (A1:A10) * (B1:B10))"。

需要注意的是,SUMPRODUCT 函数可以处理非数值型数据(如文本或错误值),但会智能地忽略这些数据,仅对有效的数字进行乘积计算。使用 SUMPRODUCT 时,需要结合使用括号来确保计算的顺序正确,特别是在涉及多个条件或复杂计算时。

 案例 1.4

案例背景: 假设有一个销售数据表,其中包含不同产品在不同门店的销售数据,包括产品名称、门店名称、销售数量和销售单价。

要求: 计算某个特定门店(如三水店)中特定产品(如水果)的总销售金额。

案例内容与计算公式,如图 1-9 所示。

	A	B	C	D	E	F	G
1	门店	产品名称	销售量	单价			
2	三水店	水果	100	5			
3	四海店	水果	80	6			
4	三水店	蔬菜	120	4			
5	四海店	蔬菜	90	3.5			
6	三水店	水果	150	5.5			
7	计算公式						
8	SUMPRODUCT((A2:A6="三水店")*(B2:B6="水果")*(C2:C6)*(D2:D6))						

图 1-9 案例内容与计算公式

其中,(A2:A6 = "三水店")表示返回一个数组,"三水店"对应的单元格返回 TRUE(或视为 1),其他返回 FALSE(或视为 0);(B2:B6 = "水果")同样表示返回一个数组,其中"水果"对应的单元格返回 TRUE(或视为 1),其他返回 FALSE(或视为 0)。将上述两个数组相乘,得到一个新的数组,其中同时满足门店为"三水店"且产品为"水果"的单元格对应的元素为 1,其他为 0。将这个新数组与销售量数组(C2:C6)和单价数组(D2:D6)分别相乘。最后,SUMPRODUCT 函数将这个数组中的所有元素相加,得到总销售金额为 $(1 * 100 * 5) + (0 * 80 * 6) + (0 * 120 * 4) + (0 * 90 * 3.5) + (1 * 150 * 5.5) = 500 + 0 + 0 + 0 + 825 = 1 325$。

1.4 常用图表的制作

在 Excel 中制作图表是数据分析和展示的重要手段,其中,柱形图、饼图、组合图和 XY 散点图是常用的图表类型。下面将分别介绍这四种图表的制作方法。

1.4.1 柱形图的制作

柱形图是最常见的图表类型之一,它适用于显示和比较二维数据比较集中的数据点。其制作步骤如下:

(1) 准备数据。通常类别数据在一列(或行),对应的值在另一列(或行)。

(2) 选择数据。即选中想要在图表中显示的数据区域。

(3) 插入柱形图。在 Excel 的菜单栏上,选择"插入"→"图表"→"柱形图",可在不同样式的柱形图中选择。

(4) 自定义图表。在创建的柱形图上,可以添加标题、更改轴标签和调整颜色等。这些操作可以通过单击"图表工具"→"设计"→"添加元素"等选项来完成。

案例 1.5

案例背景: 同[案例 1.1]。

要求(1): 制作"一食堂收入合计""二食堂学期内收入合计""三食堂饭卡收入合计"的静态柱形图。

制作结果,如图 1-10 所示。

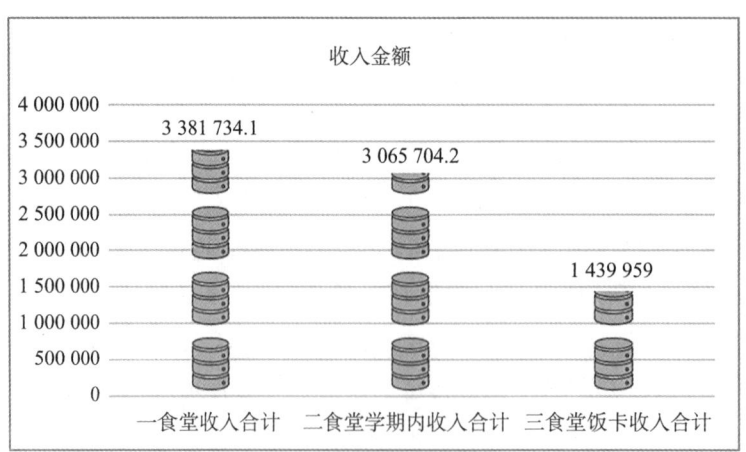

图 1-10　静态柱形图

 提示

可以将柱子形状用图标代替。下载图标,采用快捷键复制粘贴即可。

要求(2):制作"一食堂收入合计""二食堂学期内收入合计""三食堂饭卡收入合计"的动态柱形图。

操作步骤如下:

(1)插入控件按钮"列表框"(详见 1.5 节),在弹出的"设置对象格式"对话框中,做如图 1-11 所示的设置。

(2)选中 A21 单元格,输入设公式" = OFFSET(A16,$A$20,)",该公式的含义是以 A16 单元格为基准点,根据 A20 单元格中的数值向下移动相应的行数(列数不变),将公式复制到 B21 单元格中。

(3)选中 A21、B21 两个单元格,插入柱形图,选择"列表框"中的不同收入,图形即可在三种类型收入间变动显示,如图 1-12 所示。

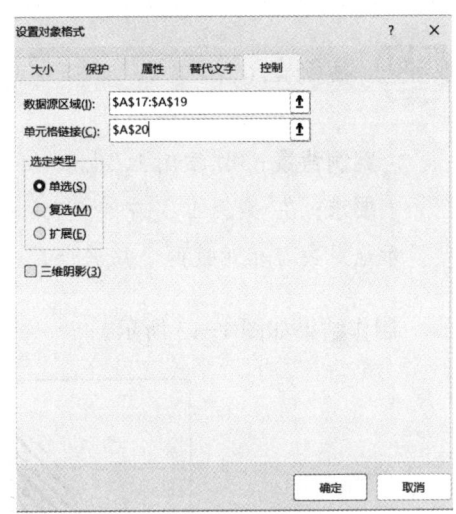

图 1-11 控件格式参数设置

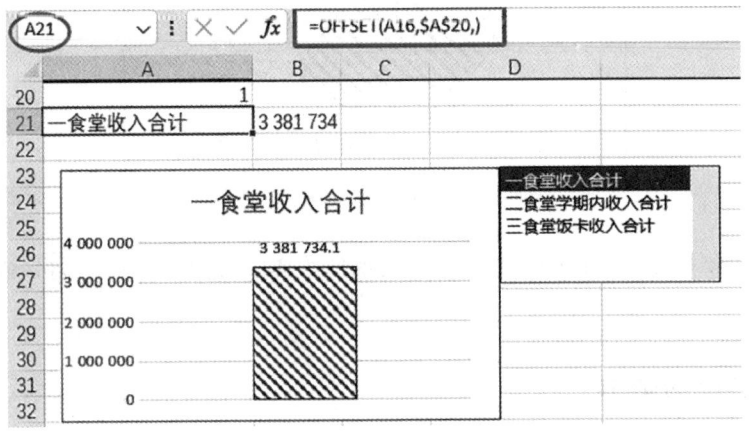

图 1-12 动态柱形图

1.4.2 饼图的制作

饼图主要用于表示百分比例的大小,适合展示一个数据系列中各部分与整体的比例关系。其制作步骤如下:

（1）准备数据。确保数据是一个简单的数据系列，即一列数据表示类别，另一列数据表示对应的数值。

（2）选择数据。即选中想要在饼图中显示的数据区域。

（3）插入饼图。在 Excel 的菜单栏上，选择"插入"→"图表"→"饼图"，可以选择普通饼图和 3D 饼图等多种样式。

（4）自定义图表。在创建的饼图上，可以添加数据标签来显示各部分的具体数值或百分比，也可以调整饼图的样式和颜色。

案例 1.6

案例背景：同［案例 1.3］。

要求：在［案例 1.3］中选择"话费补""运费附加""劳保用品"制作饼图，标签要求显示绝对数与相对数两个数据点。

制作结果如图 1-13 所示。

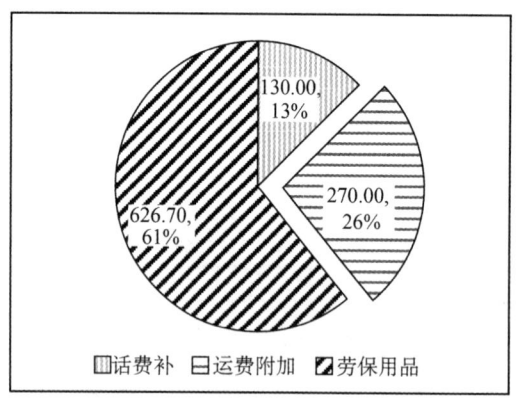

图 1-13　饼图

需要注意的是，可以通过慢双击的方式，选择三块区域中的任意一部分单独设置样式或颜色。

1.4.3　组合图的制作

组合图在一个图表中同时展示多种图表类型的元素，以便更好地展示和比较多组数据。其制作步骤如下：

（1）准备数据。确保数据已经按照需要比较的不同类别或系列组织好。

（2）选择数据。即选中想要在组合图中显示的数据区域。

（3）插入组合图。在 Excel 的菜单栏上，选择"插入"→"图表"→"组合图"，在组合图选项中，用户可以为不同的数据系列选择不同的图表类型（推荐柱形图和折线图）。

（4）自定义图表。在创建的组合图上，用户可以根据需要调整各种图表元素的样式、颜色以及添加标题、轴标签等。

 案例 1.7

案例背景：同[案例 1.3]。

要求：制作差旅费金额及占比组合图。

操作步骤如下：

（1）在[案例 1.3]中选取差旅费相关资料，形成如图 1-14 所示的数据源。

	A	B	C
1	科目名称	金额	占比
2	差旅费	658.00	8.72%
3	差旅费	864.00	11.45%
4	差旅费	480.00	6.36%
5	差旅费	3 464.00	45.91%
6	差旅费	2 080.00	27.56%
7	合计	7 546.00	100.00%

图 1-14　组合图数据源

（2）在"插入图表"对话框中，通过"自定义组合"选项，将"系列名称"中的"占比"设置为使用"次坐标轴"，如图 1-15 所示。

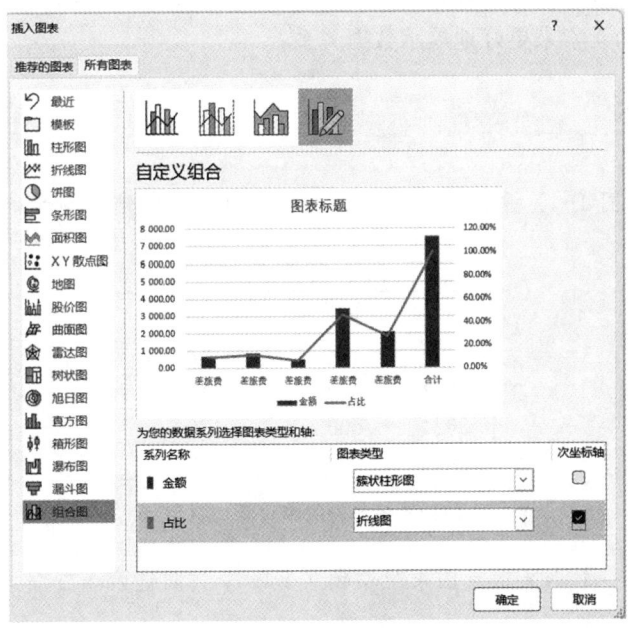

图 1-15　组合图设置

（3）制作的组合图，如图 1-16 所示。

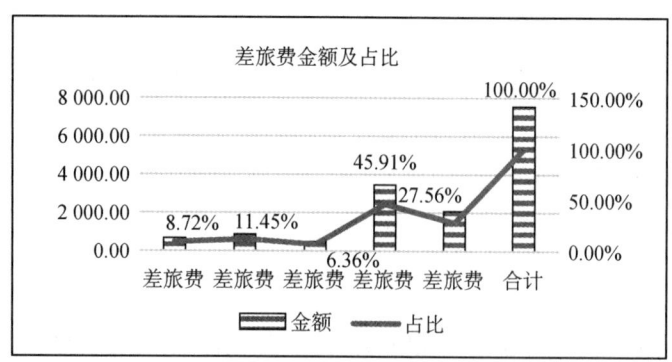

图 1-16　组合图

需要注意的是，组合图标签一般在折线图上添加即可。

1.4.4　XY 散点图的制作

XY 散点图主要用于显示单个或多个数据系列中各数值之间的相互关系。其制作步骤如下：

（1）准备数据。确保数据包含两个数值列，分别代表 X 轴和 Y 轴的数据点。

（2）选择数据。即选中想要在散点图中显示的数据区域。

（3）插入 XY 散点图。在 Excel 的菜单栏上，选择"插入"→"图表"→"散点图"（或称为"XY 散点图"），可以选择带有数据标记、平滑线等不同样式的散点图。

（4）自定义图表。在创建的散点图上，用户可以调整数据点的样式、大小、颜色以及添加趋势线等辅助元素来更好地展示数据关系。

 案例 1.8

案例背景： 图 1-17 所示是一家公司 2022—2025 年的销售额和净利润数据。

	A	B	C
1	年份	销售额	净利润
2	2022	500	100
3	2023	550	115
4	2024	600	120
5	2025	650	130

图 1-17　各年份的销售额与净利润

要求： 绘制一个 XY 散点图来观察销售额和净利润这两个变量之间是否存在某种趋势或关联性。

制作的 XY 散点图,如图 1-18 所示。

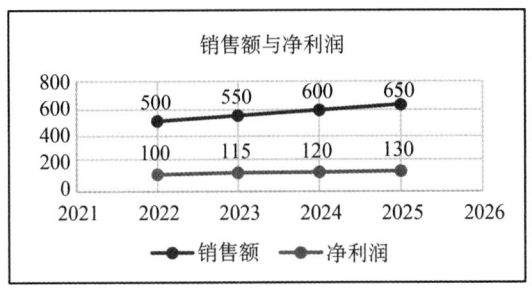

图 1-18　XY 散点图

需要注意的是,选择的区域包括年份、销售额与净利润。

1.5　开发工具的添加与参数设置

1.5.1　开发工具的添加

1.5.1.1　进入选项设置

单击 Excel 界面左上角的"文件"菜单,选择"选项"命令。

1.5.1.2　启用"开发工具"

在 Excel"选项"对话框中,选择"自定义功能区",在右侧的"主选项卡"列表中,找到并勾选"开发工具"选项,单击"确定"按钮,保存设置。这样,"开发工具"选项卡就会出现在 Excel 的功能区中。

1.5.1.3　添加表单控件

单击"开发工具"→"插入"→"表单控件",比较常用的表单控件有"按钮""组合框""复选框""数值调节钮""列表框"等,如图 1-19 所示。

1.5.2　开发工具参数设置

以"数值调节钮"为例,在"开发工具"选项卡下,选择"插入"→"表单控件"→"数值调节钮",将数值调节钮拖动到工作表的适当位置,并调整其大小。选中按钮,右键单击,打开"设置控件格式"对话框,假如要在 H1 单元格中动态显示 1 至 30 个数据,其参数设置,如图 1-20 所示。

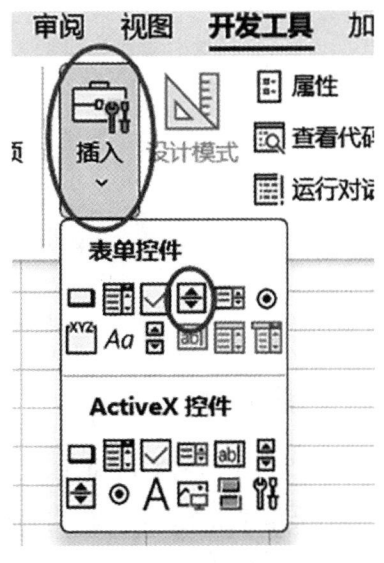

图 1-19　添加表单控件

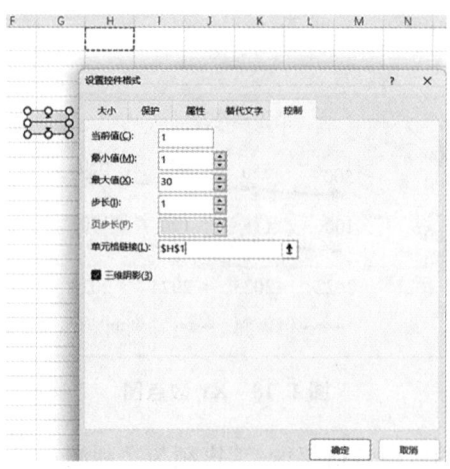

图 1-20 控件格式参数设置

 案例 1.9

案例背景: 佳品公司 2025 年某产品 1～12 月份销售量数据。

要求: 插入一个"数值调节钮"动态地选择月份,并显示该月份对应的销售量数据。

案例内容与按钮及公式设置,如图 1-21 所示,按钮的单元格链接地址为"C1"单元格,最小值 1,最大值 12,步长为 1。

	A	B	C	D	E
1	月份	销售量	10	547	
2	1	430			
3	2	443			
4	3	456			
5	4	469			
6	5	482			
7	6	495			
8	7	508			
9	8	521			
10	9	534			
11	10	547			
12	11	560			
13	12	600			

D1 f_x =OFFSET(B1,C1,)

图 1-21 案例内容与按钮及公式设置

 **提示**

用户可以将 OFFSET 函数与其他函数结合使用,以实现更复杂的数据处理。例如,可以使用 SUM 函数对特定月份的销售数据进行求和,或者使用 AVERAGE 函数计算平均销售额等。

 **实战演练**

华圣集团是一家多元化发展的公司,旗下拥有多个子公司,其中,A、B、C 三家子公司是其主要运营部门,分别专注于不同领域的产品和服务。为了更好地监控和评估各子公司的经营状况,集团决定对它们每月的财务数据进行详细分析。三家子公司 1~3 月份的收入与支出,如表 1-1 所示。

表 1-1　三家子公司 1~3 月份的收入与支出

月份	部门	收入	支出
1	A 公司	2 634	2 522
1	B 公司	2 700	2 605
1	C 公司	2 700	2 888
2	A 公司	2 690	2 588
2	B 公司	2 713	2 608
2	C 公司	2 714	2 628
3	A 公司	2 903	2 788
3	B 公司	2 890	3 000
3	C 公司	2 980	2 980

要求:

(1) 增加一列"判断"列,即收入大于支出为"盈余",收入等于支出为"平衡",收入小于支出为"亏损"

(2) 计算 B 公司 3 个月的净收入额。

(3) 分别计算 1 月、2 月和 3 月各月收入的合计数,并制作动态柱形图。

任务 2 **Power Query 编辑器基本操作**

 知识目标

(1) 熟悉 Power Query 编辑器在 Excel 中的位置、主要界面和操作流程。

(2) 理解 Power Query 编辑器提供的数据清洗和转换功能。

(3) 掌握用 Power Query 编辑器导入、合并多源数据,进行汇总分析的方法。

 能力目标

(1) 能够快速连接和导入各种来源的数据,确保数据的完整性和准确性。

(2) 熟练掌握 Power Query 编辑器的基本操作,如数据加载、筛选、排序和删除重复项等。

(3) 熟练数据清洗和转换操作,将原始数据转换为适合分析的结构和格式。

(4) 能够使用合并查询功能,实现多表之间的连接和数据分析。

(5) 能够高效地将多个工作表中的数据导入 Power Query 编辑器,并进行合并和汇总处理。

 素质目标

(1) 培养社会责任感。通过处理与社会热点问题相关的数据,让学生关注社会问题,增强社会责任感。

(2) 提升信息素养。在数据处理过程中,培养学生信息获取、筛选、分析和利用的能力。

2.1 Power Query 编辑器简介

Power Query 编辑器是 Excel 的一个插件(在 Excel 2016 及以后版本中已内置,早期版本需单独安装),主要用于数据的获取、清洗、转换和加载。它允许用户从不同来源(如数据库、Excel 文件、文本文件、Web 页面等)导入数据,并通过直观的图形界面进行数据的清洗、转换和合并,最终将处理好的数据加载到 Excel 或 Power BI 等工具中进行进一步的分析和展示。

2.1.1 Power Query 编辑器的总体布局

Power Query 编辑器的总体布局主要围绕数据处理和转换的功能展开,其界面设计旨在提供直观、高效的操作体验,如图 2-1 所示。

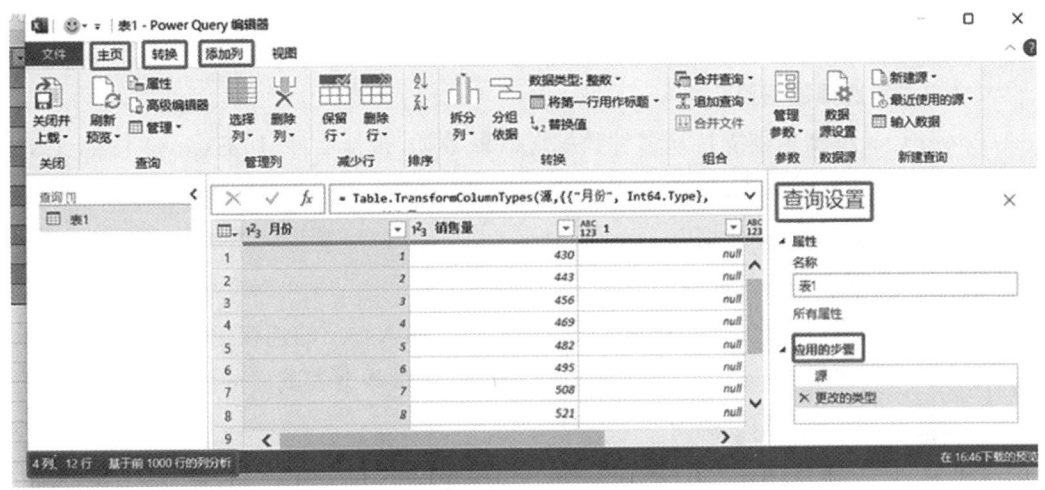

图 2-1 Power Query 编辑器的总体布局

2.1.1.1 顶部功能区

顶部功能区包含"主页""转换""添加列""视图"等四个选项卡,每个选项卡下都有一系列用于执行不同操作的按钮和命令。

2.1.1.2 左侧导航窗格

左侧导航窗格显示当前工作簿中的所有查询,允许用户快速浏览和选择需要编辑内容的查询。

2.1.1.3 中央预览区

中央预览区展示当前选中查询的数据预览,用户可以在这里看到数据转换的实时效果。

2.1.1.4 右侧/底部应用步骤窗格

右侧/底部应用步骤窗格记录并展示查询中执行的所有转换步骤,用户可以通过这个窗格来查看、编辑和管理步骤。

2.1.1.5 底部状态栏

底部状态栏提供关于查询、执行状态、数据行数和列数等信息的反馈。

2.1.2 Power Query 编辑器的位置与启动

2.1.2.1 Power Query 编辑器的位置

在 Excel 中,Power Query 编辑器通常位于"数据"菜单下的"获取和转换数据"区域,以及"查询和连接"功能区。

2.1.2.2 Power Query 编辑器的启动

用户可以通过选中数据区域，单击右键选择"从表格/区域获取数据"来启动 Power Query 编辑器，或者通过"数据"菜单下的"获取数据"选项卡，从文件、数据库和网页等多种来源导入数据。

2.1.3 Power Query 编辑器的数据获取

2.1.3.1 选择数据源

Power Query 编辑器支持从多种数据源获取数据，包括文件（如 Excel 工作簿、CSV 文件、文本文件等）、数据库、Web 以及其他数据源（如 OData、Hadoop 等）。用户可以根据自己的需求选择合适的数据源。

2.1.3.2 连接并导入数据

选择数据源后，Power Query 编辑器会提示用户输入必要的连接信息（如文件路径、数据库连接字符串等）。连接成功后，Power Query 编辑器会尝试预览数据，并允许用户选择需要导入的表格或数据范围。

2.1.3.3 加载数据

用户可以选择将数据直接加载到 Excel 工作表中，或者加载到 Power Pivot（数据透视表）进行进一步的数据分析。加载时，还可以选择是否保留查询的连接，以便后续能够刷新数据。

 案例 2.1

案例背景：假设在 D 盘根目录下有如下的类型文件：".txt"".xlsx"".csv"。

要求：根据需要分别导入 Power Query 编辑器中。

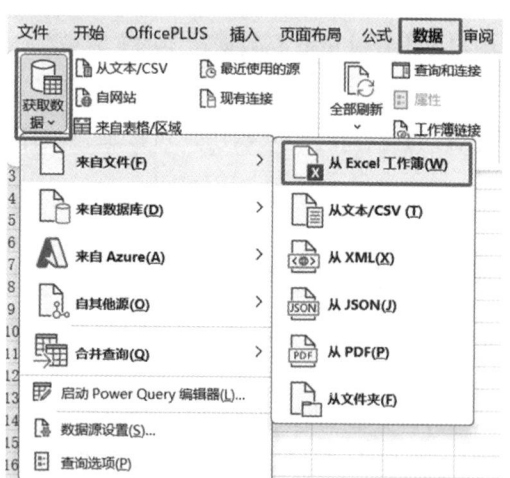

操作步骤如下：

选择"数据"→"获取数据"→"来自文件"（可根据文件类型进行选择），在弹出的对话框中，单击"数据转换"选项卡，即可打开了 Power Query 编辑器，如图 2-2 和图 2-3 所示。

图 2-2 导入 Excel 文件

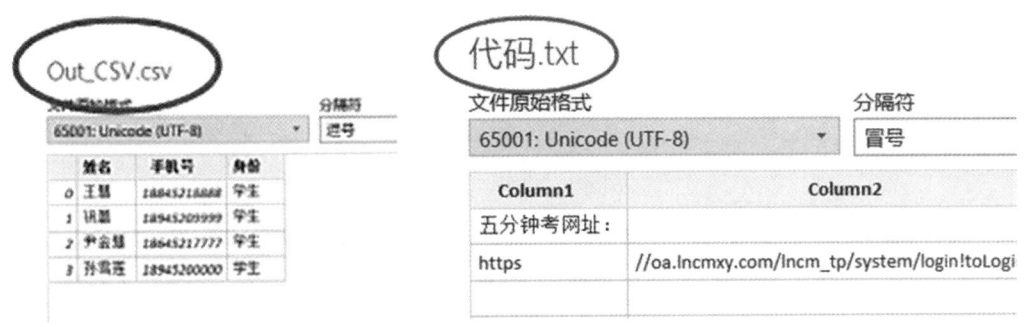

图 2-3 导入 .csv 与 .txt 文件

 提示

如想将当前工作表的数据源导入 Power Query 编辑器中,可直接选中数据源(或选中数据源中任意一个单元格),单击"数据"→"来自表格/区域",即可将数据源导入 Power Query 编辑器中。

2.2 数据清洗与转换

2.2.1 基本清洗与转换

2.2.1.1 删除重复项

在 Power Query 编辑器中,选中需要删除重复项的列或整个表,选择"主页"→"减少行"→"删除行"→"删除重复项"即可。用户也可以单击右键,直接选择"删除重复项"命令。

2.2.1.2 处理空值

1)删除空值

选中含有空值的列,使用"删除行"功能中的"删除空值"选项,即可移除整行或整列的空值。

2)填充空值

使用"填充"功能中的"向下填充"或"向上填充"选项,可以填充空值,这通常用于处理因数据录入错误或缺失而产生的空值。

2.2.1.3 更改数据类型

在 Power Query 编辑器中,单击列标题旁边的数据类型图标,选择正确的数据类型(如文本、整数、日期等)即可更改数据类型。

2.2.1.4 删除或重命名列

1)删除列

选中要删除的列,选择"主页"→"管理列"→"删除列"即可删除该列,也可以单击右键,选择"删除列"命令。

2）重命名列

双击列标题,输入新的列名即可重命名该列。

 案例 2.2

案例背景：假设已建立了一个"基本操作"工作簿,将工作簿中的"平台操作"工作表导入 Power Query 编辑器,按照要求完成以下操作。

要求(1)：将查询表改名为"员工信息表",格式化数据源并填充空值。

操作步骤如下:

（1）单击数据源中任意一个单元格,选择"数据"→"自表格/区域",打开 Power Query 编辑器,在"查询设置"窗口,将名称改为"员工信息表",如图 2-4 所示。

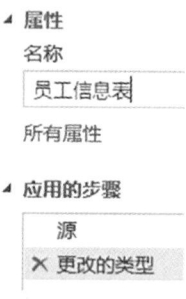

图 2-4　修改名称

（2）选中"姓名 ID"列,选择"转换"→"文本列"→"格式"→"修整",格式化此列,如图 2-5 所示。

图 2-5　格式化姓名 ID 列

 **提示**

> 初学者可以在选定对象的前提下,选择快捷键对相应的功能进行操作。

(3) 选中"级别"列,选择"转换"→"任意列"→"填充",选择向下或向上填充即可,也可以选择"替换值",将空值替换,如图 2-6 和图 2-7 所示。

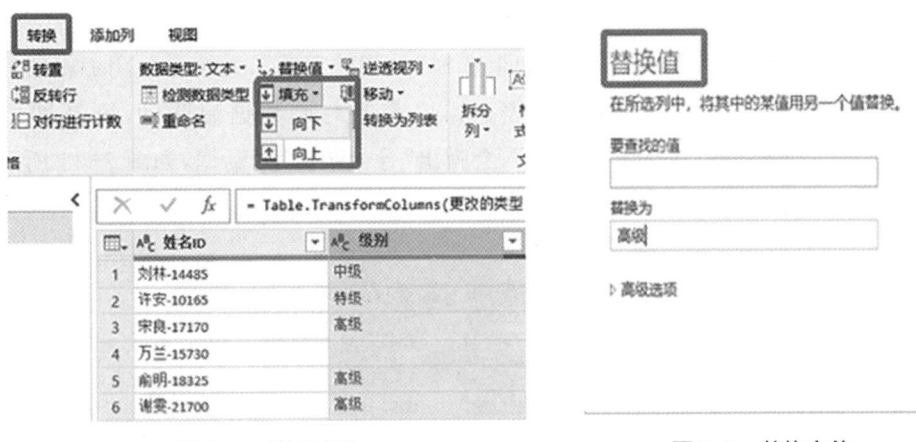

图 2-6 填充空值   图 2-7 替换空值

要求(2):将"身份证号"列的数据类型改为"数值型"。

操作步骤如下:

单击"身份证号"列的左侧按钮,选择"ABC-文本"即可,如图 2-8 所示。

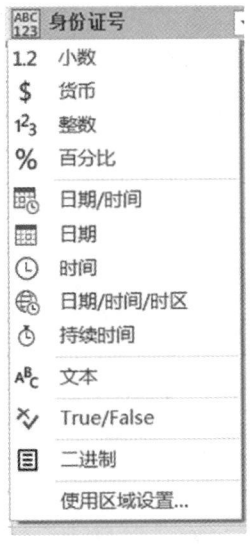 

图 2-8 修改数据类型   图 2-9 修改结果

要求(3)：修改"英文名"列，首字母大写，姓名之间的空值用"&"替换。

操作步骤如下：

参考步骤(2)(3)进行设置即可，如图 2-9 所示。

要求(4)：关闭并上载。

操作步骤如下：

选择"主页"，单击"关闭并上载"。如果选择"关闭并上载"，系统会关闭编辑器，回到工作簿界面，自动产生一个新的工作表。如果需要与原数据源联动，刷新即可，如图 2-10 所示。如果选择"关闭并上载至"，会弹出"导入数据"对话框，如图 2-11 所示，可以根据需要选择不同的显示方式。

	A	B	C	D	E	F	G
1	姓名	ID号	级别	手机号码	身份证号	业绩	英文名
2	刘林	14485	中级	13967992728	21020919761018358X	5623	Sophia&&Ava
3	许安	10165	特级	13967993723	210209196312143534	2543	Cophia&&Ava
4	宋良	17170	高级	13967994714	210209197910183586	2741	Isabella&&Mia
5	万兰	15730	高级	13967995622	210209197610146578	2939	Madison&&Emily
6	俞明	18325	高级	13967996701	210209197611183587	3137	Jackson&&Aliden
7	谢雯	21700	高级	13967997694	210209196310143534	3335	Mason&&Caden
8	康青	19585	中级	13967998687	210209197610183586	3533	Mason&&Caden
9	赵婵	10885	中级	13967999680	210209194501146578	3731	Logan&&Jacob
10	刘斯	20965	高级	13968000673	210209198910309090	3929	Oliver&&Leo
11	白鹃	14050	初级	13968001666	21020919761018358X	4127	Catherine&&Harr
12	贾彩	10600	中级	13968002659	210209196310143534	4325	George&&Kate
13	马丽	15910	初级	13968003652	210209197910183586	4523	Gracie&&Ouinn
14	宋栋	12310	初级	13968004645	210209198810146578	4721	Jenson&&Finn
15	巩毅	13495	中级	13968005633	210209197610183587	4356	Kylo&&Ezra
16	常松	20575	中级	13968006631	210209196310143534	3991	Mason&&Caden
17	田黎	16450	中级	13968007624	210209197610183586	3626	Logad&&Jacob
18	谭乐	17815	高级	13968008617	210209194598146578	3261	Oliver&&Leo
19	张三	17816	高级	13968008617	210209194598145984	3361	Logan&&Jacob
20	李四	17817	初级	13968008617	210209194598145984	3269	Logang&&Hcob

搜索菜单

剪切(T)
复制(C)
粘贴选项：
选择性粘贴(S)...
智能查找(L)
刷新(R)
插入(I)
删除(D)
选择(L)
清除内容(N)
快速分析(Q)

图 2-10 数据源清洗后的结果

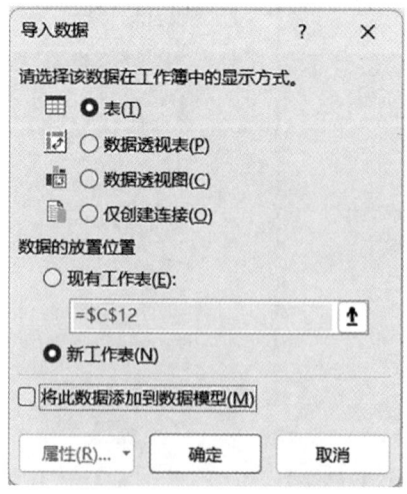

图 2-11 "导入数据"对话框

2.2.2 高级清洗与转换

2.2.2.1 合并列

选择需要合并的列,在"转换"选项卡中单击"合并列",选择合并的方式(如使用分隔符等),并设置新列名。

2.2.2.2 拆分列

1) 按分隔符拆分

在"转换"选项卡中选择"拆分列"→"按分隔符拆分",输入分隔符并设置拆分后的列名和数量。

2) 按字符数拆分

在"拆分列"下选择"按字符数拆分",设置拆分的起始位置和长度即可。

 案例 2.3

案例背景:同[案例 2.2]。

要求:将"姓名 ID"列拆分为两列,分别命名为"姓名""ID 号"。

操作步骤如下:

选中"姓名 ID"列,单击"转换"→"拆分列"→"按分隔符拆分列",在打开的对话框中,做如图 2-12 所示的设置,单击"确定"后,分别修改两列的名称即可。

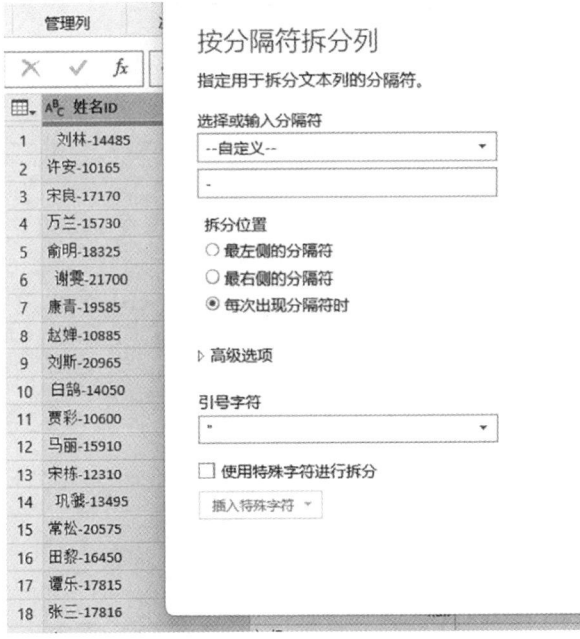

图 2-12 按分隔符拆分列

2.2.2.3 条件列

在 Power Query 编辑器中,可以使用"添加列"选项卡下的"条件列"功能来根据特定条件添加新列。其操作步骤如下所述。

1) 添加条件列

在 Power Query 编辑器中,找到并单击"添加列"选项卡,选择"条件列"选项,在打开的"添加条件列"对话框中,输入新列的名称,并选择要基于其进行条件判断的列。接下来,设置条件(如等于、大于和包含等)和相应的输出值。如果需要设置多个条件(即嵌套条件),可以单击"添加子句"来添加额外的条件。

2) 完成并应用更改

设置好所有条件后,单击"确定"按钮以创建条件列。这样就可以在 Power Query 编辑器中看到新增加的条件列。最后,通过单击"关闭并上载"选项,将更改应用到原始数据表中。

案例 2.4

案例背景:同[案例 2.2]。

要求:根据[案例 2.2]增加一列"评价"列,"业绩"小于或等于 3 000,定义为"未完成任务";"业绩"大于 3 000、小于或等于 4 500,定义为"完成任务";"业绩"大于 4 500 的定义为"超额完成任务"。

操作步骤如下:

单击"添加列"→"条件列",在弹出的"添加条件列"选项卡中,做如图 2-13 所示的设置。

图 2-13 添加条件列参数设置

2.2.2.4 一维表与二维表的转换

1）逆透视列

逆透视列可将二维表结构转换为一维表结构。由于数据分析的源数据应当是规范的，一维表的结构简单、清晰，是数据源规范的一个重要标准，便于后续的数据处理和分析。使用"转换"选项卡下的"逆透视列"功能，可以实现二维表向一维表的转换。

2）透视列

与逆透视列相反，透视列可以将一维表结构转换为二维表结构。使用"转换"选项卡下的"透视列"功能，可以实现一维表向二维表的转换。

2.2.2.5 文本处理

1）替换

在"转换"选项卡中，选择"替换值"，输入要替换的文本和替换后的文本即可。

2）提取

用户通过使用"提取"功能，可以根据字符长度、位置或特定分隔符，来提取文本中的特定部分。

3）清理

用户通过使用"删除空格""删除前后空白字符"等功能，来清理文本数据中的多余空格和不可见字符。

2.2.2.6 日期和时间操作

1）日期格式化

在 Power Query 编辑器中，用户可以将日期和时间字段格式化为统一的格式，以便进行与日期相关的计算和分析。

2）日期提取

用户可以从日期和时间字段中提取出"年""月""日"等部分。

 案例 2.5

案例背景： 同［案例 2.2］。

要求(1)： 根据［案例 2.2］中"身份证号"添加"年""月""日"三列。

操作步骤如下：

选中"身份证号"列，选择"添加列"→"从文本"→"提取"→"范围"，在打开的对话框中，输入起始索引"6"，字符数"4"，按"确定"后，即可提取"年"，如图 2-14 所示。"月""日"的提取同理，如图 2-15 和图 2-16 所示。

提取文本范围

输入首字符的索引，以及要保留的字符数。

起始索引

⑥

字符数

④

确定　取消

图 2-14　提取年

 提示

在 Power Query 编辑器中字符下标默认从"0"开始，"年"的第 1 个字符下标为"6"。

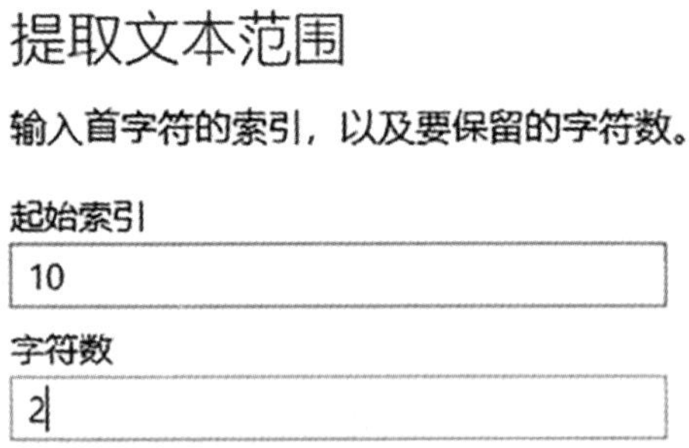

提取文本范围

输入首字符的索引，以及要保留的字符数。

起始索引

10

字符数

2

图 2-15　提取"月"

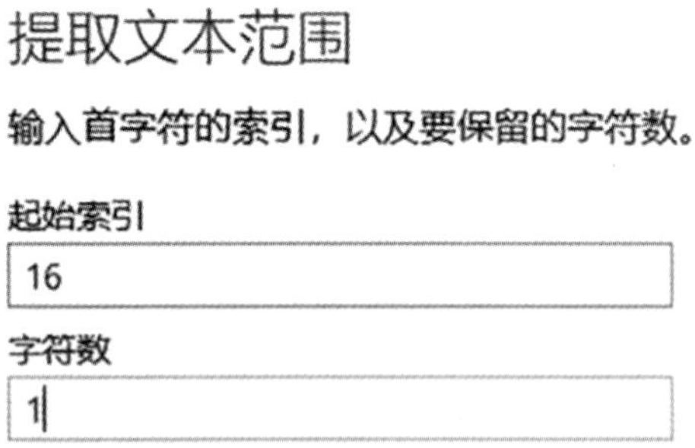

提取文本范围

输入首字符的索引，以及要保留的字符数。

起始索引

16

字符数

1

图 2-16　提取"日"

要求(2)：将"部门工作表"导入 Power Query 编辑器中，删除表中所有重复和包含空值的行；将错误值替换为"D"；为每人添加一个邮箱列，结构为英文名@公司.com；删除公司列。

操作步骤如下：

（1）选中"公司"列，单击右侧的"筛选"按钮，在打开的对话框中，将"null"勾选掉即可，如图 2-17 所示。

（2）选中"公司"列，单击"主页"→"减少行"→"删除行"→"删除重复项"，如图 2-18 所示。

（3）选中"部门"列，单击"转换"→"任意列"→"替换值"→"替换错误"，在打开的对话框中输入"D"即可。

图 2-17 删除空行(null)　　　　　　　　图 2-18 删除重复行

（4）单击"添加列"→"自定义列"，在弹出的对话框中输入新列名"邮箱"，自定义列公式为"＝［英文名］&"@"&［公司］&".com""，单击"确定"即可。

（5）选中"公司"列，单击"主页"→"管理列"→"删除列"即可。

2.3　数据合并与追加

2.3.1　合并查询

使用"主页"选项卡下的"合并查询"功能，可以将两个或多个查询合并为一个新查询。在合并时，需要指定合并的键（关键字）和合并方式（如左连接、右连接和内连接等）。其基本步骤如下所述。

2.3.1.1　定位"合并查询"命令

进入 Power Query 编辑器，在"主页"选项卡中，找到"合并查询"命令。该命令位于"组合"组中。

2.3.1.2　选择合并查询

单击"合并查询"，弹出一个对话框，用户可选择用于合并的左表和右表，可以从下拉列表中选择已存在的查询或表。

2.3.1.3　指定合并的键

在选择完左、右表后，需要指定用于合并的键。通常是两个表中具有相同数据类型，且用于匹配的列。

2.3.1.4 选择合并方式

Power Query 编辑器提供了多种合并方式,包括但不限于:①左连接(返回左表中的所有行,以及右表中与左表匹配的行);②右连接(返回右表中的所有行,以及左表中与右表匹配的行);③内连接(仅返回两个表中都有匹配的行);④完全外部连接(返回两个表中的所有行);⑤左反连接(返回左表中那些在右表中没有匹配项的行);⑥右反连接(返回右表中那些在左表中没有匹配项的行)。

案例 2.6

案例背景: 假设数据源中已建立了一个"合并查询"工作簿。

要求: 利用"合并查询"功能,将该工作簿中的"销售记录"与"单价"两个工作表,以"产品"作为关键字,进行合并,形成一个新的查询。

操作步骤如下:

(1)选择"数据"→"获取数据"→"来自文件"→"从 Excel 工作簿",在弹出的"导入数据"对话框中,选择"合并查询"工作簿,单击"导入",在弹出的"导航器"对话框中,做如图 2-19 所示的设置。单击"转换数据",打开 Power Query 编辑器,导入了两个查询表。

图 2-19　导航器参数选择

（2）选中"销售记录"表，单击"主页"→"组合"→"合并查询"→"将查询合并为新查询"，在弹出的"合并"对话框中，做如图 2-20 所示的参数设置。

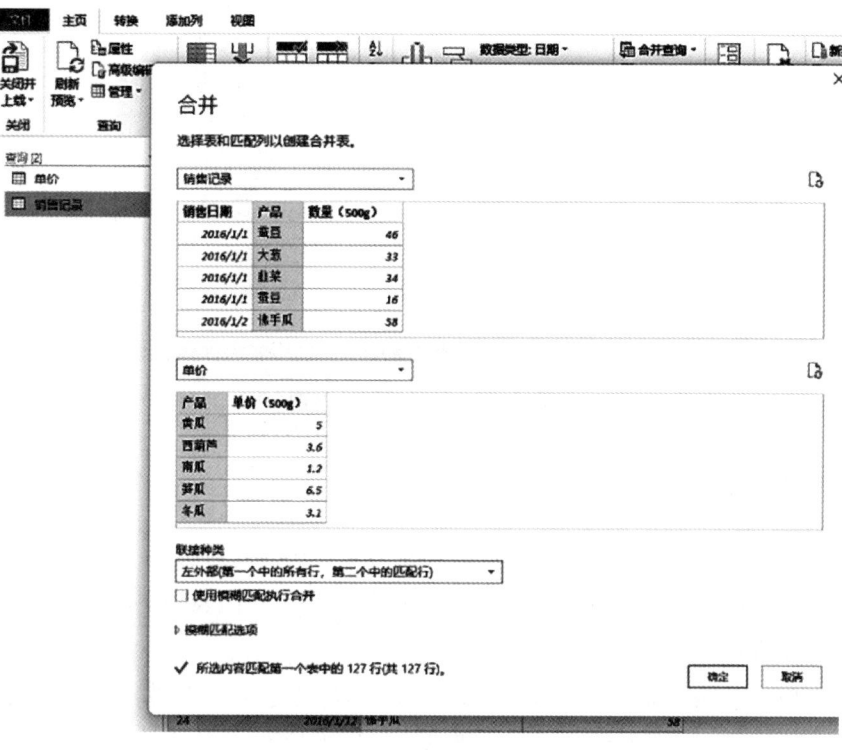

图 2-20　合并查询参数设置

（3）在形成的新查询表中，单击"单价"右侧"展开"按钮，如图 2-21 所示；单击"确定"即可，两表合并为一个新的查询表，包括"数量"与"单价"两列，如图 2-22 所示。

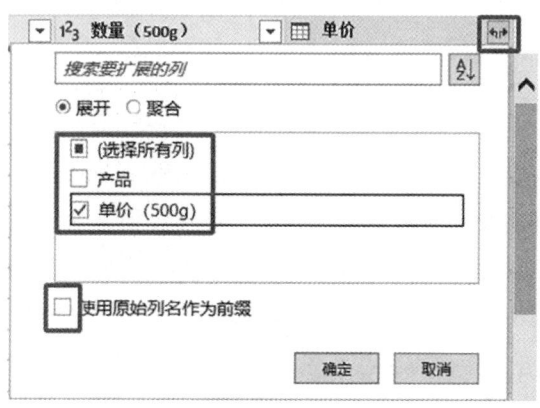

图 2-21　展列

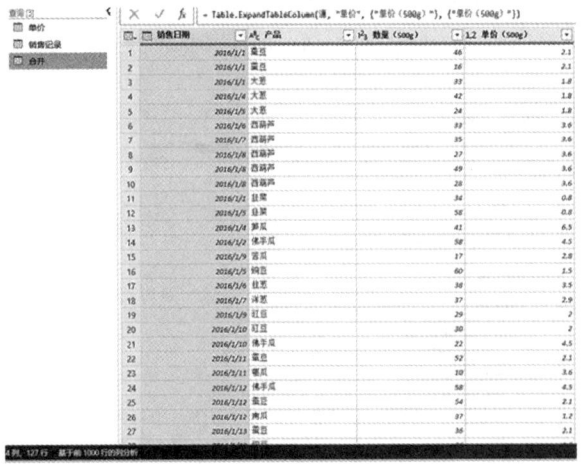

图 2-22　合并后的新查询

2.3.2　追加查询

追加查询是将多个查询或表中的数据合并为一个新查询的功能。这些被合并的查询或表通常具有相同的结构，即字段顺序、字段项目可以不同，但表头字段、标题名称必须一致。其基本步骤如下所述。

Power Query 编辑器支持从多种数据源获取数据，包括文件（如 Excel 工作簿、CSV 文件、文本文件等）、数据库以及其他数据源，用户可以根据自己的需求选择合适的数据源。

2.3.2.1　选择追加查询

在 Power Query 编辑器的"主页"选项卡中，找到并单击"追加查询"下拉菜单。选择"追加查询"，在弹出的"追加查询"对话框中，选择想要追加的查询或表，通过勾选列表中的查询或表来选择它们。

 提示

"追加查询"下拉菜单有两个主要选项，即"追加查询"和"将查询追加为新查询"。

"追加查询"通常用于在当前查询的基础上追加数据，但这可能会覆盖或修改原始查询。"将查询追加为新查询"则会在不影响原始查询的情况下，创建一个新的查询来包含所有追加的数据。这种方式可以保持数据的独立性和清晰性。

需要注意的是，合并后的表将按照第一个查询或表的字段顺序来显示字段，除非在追加后进行了手动调整。

2.3.2.2　完成追加查询

单击"确定"按钮，即可完成追加查询。

 **提示**

追加查询要求所有被合并的查询或表的表头字段、标题名称必须一致。即使字段顺序或项目有所不同,只要名称相同,Power Query 编辑器就能正确地将它们合并在一起。

追加查询对数据源的要求相对较低,只要表头字段、标题名称一致,这些数据源就可以来自不同的工作表、工作簿或文件。然而,为了确保数据的一致性和准确性,建议在进行追加操作前对数据进行检查和清理。

当原始数据发生变化时,可以在 Power Query 编辑器中刷新查询以获取最新的数据。追加查询将自动合并所有更新的查询或表中的数据。

 案例 2.7

案例背景: 假设数据源中已建立了一个"追加查询"工作簿。

要求: 将"追加查询"工作簿的 3 张工作表,"在线销售""商店销售"和"批发销售"合并到一个查询表中。

操作步骤如下:

(1)选择"数据"→"获取数据"→"来自文件"→"从 Excel 工作簿",在弹出的"导入数据"对话框中,选择"追加查询"工作簿,单击"导入",在弹出的"导航器"对话框中,勾选"选择多项"复选框,将 3 张表全部选中,单击"转换数据",打开 Power Query 编辑器,导入 3 张查询表。

(2)选择"主页"→"追加查询"→"将查询追加为新查询",在打开的对话框中,做如图 2-23 所示的参数设置,单击"确定"即可。

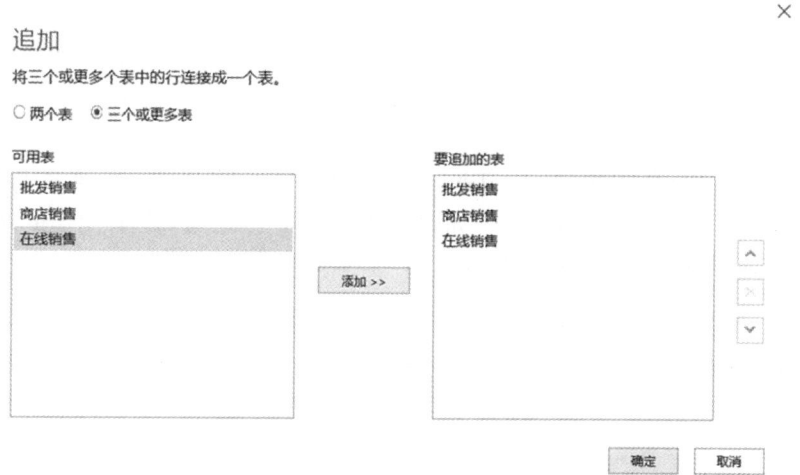

图 2-23 追加查询参数设置

2.4 多工作表与多工作簿汇总

多工作表与多工作簿的数据汇总是一个强大的功能,可以帮助用户高效地整合和处理分散在不同位置的数据。

2.4.1 多工作表的汇总

案例 2.8

案例背景:长风有限责任公司上半年的月销售表。

要求:将上半年的月度销售表进行汇总,统计出各项目的总金额等相关指标,并将数据保存在该工作簿中。

操作步骤如下:

(1) 在一个打开的工作簿中(可以是任何一个工作簿),单击"数据"→"获取数据"→"来自文件"→"从 Excel 工作簿",找到该工作簿所在的路径,在弹出的"导入数据"对话框中,单击"导入",在"导航器"对话框中任意选择某个月的工作表,单击"转换数据",打开 Power Query 编辑器,在右侧"应用的步骤"里删除所有步骤至"源",如图 2-24 所示。

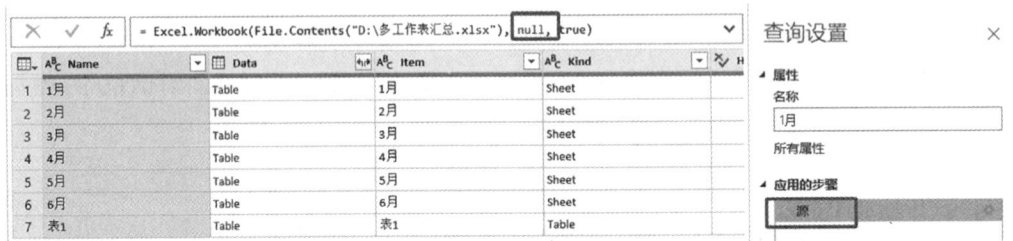

图 2-24　多表合并设置

(2) 在编辑栏中,将"null"改为"true"。选中"Name""Data"两列,右键单击"删除其他列",单击 Data 列右侧按钮,展开表,如图 2-25 所示。根据需要选择所需的列名,这样,6 个月的数据就汇总在一个查询表中,如图 2-26 所示。

(3) 单击"转换"→"分组依据",在弹出的对话框中,做如图 2-27 所示的设置。

(4) 单击"主页"→"关闭并上载"。其结果自动保存在该工作簿中,并形成了一个新的工作表。

图 2-25　展开表选项　　　　　　　　　　图 2-26　汇总后的数据

图 2-27　按科目名称汇总金额

2.4.2　多工作簿的汇总

案例 2.9

案例背景：长风有限责任公司下设 4 个分公司，6 个月的销售资料分别保存在 4 个工作簿中。

要求：汇总出长风有限责任公司 6 个月的销售总额，并将数据保存在该工作簿中。

操作步骤如下：

（1）在一个打开的工作簿中（可以是任何一个工作簿），单击"数据"→"获取数据"→"来自文件"→"从文件夹"，找到该文件夹所在的路径，在弹出的对话框中，单击"转换数据"，打开了 Power Query 编辑器。

（2）选中"Name""Data"两列，右键单击"删除其他列"，单击"添加列"→"自定义列"，在打开的"自定义列"→"自定义列公式"中输入"= Excel. Workbook（[Content], true)"，单击"确定"即可。

（3）保留有"Table"的列，删除其他列，连续两次后，即可将所有分公司 6 个月的销售数据汇总在一张查询表中，如图 2-28 所示。

图 2-28　4 个分公司的查询表

（4）单击"转换"→"分组依据"，在弹出的对话框中做分类汇总设置，如图 2-29 所示。

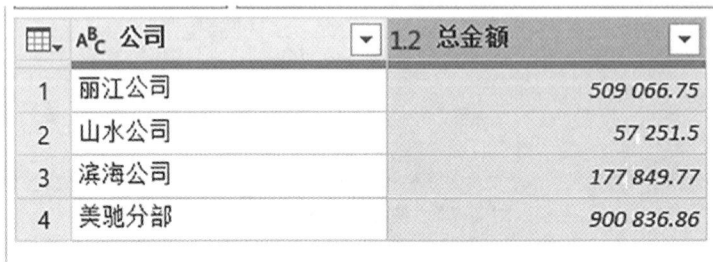

图 2-29　4 个分公司总金额

 提示

"Excel. Workbook（[Content], true)"为 M 函数。

如果分公司的数据源发生变动，如增加销售数据为 12 个月或新增某个分公司，只要在汇总完的数据表中单击"刷新"按钮即可。

 **实战演练**

大江公司 2025 年 1～3 月的收入、成本和利润数据,如表 2-1 所示。表 2-1 中包含不同会计科目下的收支情况。为了更好地进行财务分析,需要将这份二维表数据转换为一维表结构,并进行排序和筛选,以便后续生成财务报表和进行趋势分析。

表 2-1 大江公司数据样本(简化)

会计科目	2025 年 1 月	2025 年 2 月	2025 年 3 月
收入	100 000	110 000	120 000
成本	50 000	55 000	60 000
利润	50 000	55 000	60 000

要求:

(1) 数据导入。使用 Power Query 编辑器从 Excel 文件中导入上述数据表。

(2) 二维表转一维表。将二维表转换为一维表结构,使每一行包含"会计科目""月份"和对应的"金额"。转换后的表应包含"会计科目""月份""金额"列(提示:选中"会计科目"列,单击"转换"→"逆透视列"→"逆透视其他列")。

(3) 数据清洗。去除"金额"列中的逗号,将其转换为数值类型,确保月份列以适当的格式表示(如"2025 年 1 月"转换为"2025-01"或其他适合分析的格式)。

(4) 数据排序。按照会计科目和月份对数据进行排序,先按会计科目升序排序,再按月份升序排序。

(5) 数据筛选。筛选出特定会计科目的数据进行分析,如只查看"收入"和"成本"的数据。

(6) 结果输出。将处理后的数据加载到 Excel 工作簿中,以便进行后续的财务分析和报表制作。

会计凭证处理

 知识目标

(1) 了解 Excel 环境下会计凭证处理的流程。

(2) 了解会计凭证表填写的内容及要求,熟悉会计凭证表中的数据计算、自动取数及数据验证等功能。

(3) 理解科目汇总表与科目余额表的结构及数据关系,掌握用 Power Query 编辑器生成科目汇总表与科目余额表的方法。

 能力目标

(1) 学会利用 Excel 常用功能建立会计科目表及期初科目余额表,熟悉记录单和定义名称等功能。

(2) 学会利用 Power Query 编辑器生成科目汇总表、科目余额表的公式设置和计算方法。

 素质目标

(1) 培养诚信意识。在教学过程中,强调会计工作的诚信原则,要求学生在录入会计凭证时,必须保证数据的真实性和完整性,不得伪造或篡改数据。

(2) 强化职业道德。引导学生认识到会计工作的重要性及其对企业和社会的影响,培养其高度的责任感和职业道德,确保在工作中能够坚守原则,不做违法违规之事。

3.1 会计科目表的编制

3.1.1 会计科目表分类

会计科目表是会计体系中用于分类记录经济业务的基础工具,是按照一定的经济内容和经济管理要求,对会计要素的具体内容进行分类核算的项目。会计科目表通常分为资产类、负债类、所有者权益类、成本类和损益类等几大类。

3.1.2 利用记录单编制会计科目表

 案例 3.1

案例背景：长风有限责任公司作为一家在行业内享有盛誉的综合性企业，始终致力于提升财务管理水平，以满足内外部会计报表使用者的多元化信息需求。目前，该公司已构建了一个科学、合理，且符合行业标准的会计科目体系。长风有限责任公司会计科目表，如表 3-1 所示。

要求：利用记录单编制会计科目表。

表 3-1　长风有限责任公司会计科目表

会计科目表		
科目编码	总账科目	明细科目
1001	库存现金	
1002	银行存款	
100201	银行存款	工行
100202	银行存款	建行
1012	其他货币资金	
101201	其他货币资金	外埠存款
101202	其他货币资金	银行本票存款
101203	其他货币资金	银行汇票存款
101204	其他货币资金	信用卡存款
101205	其他货币资金	信用证保证金存款
101206	其他货币资金	存出投资款
1121	应收票据	
1122	应收账款	
112201	应收账款	利康公司
112202	应收账款	双城公司
112203	应收账款	志高公司
1123	预付账款	
112301	预付账款	品力公司
112302	预付账款	新飞公司
1221	其他应收款	

（续表）

会计科目表		
科目编码	总账科目	明细科目
122101	其他应收款	王智
122102	其他应收款	朱中
122103	其他应收款	吴青
122104	其他应收款	李和
1403	原材料	
140301	原材料	甲材料
140302	原材料	乙材料
140303	原材料	丙材料
1405	库存商品	
140501	库存商品	A 产品
140502	库存商品	B 产品
140503	库存商品	C 产品
1601	固定资产	
160101	固定资产	房屋及建筑物
160102	固定资产	机器设备
160103	固定资产	运输设备
160104	固定资产	办公设备
1602	累计折旧	
1603	固定资产减值准备	
1604	在建工程	
1701	无形资产	
170101	无形资产	专利权
170102	无形资产	土地使用权
170103	无形资产	商标权
1702	累计摊销	
1901	待处理财产损益	
190101	待处理财产损益	待处理流动资产损溢
190102	待处理财产损益	待处理固定资产损溢
2001	短期借款	
2202	应付账款	
220201	应付账款	新飞公司
220202	应付账款	宏迪公司

（续表）

会计科目表		
科目编码	总账科目	明细科目
2203	预收账款	
220301	预收账款	双城公司
2211	应付职工薪酬	
221101	应付职工薪酬	工资
221102	应付职工薪酬	福利费
221103	应付职工薪酬	社保
221104	应付职工薪酬	住房公积金
221105	应付职工薪酬	工会经费
221106	应付职工薪酬	职工教育经费
2221	应交税费	
222101	应交税费	应交增值税
22210101	应交税费	进项税
22210102	应交税费	销项税
222102	应交税费	未交增值税
222103	应交税费	应交企业所得税
222104	应交税费	应交城镇维护建设税
222105	应交税费	应交教育费附加
2231	应付利息	
2241	其他应付款	
224101	其他应付款	代扣个人社保金
2501	长期借款	
4001	实收资本	
4002	资本公积	
4101	盈余公积	
410101	盈余公积	法定盈余公积
410102	盈余公积	任意盈余公积
4103	本年利润	
4104	利润分配	
410401	利润分配	提取法定盈余公积
410402	利润分配	提取任意盈余公积
410403	利润分配	未分配利润
5001	生产成本	

（续表）

会计科目表		
科目编码	总账科目	明细科目
500101	生产成本	A 产品
500102	生产成本	B 产品
500103	生产成本	C 产品
5101	制造费用	
6001	主营业务收入	
600101	主营业务收入	A 产品
600102	主营业务收入	B 产品
600103	主营业务收入	C 产品
6301	营业外收入	
6401	主营业务成本	
640101	主营业务成本	A 产品
640102	主营业务成本	B 产品
640103	主营业务成本	C 产品
6403	税金及附加	
6601	销售费用	
660101	销售费用	职工薪酬
660102	销售费用	广告费
660103	销售费用	包装费
660104	销售费用	差旅费
660105	销售费用	折旧费
660104	销售费用	其他
6602	管理费用	
660201	管理费用	职工薪酬
660202	管理费用	办公费
660203	管理费用	差旅费
660204	管理费用	水电费
660205	管理费用	折旧费
660206	管理费用	修理费
660207	管理费用	无形资产摊销
660208	管理费用	业务招待费
660209	管理费用	其他
6603	财务费用	

(续表)

会计科目表		
科目编码	总账科目	明细科目
660301	财务费用	利息
660302	财务费用	现金折扣
660303	财务费用	手续费
6701	资产减值损失	
6711	营业外支出	
6801	所得税费用	

操作步骤如下：

(1) 新建工作簿与工作表(略)。

(2) 在"快速访问工具栏"中加入"记录单"按钮。在"快速访问工具栏"中选择"自定义快速访问工具栏"，在弹出的选项卡中单击"其他命令"，如图 3-1 所示。在新弹出的如图 3-2 所示的选项卡中，将"从下列位置选择命令"的下拉箭头指向"不在功能区中的命令"，按首字母拼音顺序查找并选择"记录单"，单击"添加"按钮，将"记录单"移至右侧列表，单击"确定"，效果如图 3-3 所示。

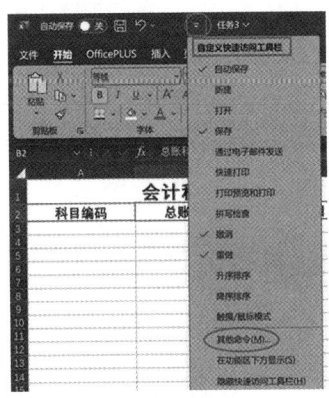

图 3-1　设置"自定义快速访问工具栏"命令

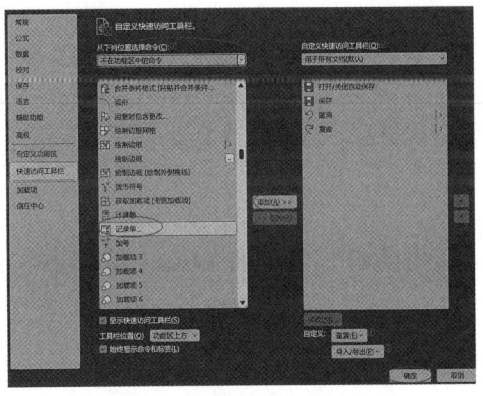

图 3-2　添加"记录单"命令

图 3-3　添加"记录单"后结果

（3）用"记录单"录入"长风有限责任公司会计科目表"。选择 A2:C2 单元格区域,单击快速访问工具栏"记录单"按钮，弹出如图 3-4 所示的提示,单击"确定"按钮,弹出"记录单"对话框,如图 3-5 所示,依次在"科目编码""总账科目""明细科目"文本框中录入表 3-1 的数据。

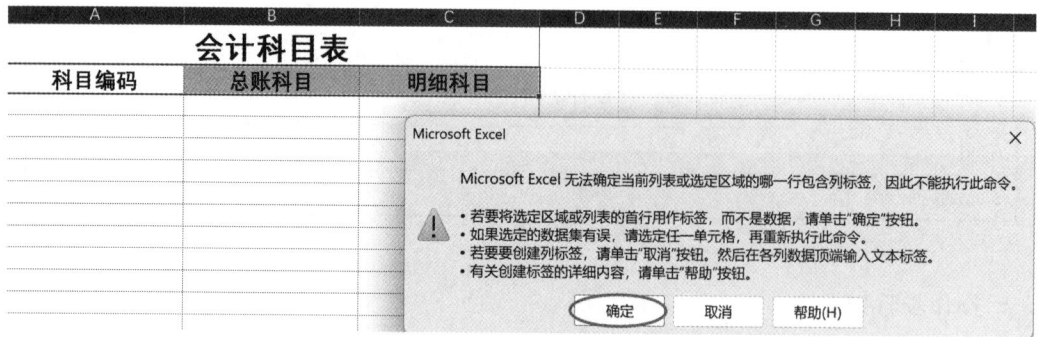

图 3-4　"记录单"提示命令

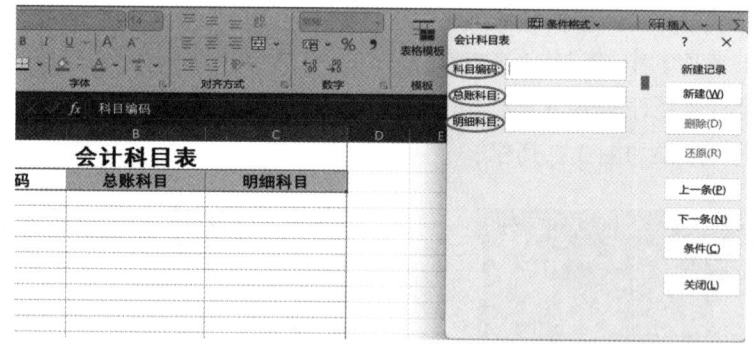

图 3-5　"记录单"对话框

3.1.3　利用函数与 Power Query 编辑器编制末级科目表

案例 3.2

案例背景:同[案例 3.1]。

要求:利用函数与 Power Query 编辑器,编制末级科目表。

操作步骤如下:

（1）将"其他货币资金"下的明细科目,移到 C 列,如图 3-6 所示。

（2）添加辅助列,公式为"= IF(and(B3 <> B4,C3 = ""),1,0)",将无明细的总账(如"库存现金")对应辅助列的值设为 1。

7	1012	其他货币资金	
8	101201	其他货币资金	外埠存款
9	101202	其他货币资金	银行本票存款
10	101203	其他货币资金	银行汇票存款
11	101204	其他货币资金	信用卡存款
12	101205	其他货币资金	信用证保证金存款
13	101206	其他货币资金	存出投资款

图 3-6　移动其他货币资金列

（3）将该表导入 Power Query 编辑器中，复制两个相同的查询表，分别命名为"无明细的总账"和"明细账"，如图 3-7 所示。

图 3-7　建立三个查询表

（4）在"无明细的总账"查询表中，选中"辅助列"右侧的筛选按钮，选择"1"，在"明细账"查询表中，选中"明细科目列"右侧的筛选按钮，勾掉"null"。

（5）单击"主页"选项卡→"追加查询"，将"无明细的总账"与"明细账"合并，如图 3-8 所示，单击"关闭并上载"。形成的末级会计科目表，如表 3-2 所示。

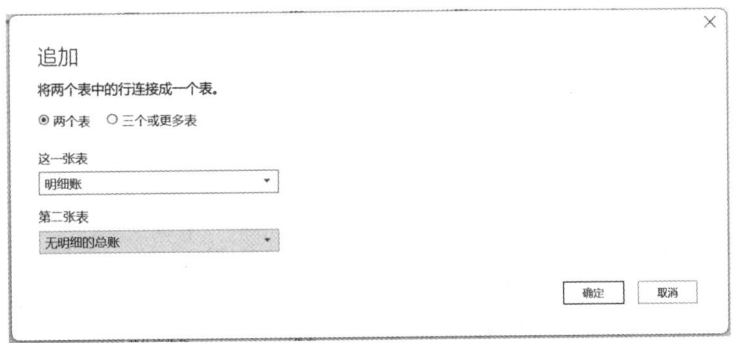

图 3-8　追加查询命令

表 3-2　末级会计科目表

末级会计科目表		
科目编码	总账科目	明细科目
1001	库存现金	

（续表）

末级会计科目表		
科目编码	总账科目	明细科目
100201	银行存款	工行
100202	银行存款	建行
101201	其他货币资金	外埠存款
101202	其他货币资金	银行本票存款
101203	其他货币资金	银行汇票存款
101204	其他货币资金	信用卡存款
101205	其他货币资金	信用证保证金存款
101206	其他货币资金	存出投资款
1121	应收票据	
112201	应收账款	利康公司
112202	应收账款	双城公司
112203	应收账款	志高公司
112301	预付账款	品力公司
112302	预付账款	新飞公司
122101	其他应收款	王智
122102	其他应收款	朱中
122103	其他应收款	吴青
122104	其他应收款	李和
140301	原材料	甲材料
140302	原材料	乙材料
140303	原材料	丙材料
140501	库存商品	A产品
140502	库存商品	B产品
140503	库存商品	C产品
160101	固定资产	房屋及建筑物
160102	固定资产	机器设备
160103	固定资产	运输设备
160104	固定资产	办公设备
1602	累计折旧	
1603	固定资产减值准备	

（续表）

末级会计科目表		
科目编码	总账科目	明细科目
1604	在建工程	
170101	无形资产	专利权
170102	无形资产	土地使用权
170103	无形资产	商标权
1702	累计摊销	
190101	待处理财产损益	待处理流动资产损溢
190102	待处理财产损益	待处理固定资产损溢
2001	短期借款	
220201	应付账款	新飞公司
220202	应付账款	宏迪公司
220301	预收账款	双城公司
221101	应付职工薪酬	工资
221102	应付职工薪酬	福利费
221103	应付职工薪酬	社保
221104	应付职工薪酬	住房公积金
221105	应付职工薪酬	工会经费
221106	应付职工薪酬	职工教育经费
22210101	应交税费	进项税
22210102	应交税费	销项税
222102	应交税费	未交增值税
222103	应交税费	应交企业所得税
222104	应交税费	应交城镇维护建设税
222105	应交税费	应交教育费附加
2231	应付利息	
224101	其他应付款	代扣个人社保金
2501	长期借款	
4001	实收资本	
4002	资本公积	
410101	盈余公积	法定盈余公积
410102	盈余公积	任意盈余公积

（续表）

末级会计科目表		
科目编码	总账科目	明细科目
4103	本年利润	
410401	利润分配	提取法定盈余公积
410402	利润分配	提取任意盈余公积
410403	利润分配	未分配利润
500101	生产成本	A产品
500102	生产成本	B产品
500103	生产成本	C产品
5101	制造费用	
600101	主营业务收入	A产品
600102	主营业务收入	B产品
600103	主营业务收入	C产品
6301	营业外收入	
640101	主营业务成本	A产品
640102	主营业务成本	B产品
640103	主营业务成本	C产品
6403	税金及附加	
660101	销售费用	职工薪酬
660102	销售费用	广告费
660103	销售费用	包装费
660104	销售费用	差旅费
660105	销售费用	折旧费
660104	销售费用	其他
660201	管理费用	职工薪酬
660202	管理费用	办公费
660203	管理费用	差旅费
660204	管理费用	水电费
660205	管理费用	折旧费
660206	管理费用	修理费
660207	管理费用	无形资产摊销
660208	管理费用	业务招待费

（续表）

末级会计科目表		
科目编码	总账科目	明细科目
660209	管理费用	其他
660301	财务费用	利息
660302	财务费用	现金折扣
660303	财务费用	手续费
6701	资产减值损失	
6711	营业外支出	
6801	所得税费用	

（6）定义名称。为了便于使用"会计科目表""末级会计科目表"中的数据，需要将其区域定义对应名称。

操作步骤如下：

选择"会计科目表"A：C 列，单击"公式"选项卡中的"定义名称"，在弹出的"新建名称"对话框中做如图 3-9 所示的设置。依此方法，对"末级会计科目表"定义名称，然后单击"定义名称"下的"用于公式"按钮，如图 3-10 所示，单击对应名称后，名称所对应的区域也会显现。

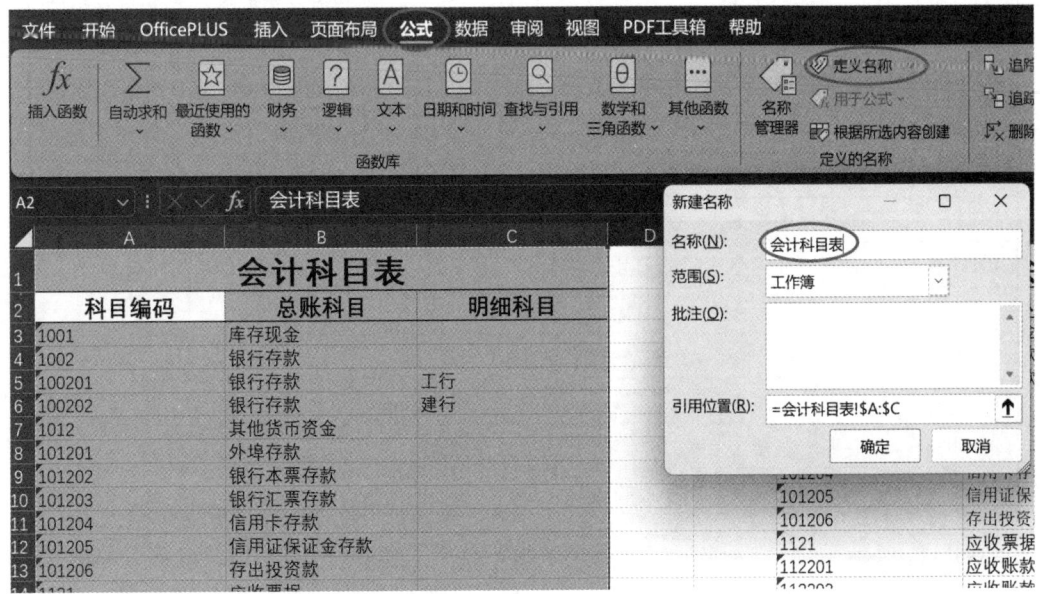

图 3-9　定义名称"会计科目表"

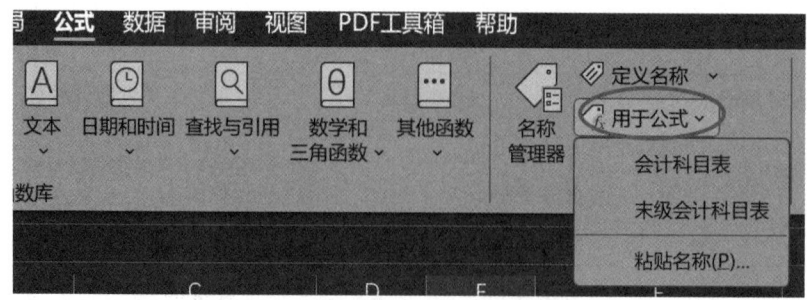

图 3-10　"用于公式"命令

3.2　期初科目余额表的编制

案例 3.3

案例背景：长风有限责任公司 2025 年的期初余额资料，如表 3-3 所示。

要求：根据表 3-3 资料，建立期初科目余额表。

表 3-3　长风有限责任公司的期初余额表

期初科目余额表				
科目编码	总账科目	明细科目	期初借方余额	期初贷方余额
1001	库存现金		5 000.00	
1002	银行存款		1 615 410.00	
100201	银行存款	工行	1 200 000.00	
100202	银行存款	建行	415 410.00	
1012	其他货币资金		68 100.00	
101201	其他货币资金	外埠存款	68 100.00	
101202	其他货币资金	银行本票存款		
101203	其他货币资金	银行汇票存款		
101204	其他货币资金	信用卡存款		
101205	其他货币资金	信用证保证金存款		
101206	其他货币资金	存出投资款		
1121	应收票据			
1122	应收账款		926 600.00	
112201	应收账款	利康公司	400 000.00	
112202	应收账款	双城公司	326 600.00	

（续表）

科目编码	总账科目	明细科目	期初借方余额	期初贷方余额
		期初科目余额表		
112203	应收账款	志高公司	200 000.00	
1123	预付账款		35 000.00	
112301	预付账款	品力公司	20 000.00	
112302	预付账款	新飞公司	15 000.00	
1221	其他应收款		6 000.00	
122101	其他应收款	王智	2 000.00	
122102	其他应收款	朱中	4 000.00	
122103	其他应收款	吴青		
122104	其他应收款	李和		
1403	原材料		95 560.00	
140301	原材料	甲材料	21 000.00	
140302	原材料	乙材料	42 560.00	
140303	原材料	丙材料	32 000.00	
1405	库存商品		750 000.00	
140501	库存商品	A产品	330 000.00	
140502	库存商品	B产品	190 000.00	
140503	库存商品	C产品	230 000.00	
1601	固定资产		1 930 000.00	
160101	固定资产	房屋及建筑物	1 110 000.00	
160102	固定资产	机器设备	420 000.00	
160103	固定资产	运输设备	210 000.00	
160104	固定资产	办公设备	190 000.00	
1602	累计折旧			93 000.00
1603	固定资产减值准备			
1604	在建工程			
1701	无形资产		1 340 000.00	
170101	无形资产	专利权	210 000.00	
170102	无形资产	土地使用权	930 000.00	
170103	无形资产	商标权	200 000.00	
1702	累计摊销			54 000.00
1901	待处理财产损溢			
190101	待处理财产损溢	待处理流动资产损溢		

（续表）

期初科目余额表				
科目编码	总账科目	明细科目	期初借方余额	期初贷方余额
190102	待处理财产损溢	待处理固定资产损溢		
2001	短期借款			
2202	应付账款			385 000.00
220201	应付账款	新飞公司		198 000.00
220202	应付账款	宏迪公司		187 000.00
2203	预收账款			56 034.00
220301	预收账款	双城公司		56 034.00
2211	应付职工薪酬			431 874.00
221101	应付职工薪酬	工资		274 520.00
221102	应付职工薪酬	福利费		38 432.00
221103	应付职工薪酬	社保		65 720.00
221104	应付职工薪酬	住房公积金		37 554.00
221105	应付职工薪酬	工会经费		6 259.00
221106	应付职工薪酬	职工教育经费		9 389.00
2221	应交税费			15 236.00
222101	应交税费	应交增值税		
22210101	应交税费	进项税		
22210102	应交税费	销项税		
222102	应交税费	未交增值税		15 236.00
222103	应交税费	应交企业所得税		
222104	应交税费	应交城镇维护建设税		
222105	应交税费	应交教育费附加		
2231	应付利息			
2241	其他应付款			12 356.00
224101	其他应付款	代扣个人社保金		12 356.00
2501	长期借款			550 000.00
4001	实收资本			2 750 000.00
4002	资本公积			
4101	盈余公积			69 564.00
410101	盈余公积	法定盈余公积		46 000.00
410102	盈余公积	任意盈余公积		23 564.00

（续表）

科目编码	总账科目	明细科目	期初借方余额	期初贷方余额
		期初科目余额表		
4103	本年利润			
4104	利润分配			2 354 606.00
410401	利润分配	提取法定盈余公积		
410402	利润分配	提取任意盈余公积		
410403	利润分配	未分配利润		2 354 606.00
5001	生产成本			
500101	生产成本	A产品		
500102	生产成本	B产品		
500103	生产成本	C产品		
5101	制造费用			
6001	主营业务收入			
600101	主营业务收入	A产品		
600102	主营业务收入	B产品		
600103	主营业务收入	C产品		
6301	营业外收入			
6401	主营业务成本			
640101	主营业务成本	A产品		
640102	主营业务成本	B产品		
640103	主营业务成本	C产品		
6403	税金及附加			
6601	销售费用			
660101	销售费用	职工薪酬		
660102	销售费用	广告费		
660103	销售费用	包装费		
660104	销售费用	差旅费		
660105	销售费用	折旧费		
660104	销售费用	其他		
6602	管理费用			
660201	管理费用	职工薪酬		
660202	管理费用	办公费		
660203	管理费用	差旅费		

(续表)

期初科目余额表				
科目编码	总账科目	明细科目	期初借方余额	期初贷方余额
660204	管理费用	水电费		
660205	管理费用	折旧费		
660206	管理费用	修理费		
660207	管理费用	无形资产摊销		
660208	管理费用	业务招待费		
660209	管理费用	其他		
6603	财务费用			
660301	财务费用	利息		
660302	财务费用	现金折扣		
660303	财务费用	手续费		
6701	资产减值损失			
6711	营业外支出			
6801	所得税费用			

操作步骤如下：

（1）新建工作簿与工作表（略）。

（2）在"期初科目余额表"输入以下公式：

D4 = "D5 + D6"；D7 = "SUM（D8：D13）"；D15 = "D16 + D17 + D18"；…；D118 = "D119 + D120 + D121"，如图 3-11 所示。

	A	B	C	D	E
1	期初科目余额表				
2	科目编码	总账科目	明细科目	期初借方余额	期初贷方余额
3	1001	库存现金			
4	1002	银行存款			—
5	100201	银行存款	工行		
6	100202	银行存款	建行		
7	1012	其他货币资金			—
8	101201	其他货币资金	外埠存款		
9	101202	其他货币资金	银行本票存款		
10	101203	其他货币资金	银行汇票存款		

图 3-11 设置求和公式

（3）录入期初数据。按照表 3-3 数据，录入对应科目期初借方金额和期初贷方金额。

全部录入后,进行期初余额试算平衡。

第一,选中 D125 单元格,输入" = SUMIF(A:A,"????",D:D)",该公式的含义是:A 列中,对科目编码满足 4 位长度的期初借方金额(D 列)求和。

第二,同理,在 E125 单元格输入" = SUMIF(A:A,"????",E:E)",该公式的含义是在 A 列中,对科目编码满足 4 位长度的期初贷方金额(E 列)求和,如图 3-12 所示。

图 3-12　设置 SUMIF 函数

第三,选中 F125 单元格,输入公式" = IF(D125 = E125,"期初余额试算平衡","期初余额试算不平衡")",如图 3-13 所示。公式含义为如果借方余额合计数 = 贷方余额合计数,则返回"期初余额试算平衡",如果不相等,则返回"期初余额试算不平衡"。

图 3-13　设置期初余额试算平衡公式

3.3　会计凭证表的编制

会计凭证表是会计工作中用于记录经济业务发生或完成情况的表格,是会计账簿登记的直接依据。它根据审核无误的原始凭证填制,分为原始凭证和记账凭证两种类型。

3.3.1 设置会计凭证表

案例 3.4

案例背景：将长风有限责任公司 2025 年 1 月份的经济业务资料，保存在工作簿中。

要求：设置会计凭证表。

操作步骤如下：

（1）在"期初科目余额表"后新建工作表，命名为"会计凭证表"。选中 A1∶K1 单元格区域，分别输入"类别编号""年""月""日""凭证编号""摘要""科目编码""总账科目""明细科目""借方金额""贷方金额"，如图 3-14 所示。

A	B	C	D	E	F	G	H	I	J	K
类别编号	年	月	日	凭证编号	摘要	科目编码	总账科目	明细科目	借方金额	贷方金额

图 3-14 新建"会计凭证表"

（2）为预防录入会计业务时出现错误，需要定义"日"和"科目编码"的数据验证。

第一，定义"日"数据验证。选择 M2 单元格，设置其单元格属性为"文本"，输入"01"，向下填充至"32"，如图 3-15 所示。

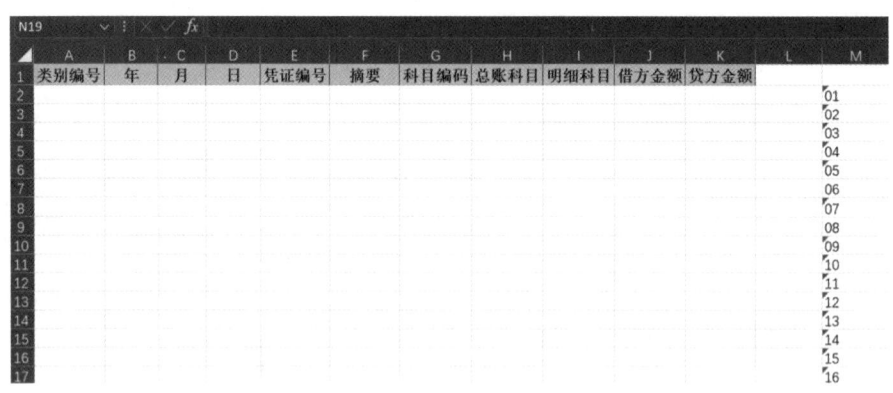

图 3-15 设置日期序列

选中 D2 单元格，单击"数据"→"数据验证"按钮，如图 3-16 所示。打开"数据验证"对话框，在"设置"选项卡"允许"下拉菜单，选择"序列"，在"来源"输入框中，选择" $M$2∶$M$32"，如图 3-17 所示。单击"出错警告"选项卡，设置"错误信息"为"日期非法!",单击"确定",如图 3-18 所示。最后,拉动列标,将第 M 列隐藏。

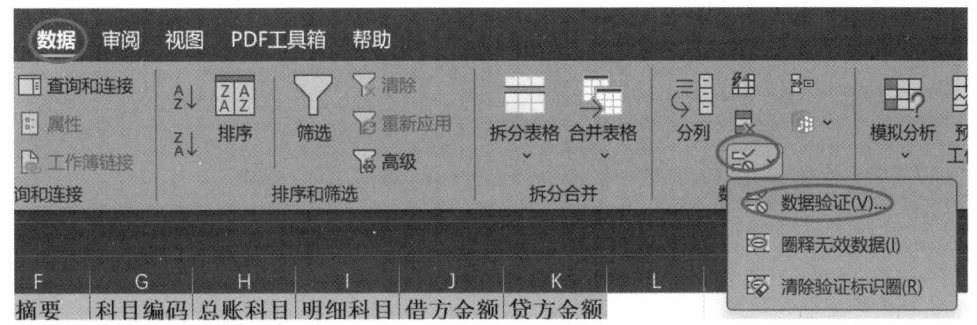

图 3-16　设置数据验证命令

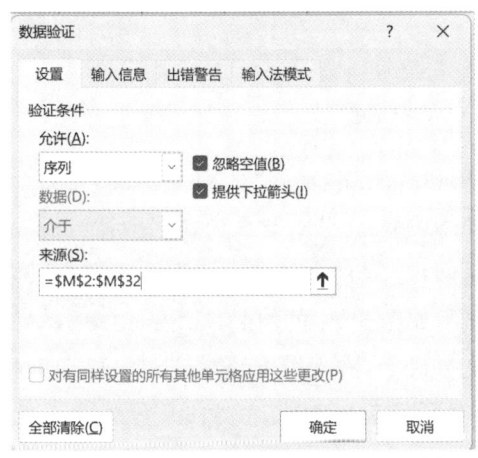

图 3-17　定义数据来源

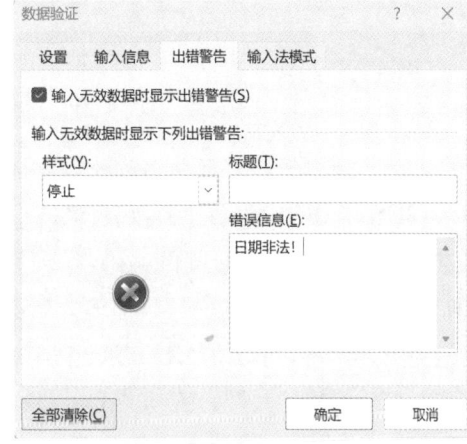

图 3-18　设置出错警告

　　第二,定义"科目编码"数据验证(参照定义"日"数据验证)。

　　(3) 设置"类别编号"自定义单元格格式。选中 A2 单元格,设置其单元格格式,在"数字"选项卡中,选择"自定义",在右侧"类型"选择框中,输入""记"＃＃",设置凭证字号单

元格格式,如图 3-19 所示。需要注意的是,自定义公式时,标点符号均为英文状态下输入。自定义单元格格式后,在 A2 单元格输入"1",即可显示为"记 1"。单击 A2 单元格,填充格式至 A100 单元格。

　　(4) 定义"凭证编号"自动生成公式。选中 E2 单元格,单击"公式"选项卡中"文本函数",选择"CONCAT"函数,在弹出

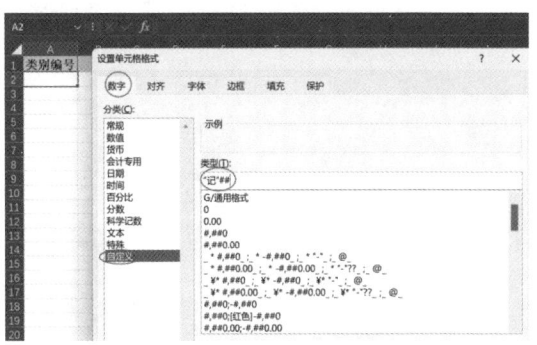

图 3-19　设置"类别编号"格式

的"函数参数"对话框中做如图 3-20 的设置。在 E2 单元格中完成公式" = CONCAT(B2，C2，D2，A2)"的输入后，将公式填充至 E100 单元格。

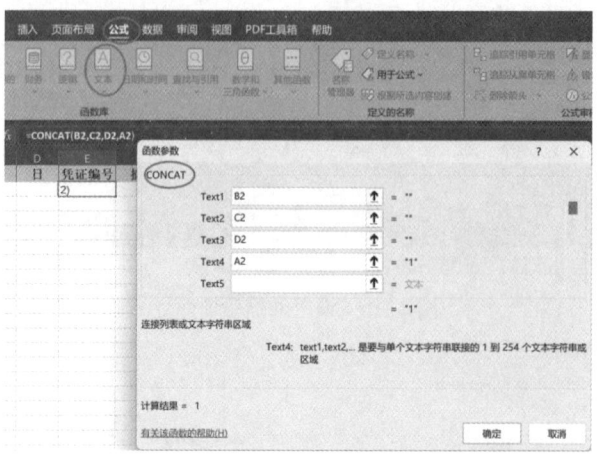

图 3-20 设置 CONCAT 函数

(5) 定义"总账科目"自动生成公式。选中 H2 单元格，输入" = XLOOKUP(G2，会计科目表!$F$3：$F$100，会计科目表!$G$3：$G$100)"。公式含义为，在"会计科目表"的 F 列查找"G2"单元格内的科目编码，找到后返回该行与"会计科目表"第 G 列交叉点的值，即科目编码对应的总账科目，但输入后会显示如图 3-21 的情况，H2 显示"♯N/A"，如若要避免上述情况，可以在 XLOOKUP 函数的基础上，嵌入 IF 函数。选中 H2 单元格输入公式" = IF(G2 = ""，""，XLOOKUP(G2，会计科目表!$F$3：$F$100，会计科目表!$G$3：$G$100))"，如图 3-22 所示。这样，当科目编码无值时，H2 单元格也不会显示"♯N/A"。

=VLOOKUP(G2,末级会计科目表,2,0)

D	E	F	G	H	I
日	凭证编号	摘要	科目编码	总账科目	明细科
	1		⚠	#N/A	

图 3-21 显示"♯N/A"结果

图 3-22 设置总账科目生成公式

(6) 定义"明细科目"自动生成公式。选中 I2 单元格，输入" = IF(LEN(G2)< = 4，""，XLOOKUP(G2，会计科目表!$F$3：$F$100，会计科目表!$H$3：$H$100))"，如

图 3-23 所示。此公式的含义为,首先判断 G2 单元格的长度是不是小于等于"4",如果是,则没有明细科目,返回空文本"";否则,在"会计科目表"中查找 G2 单元格内的科目编码,找到后返回对应 H 列的科目,即科目编码对应的明细科目。

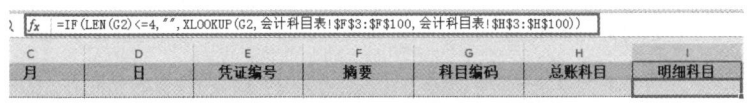

图 3-23　设置明细科目生成公式

(7) 设置借贷不平衡自动提示公式。选中 M1 单元格,单击选项卡中"填充颜色"按钮,将其填充为红色,在"数字"选项卡中的"常规"选项下设置单元格格式,然后输入" = IF(SUM(J:J) = SUM(K:K),"借贷平衡!","借贷不平衡,请检查!")",如图 3-24 所示。此公式的含义为,首先判断借方发生额的合计数是否等于贷方发生额的合计数,如果是,则返回"借贷平衡";否则,返回提示"借贷不平衡,请检查!"。

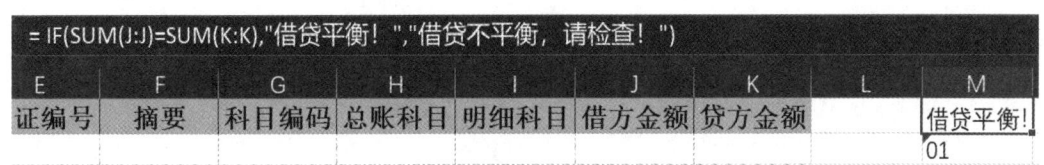

图 3-24　设置"借贷平衡"公式

3.3.2　录入会计凭证表

会计凭证表的格式及公式设置完成后,需要将相关的会计业务录入,形成单位使用的会计凭证表。

 案例 3.5

案例背景:长风有限责任公司 2025 年 1 月份会计业务具体如下。

(1) 1 日,从工商银行提取现金 5 000 元。

借:库存现金(1001)　　　　　　　　　　　　　　　　　　　　　　　5 000

　　贷:银行存款——工商银行(100201)　　　　　　　　　　　　　　　　5 000

(2) 3 日,接受投资人投入的设备一台,价值为 500 000 元,运输设备一辆,价值为 250 000 元。

借:固定资产——机器设备(160102)　　　　　　　　　　　　　　　500 000

　　　　　　——运输设备(160103)　　　　　　　　　　　　　　　250 000

　　贷:实收资本(4001)　　　　　　　　　　　　　　　　　　　　　　750 000

(3) 5 日,从新飞公司购进甲材料 25 000 元,从品力公司购进乙材料 12 000 元、丙材料 18 000 元,增值税进项税额共计 7 150 元,材料已入库,款项用工商银行存款支付。

借:原材料——甲材料(140301) 25 000
　　　——乙材料(140302) 12 000
　　　——丙材料(140303) 18 000
　应交税费——应交增值税(进项税额)(22210101) 7 150
　贷:银行存款——工商银行(100201) 27 150
　　预付账款——品力公司(112301) 20 000
　　　——新飞公司(112302) 15 000

(4) 9 日,从工商银行取得 3 个月期借款 600 000 元存入银行,月利率 0.6%,按月计提利息,到期一次还本付息。

借:银行存款——工商银行(100201) 600 000
　贷:短期借款(2001) 600 000

(5) 借:财务费用——利息(660301) 10 800
　　贷:应付利息(2231) 10 800

(6) 10 日,向利康公司销售 A 产品一批,售价 200 000 元,增值税税率 13%,款项尚未收到。

借:应收账款——利康公司(112201) 226 000
　贷:主营业务收入——A 产品(600101) 200 000
　　应交税费——应交增值税(销项税额)(22210102) 26 000

(7) 13 日,各部门领用原材料,A 产品耗用甲材料 20 000 元,乙材料 14 000 元;B 产品耗用甲材料 25 000 元,乙材料 160 000 元;C 产品耗用乙材料 22 000 元,丙材料 20 000 元;生产车间一般耗用丙材料 16 000 元;行政管理部门领用丙材料 5 000 元。

借:生产成本——A 产品(500101) 34 000
　　　——B 产品(500102) 41 000
　　　——C 产品(500103) 42 000
　制造费用(5101) 16 000
　管理费用——其他(660209) 5 000
　贷:原材料——甲材料(140301) 45 000
　　　——乙材料(140302) 52 000
　　　——丙材料(140303) 41 000

(8) 15 日,收到利康公司所欠部分货款 500 000 元,已存入工商银行账户。

借：银行存款——工商银行(100201)   500 000

  贷：应收账款——利康公司(112201)   500 000

(9) 17 日,由于职工违反公司章程,对其处以罚款 1 000 元,现金已收到。

借：库存现金(1001)   1 000

  贷：营业外收入(6301)   1 000

(10) 18 日,从新飞公司购进原材料,甲材料 55 000 元,乙材料 70 000 元,丙材料 55 000 元,增值税额 23 400 元,所有款项已用工商银行存款支付。

借：原材料——甲材料(140301)   55 000

    ——乙材料(140302)   70 000

    ——丙材料(140303)   55 000

  应交税费——应交增值税(进项税额)(22210101)   23 400

  贷：银行存款——工商银行(100201)   203 400

(11) 19 日,职工王智出差预借差旅费 2 000 元,以现金支付。

借：其他应收款——王智(122101)   2 000

  贷：库存现金(1001)   2 000

(12) 22 日,向双城公司销售商品,其中,A 产品售价 100 000 元,B 产品 150 000 元,C 产品 130 000 元,增值税额 49 400 元,款项已收到,存入工商银行账户。

借：银行存款——工商银行(100201)   429 400

  贷：主营业务收入——A 产品(600101)   100 000

      ——B 产品(600102)   150 000

      ——C 产品(600103)   130 000

    应交税费——应交增值税(销项税额)(22210102) 49 400

(13) 24 日,收到双城公司欠款 300 000 元,存入工商银行账户。

借：银行存款——工商银行(100201)   300 000

  贷：应收账款——双城公司(112202)   300 000

(14) 25 日,用工商银行存款支付本月产品销售的广告费 20 000 元。

借：销售费用——广告费(660102)   20 000

  贷：银行存款——工商银行(100201)   20 000

(15) 26 日,分配工资:生产工人工资 150 000 元(按工时分配,甲产品 10 000 工时,乙产品 13 000 工时,7 000 工时),车间管理人员工资 10 000 元,行政管理人员工资 50 000 元。

借：生产成本——A 产品(500101)   50 000

  ——B 产品(500102)   65 000

  ——C 产品(500103)   35 000

 制造费用(5101)   10 000

 管理费用——职工薪酬(660201)   50 000

  贷：应付职工薪酬——工资(221101)   210 000

(16) 26 日,计提固定资产折旧,车间折旧 25 000 元,行政管理部门折旧 8 000 元。

借：制造费用(5101)   25 000

 管理费用——折旧(660205)   8 000

  贷：累计折旧(1602)   33 000

(17) 27 日,王智出差回来报销差旅费 1 900 元,交回现金 100 元。

借：管理费用——差旅费(660203)   1 900

 库存现金(1001)   100

  贷：其他应收款——王智(122101)   2 000

(18) 27 日,用现金支付水电费 3 500 元,其中,车间水电费 2 200 元,行政管理部门水电费 1 300 元。

借：制造费用(5101)   2 200

 管理费用——水电费(660204)   1 300

  贷：库存现金(1001)   3 500

(19) 28 日,用工商银行存款支付上月未交增值税 15 236 元。

借：应交税费——未交增值税(222102)   15 236

  贷：银行存款——工商银行(100201)   15 236

(20) 28 日,按工时分配本月制造费用 53 200 元。

借：生产成本——A 产品(500101)   18 000

  ——B 产品(500102)   23 200

  ——C 产品(500103)   12 000

  贷：制造费用(5101)   53 200

(21) 28 日,产成品验收入库。

借：库存商品——A 产品(140501)   102 000

  ——B 产品(140502)   129 200

  ——C 产品(140503)   89 000

贷：生产成本——A产品(500101)	102 000
——B产品(500102)	129 200
——C产品(500103)	89 000

（22）29日，结转出售商品成本。A产品成本240 000元，B产品成本120 000元，C产品成本100 000元。

借：主营业务成本——A产品(600101)	240 000
——B产品(600102)	120 000
——C产品(600103)	100 000
贷：库存商品——A产品(140501)	240 000
——B产品(140502)	120 000
——C产品(140503)	100 000

（23）30日，支付业务招待费用7 200元。

借：管理费用——业务招待费用(660208)	7 200
贷：银行存款——工商银行(100201)	7 200

（24）31日，月末结转损益。

借：主营业务收入——A产品(600101)	300 000
——B产品(600102)	150 000
——C产品(600103)	130 000
营业外收入(6301)	1 000
贷：本年利润(4103)	581 000
借：本年利润(4103)	564 200
贷：主营业务成本——A产品(600101)	240 000
——B产品(600102)	120 000
——C产品(600103)	100 000
财务费用——利息(660301)	10 800
销售费用——广告费(660102)	20 000
管理费用——职工薪酬(660201)	50 000
——折旧(660205)	8 000
——差旅费(660203)	1 900
——水电费(660204)	1 300
——业务招待费用(660208)	7 200
——其他(660209)	5 000

要求：录入会计凭证表。

操作步骤如下：

根据以上资料，逐笔输入业务。将光标定位在数据清单任意一个单元格内，单击功能区中的"视图"→"冻结窗格"下拉菜单中的"冻结首行"命令，如图 3-25 所示。全部业务输入完毕后的情况如图 3-26 至图 3-30 所示。

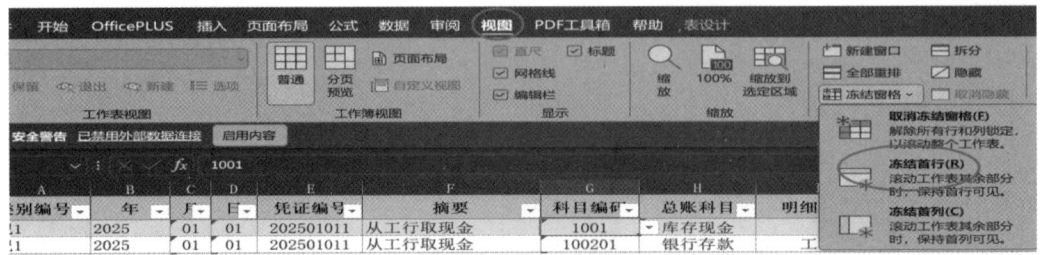

图 3-25　设置"冻结窗格"

类别编号	年	月	日	凭证编号	摘要	科目编码	总账科目	明细科目	借方金额	贷方金额
记1	2025	01	01	202501011	从工行取现金	1001	库存现金		5 000.00	
记1	2025	01	01	202501011	从工行取现金	100201	银行存款	工行		5 000.00
记2	2025	01	03	202501032	接受投资	160102	固定资产	机器设备	500 000.00	
记2	2025	01	03	202501032	接受投资	160103	固定资产	运输设备	250 000.00	
记2	2025	01	03	202501032	接受投资	4001	实收资本			750 000.00
记3	2025	01	05	202501053	购进原材料	140301	原材料	甲材料	25 000.00	
记3	2025	01	05	202501053	购进原材料	140302	原材料	乙材料	12 000.00	
记3	2025	01	05	202501053	购进原材料	140303	原材料	丙材料	18 000.00	
记3	2025	01	05	202501053	购进原材料	22210101	应交税费	进项税	7 150.00	
记3	2025	01	05	202501053	购进原材料	100201	银行存款	工行		27 150.00
记3	2025	01	05	202501053	购进原材料	112301	预付账款	品力公司	20 000.00	
记3	2025	01	05	202501053	购进原材料	112302	预付账款	新飞公司		15 000.00
记4	2025	01	09	202501094	从工行借入短期借款	100201	银行存款	工行	600 000.00	
记4	2025	01	09	202501094	从工行借入短期借款	2001	短期借款			600 000.00
记5	2025	01	09	202501095	计提短期借款利息	660301	财务费用	利息	10 800.00	
记5	2025	01	09	202501095	计提短期借款利息	2231	应付利息			10 800.00
记6	2025	01	10	202501106	向利康公司销售A产品	112201	应收账款	利康公司	226 000.00	
记6	2025	01	10	202501106	向利康公司销售A产品	600101	主营业务收入	A产品		200 000.00
记6	2025	01	10	202501106	向利康公司销售A产品	22210102	应交税费	销项税		26 000.00

图 3-26　会计凭证表结果-1

类别编号	年	月	日	凭证编号	摘要	科目编码	总账科目	明细科目	借方金额	贷方金额
记6	2025	01	10	202501106	向利康公司销售A产品	22210102	应交税费	销项税		26 000.00
记7	2025	01	13	202501137	各部门领用原材料	500101	生产成本	A产品	34 000.00	
记7	2025	01	13	202501137	各部门领用原材料	500102	生产成本	B产品	41 000.00	
记7	2025	01	13	202501137	各部门领用原材料	500103	生产成本	C产品	42 000.00	
记7	2025	01	13	202501137	各部门领用原材料	5101	制造费用		16 000.00	
记7	2025	01	13	202501137	各部门领用原材料	660209	管理费用	其他	5 000.00	
记7	2025	01	13	202501137	各部门领用原材料	140301	原材料	甲材料		45 000.00
记7	2025	01	13	202501137	各部门领用原材料	140302	原材料	乙材料		52 000.00
记7	2025	01	13	202501137	各部门领用原材料	140303	原材料	丙材料		41 000.00
记8	2025	01	15	202501158	收到利康公司货款	100201	银行存款	工行	500 000.00	
记8	2025	01	15	202501158	收到利康公司货款	112201	应收账款	利康公司		500 000.00
记9	2025	01	17	202501179	收到职工罚款	1001	库存现金		1 000.00	
记9	2025	01	17	202501179	收到职工罚款	6301	营业外收入			1 000.00
记10	2025	01	18	2025011810	从新飞公司购进原材料	140301	原材料	甲材料	55 000.00	
记10	2025	01	18	2025011810	从新飞公司购进原材料	140302	原材料	乙材料	70 000.00	
记10	2025	01	18	2025011810	从新飞公司购进原材料	140303	原材料	丙材料	55 000.00	
记10	2025	01	18	2025011810	从新飞公司购进原材料	22210101	应交税费	进项税	23 400.00	
记10	2025	01	18	2025011810	从新飞公司购进原材料	100201	银行存款	工行		203 400.00
记11	2025	01	19	2025011911	职工出差预借差旅费	122101	其他应收款	王智	2 000.00	
记11	2025	01	19	2025011911	职工出差预借差旅费	1001	库存现金			2 000.00

图 3-27　会计凭证表结果-2

类别编号	年	月	日	凭证编号	摘要	科目编码	总账科目	明细科目	借方金额	贷方金额
记12	2025	01	22	2025012212	向双城公司销售商品	100201	银行存款	工行	429 400.00	
记12	2025	01	22	2025012212	向双城公司销售商品	600101	主营业务收入	A产品		100 000.00
记12	2025	01	22	2025012212	向双城公司销售商品	600102	主营业务收入	B产品		150 000.00
记12	2025	01	22	2025012212	向双城公司销售商品	600103	主营业务收入	C产品		130 000.00
记12	2025	01	22	2025012212	向双城公司销售商品	22210102	应交税费	销项税		49 400.00
记13	2025	01	24	2025012413	收到双城公司欠款	100201	银行存款	工行	300 000.00	
记13	2025	01	24	2025012413	收到双城公司欠款	112202	应收账款	双城公司		300 000.00
记14	2025	01	25	2025012514	支付广告费	660102	销售费用	广告费	20 000.00	
记14	2025	01	25	2025012514	支付广告费	100201	银行存款	工行		20 000.00
记15	2025	01	26	2025012615	分配工资	500101	生产成本	A产品	50 000.00	
记15	2025	01	26	2025012615	分配工资	500102	生产成本	B产品	65 000.00	
记15	2025	01	26	2025012615	分配工资	500103	生产成本	C产品	35 000.00	
记15	2025	01	26	2025012615	分配工资	5101	制造费用		10 000.00	
记15	2025	01	26	2025012615	分配工资	660201	管理费用	职工薪酬	50 000.00	
记15	2025	01	26	2025012615	分配工资	221101	应付职工薪酬	工资		210 000.00
记16	2025	01	26	2025012616	计提固定资产折旧	5101	制造费用		25 000.00	
记16	2025	01	26	2025012616	计提固定资产折旧	660205	管理费用	折旧费	8 000.00	
记16	2025	01	26	2025012616	计提固定资产折旧	1602	累计折旧			33 000.00
记17	2025	01	27	2025012717	报销差旅费	660203	管理费用	差旅费	1 900.00	
记17	2025	01	27	2025012717	报销差旅费	1001	库存现金		100.00	
记17	2025	01	27	2025012717	报销差旅费	122101	其他应收款	王智		2 000.00
记18	2025	01	27	2025012718	支付水电费	5101	制造费用		2 200.00	
记18	2025	01	27	2025012718	支付水电费	660204	管理费用	水电费	1 300.00	

图 3-28　会计凭证表结果-3

类别编号	年	月	日	凭证编号	摘要	科目编码	总账科目	明细科目	借方金额	贷方金额
记19	2025	01	28	2025012819	支付上月未交增值税	100201	银行存款	工行		15 236.00
记20	2025	01	28	2025012820	分配本月制作费用	500101	生产成本	A产品	18 000.00	
记20	2025	01	28	2025012820	分配本月制作费用	500102	生产成本	B产品	23 200.00	
记20	2025	01	28	2025012820	分配本月制作费用	500103	生产成本	C产品	12 000.00	
记20	2025	01	28	2025012820	分配本月制作费用	5101	制造费用			53 200.00
记21	2025	01	28	2025012821	产成品验收入库	140501	库存商品	A产品	102 000.00	
记21	2025	01	28	2025012821	产成品验收入库	140502	库存商品	B产品	129 200.00	
记21	2025	01	28	2025012821	产成品验收入库	140503	库存商品	C产品	89 000.00	
记21	2025	01	28	2025012821	产成品验收入库	500101	生产成本	A产品		102 000.00
记21	2025	01	28	2025012821	产成品验收入库	500102	生产成本	B产品		129 200.00
记21	2025	01	28	2025012821	产成品验收入库	500103	生产成本	C产品		89 000.00
记22	2025	01	29	2025012922	结转出售商品成本	640101	主营业务成本	A产品	240 000.00	
记22	2025	01	29	2025012922	结转出售商品成本	640102	主营业务成本	B产品	120 000.00	
记22	2025	01	29	2025012922	结转出售商品成本	640103	主营业务成本	C产品	100 000.00	
记22	2025	01	29	2025012922	结转出售商品成本	140501	库存商品	A产品		240 000.00
记22	2025	01	29	2025012922	结转出售商品成本	140502	库存商品	B产品		120 000.00
记22	2025	01	29	2025012922	结转出售商品成本	140503	库存商品	C产品		100 000.00
记23	2025	01	30	2025013023	支付业务招待费	660208	管理费用	业务招待费	7 200.00	
记23	2025	01	30	2025013023	支付业务招待费	100201	银行存款	工行		7 200.00

图 3-29　会计凭证表结果-4

类别编号	年	月	日	凭证编号	摘要	科目编码	总账科目	明细科目	借方金额	贷方金额
记24	2025	01	31	2025013124	月末结转损益	600101	主营业务收入	A产品	300 000.00	
记24	2025	01	31	2025013124	月末结转损益	600102	主营业务收入	B产品	150 000.00	
记24	2025	01	31	2025013124	月末结转损益	600103	主营业务收入	C产品	130 000.00	
记24	2025	01	31	2025013124	月末结转损益	6301	营业外收入		1 000.00	
记24	2025	01	31	2025013124	月末结转损益	4103	本年利润			581 000.00
记25	2025	01	31	2025013125	月末结转损益	4103	本年利润		564 200.00	
记25	2025	01	31	2025013125	月末结转损益	640101	主营业务成本	A产品		240 000.00
记25	2025	01	31	2025013125	月末结转损益	640102	主营业务成本	B产品		120 000.00
记25	2025	01	31	2025013125	月末结转损益	640103	主营业务成本	C产品		100 000.00
记25	2025	01	31	2025013125	月末结转损益	660102	销售费用	广告费		20 000.00
记25	2025	01	31	2025013125	月末结转损益	660301	财务费用	利息		10 800.00
记25	2025	01	31	2025013125	月末结转损益	660209	管理费用	其他		5 000.00
记25	2025	01	31	2025013125	月末结转损益	660201	管理费用	职工薪酬		50 000.00
记25	2025	01	31	2025013125	月末结转损益	660205	管理费用	折旧费		8 000.00
记25	2025	01	31	2025013125	月末结转损益	660203	管理费用	差旅费		1 900.00
记25	2025	01	31	2025013125	月末结转损益	660204	管理费用	水电费		1 300.00
记25	2025	01	31	2025013125	月末结转损益	660208	管理费用	业务招待费		7 200.00

图 3-30　会计凭证表结果-5

3.4 科目汇总表的编制

科目汇总表又称记账凭证汇总表,是会计工作中一个重要的工具,主要用于将一定时期内(如 1 个月)的全部记账凭证按照会计科目进行归类、汇总编制而成的表格。它反映了会计期间内各项经济业务引起的会计科目的借贷方发生额,是登记总账的依据之一。本节中不仅需要生成总账科目汇总表,还需要生成末级科目汇总表,继而生成总账科目余额表和末级科目余额表。

3.4.1 末级科目汇总表的编制

案例 3.6

案例背景: 同[案例 3.1]、[案例 3.3]和[案例 3.5]。
要求: 制作末级科目汇总表。

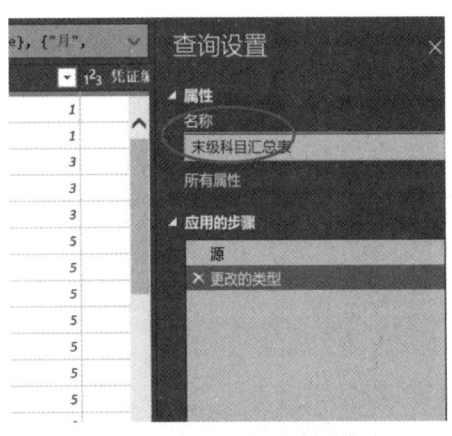

图 3-31 修改名称为"末级科目汇总表"

操作步骤如下:

(1)打开"会计凭证表",单击区域内任意一个单元格,单击"数据"→"来自表格/区域",进入 Power Query 编辑器。在右侧"名称"处,修改名称为"末级科目汇总表",如图 3-31 所示。

(2)选择"转换"选项卡,单击"分组依据",在弹出的"分组依据"对话框中,选择"高级"按钮,通过下拉菜单,选择"科目编码"作为分组依据,并添加"总账科目"和"明细科目"作为分组层级。单击"添加分组"下方的"添加聚合",设置"新列名"为"借方金额合计数",在"操作"中选择"求和",并指定"柱"为"借方金额"。再次单击"添加聚合",设置"新列名"为"贷方金额合计数",在"操作"中选择"求和",并指定"柱"为"贷方金额"。单击"确定"即可,如图 3-32 所示。最终结果,如图 3-33 所示。

(3)选择"借方金额合计数""贷方金额合计数"这两列,单击右键,在弹出的选项框中,选择"替换值",在"要查找的值"中输入"null",在"替换为"输入"0",如图 3-34 所示。单击"确定"即可,最终结果,如图 3-35 所示。

(4)选择"文件"选项卡,单击"关闭并上载"。"末级会计汇总表"就会出现在"会计凭证表"后,如图 3-36 所示。

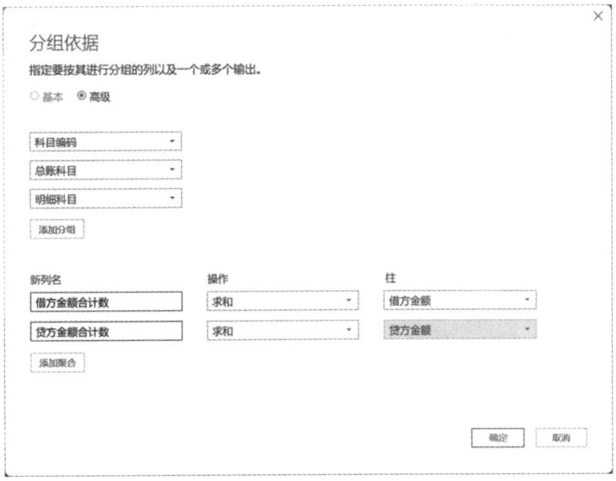

图 3-32　设置"分组依据"命令

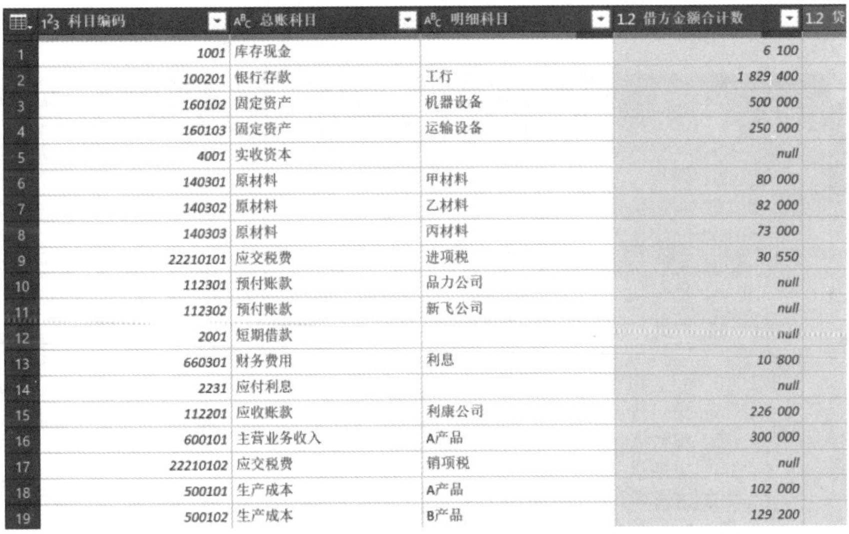

图 3-33　"分组依据"结果

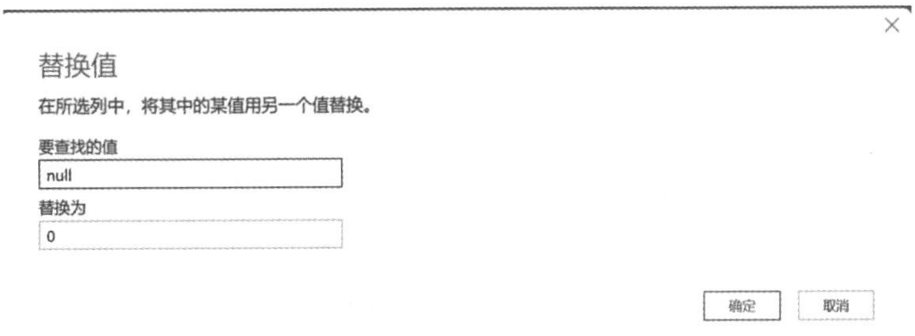

图 3-34　设置"替换值"命令

	总账科目	明细科目	借方金额合计数	贷方金额合计数
1	1001 库存现金		6 100	5 500
2	100201 银行存款	工行	1 829 400	277 986
3	160102 固定资产	机器设备	500 000	0
4	160103 固定资产	运输设备	250 000	0
5	4001 实收资本		0	750 000
6	140301 原材料	甲材料	80 000	45 000
7	140302 原材料	乙材料	82 000	52 000
8	140303 原材料	丙材料	73 000	41 000
9	210101 应交税费	进项税	30 550	0
10	112301 预付账款	品力公司	0	20 000
11	112302 预付账款	新飞公司	0	15 000
12	2001 短期借款		0	600 000
13	560301 财务费用	利息	10 800	10 800
14	2231 应付利息		0	10 800
15	112201 应收账款	利康公司	226 000	500 000
16	500101 主营业务收入	A产品	300 000	300 000
17	210102 应交税费	销项税	0	75 400
18	500101 生产成本	A产品	102 000	102 000
19	500102 生产成本	B产品	129 200	129 200

图 3-35　替换值后结果

	A	B	C	D	E
1	科目编码	总账科目	明细科目	借方金额合计数	贷方金额合计数
2	1001	库存现金		6 100	5 500
3	100201	银行存款	工行	1 829 400	277 986
4	160102	固定资产	机器设备	500 000	0
5	160103	固定资产	运输设备	250 000	0
6	4001	实收资本		0	750 000
7	140301	原材料	甲材料	80 000	45 000
8	140302	原材料	乙材料	82 000	52 000
9	140303	原材料	丙材料	73 000	41 000
10	22210101	应交税费	进项税	30 550	0
11	112301	预付账款	品力公司	0	20 000
12	112302	预付账款	新飞公司	0	15 000
13	2001	短期借款		0	600 000
14	660301	财务费用	利息	10 800	10 800
15	2231	应付利息		0	10 800
16	112201	应收账款	利康公司	226 000	500 000
17	600101	主营业务收入	A产品	300 000	300 000
18	22210102	应交税费	销项税	0	75 400
19	500101	生产成本	A产品	102 000	102 000
20	500102	生产成本	B产品	129 200	129 200
21	500103	生产成本	C产品	89 000	89 000
22	5101	制造费用		53 200	53 200
23	660209	管理费用	其他	5 000	5 000
24	6301	营业外收入		1 000	1 000
25	122101	其他应收款	王智	2 000	2 000

图 3-36　上载后结果

（5）选择 A45:C45 单元格区域,合并单元格后输入"合计",选择 D45 单元格,输入公式" = SUM(D2:D44)",对本期借方发生额求和,复制公式填充至 E45 单元格,对本期贷方发生额求和,结果如图 3-37 所示。

	A	B	C	D	E
31	221101	应付职工薪酬	工资	0	210 000
32	660205	管理费用	折旧费	8 000	8 000
33	1602	累计折旧		0	33 000
34	660203	管理费用	差旅费	1 900	1 900
35	660204	管理费用	水电费	1 300	1 300
36	222102	应交税费	未交增值税	15 236	0
37	140501	库存商品	A产品	102 000	240 000
38	140502	库存商品	B产品	129 200	120 000
39	140503	库存商品	C产品	89 000	100 000
40	640101	主营业务成本	A产品	240 000	240 000
41	640102	主营业务成本	B产品	120 000	120 000
42	640103	主营业务成本	C产品	100 000	100 000
43	660208	管理费用	业务招待费	7 200	7 200
44	4103	本年利润		564 200	581 000
45		合计		5 497 286	5 497 286

D45 的公式栏:=SUM(末级会计科目汇总表[借方金额合计数])

图 3-37 贷方发生额求和

(6)定义"末级科目汇总表"名称。选择 A2∶E45 单元格区域,选择"公式"选项卡中的"定义名称"按钮,在名称处输入"末级科目汇总表"。

3.4.2 总账科目汇总表的编制

案例 3.7

案例背景:同[案例 3.1]、[案例 3.3]和[案例 3.5]。

要求:制作总账科目汇总表。

操作步骤如下:

(1)打开"会计凭证表",单击区域内任意一个单元格,单击"数据"→"来自表格/区域",进入 Power Query 编辑器。在右侧"名称"处,修改名称为"总账科目汇总表"。

(2)在"转换"选项卡中,单击"分组依据"并选取"高级"按钮,从"分组依据"下拉列表中选择"总账科目"作为分组标准。单击"添加聚合",输入"新列名"为"借方发生额合计数",在"操作"区域选择"求和",并从"柱"选项中指定"借方金额"。再次单击"添加聚合",输入"新列名"为"贷方发生额合计数",在"操作"中选择"求和",并从"柱"选项中选取"贷方金额"。如图 3-38 所示,单击"确定"即可。

(3)选择"借方发生额合计数""贷方发生额合计数"两列,单击鼠标右键,在弹出的选项框中,选择"替换值",在"要查找的值"中输入"null",在"替换为"输入"0"。

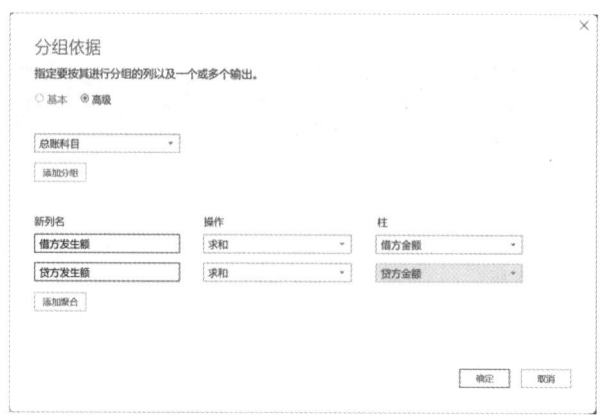

图 3-38　设置"分组依据"命令

（4）选择"文件"选项卡，单击"关闭并上载"。将"总账科目汇总表"拖拽调整至"末级会计汇总表"后。

（5）选择 A2 单元格输入"合计"，选择 B25 单元格，输入公式"= SUM(B2:B24)"，对本期借方发生额求和，然后将公式填充至 C25 单元格，对贷方发生额求和，结果如图 3-39 所示。

	A	B	C
2	库存现金	6 100	5 500
3	银行存款	1 829 400	277 986
4	固定资产	750 000	0
5	实收资本	0	750 000
6	原材料	235 000	138 000
7	应交税费	45 786	75 400
8	预付账款	0	35 000
9	短期借款	0	600 000
10	财务费用	10 800	10 800
11	应付利息	0	10 800
12	应收账款	226 000	800 000
13	主营业务收入	580 000	580 000
14	生产成本	320 200	320 200
15	制造费用	53 200	53 200
16	管理费用	73 400	73 400
17	营业外收入	1 000	1 000
18	其他应收款	2 000	2 000
19	销售费用	20 000	20 000
20	应付职工薪酬	0	210 000
21	累计折旧	0	33 000
22	库存商品	320 200	460 000
23	主营业务成本	460 000	460 000
24	本年利润	564 200	581 000
25	合计	5 497 286	5 497 286

图 3-39　"借贷发生额"求和结果

（6）定义"总账科目汇总表"名称。选择 A2:C25 单元格区域，选择"公式"选项卡中的"定义名称"按钮，在名称处输入"总账科目汇总表"即可。

3.5 科目余额表的编制

科目余额表是会计工作中一个至关重要的基础表格,它详细记录了每个会计科目在一定会计期间(如月、季、年)的期初余额、本期发生额(包括借方发生额和贷方发生额)以及期末余额。这张表格对于企业的财务管理、财务分析以及审计等工作都具有极其重要的意义。

3.5.1 末级科目余额表的编制

 案例 3.8

> **案例背景:**同[案例 3.1]、[案例 3.3]和[案例 3.5]。
> **要求:**建立末级科目余额表。

操作步骤如下:

(1)选择"期初科目余额表""末级科目汇总表",进入 Power Query 编辑器后,先对"期初科目余额表"格式进行调整,在 Power Query 编辑器中,选中"期初科目余额表",单击"转换"选项卡,选择"将第一行用作标题",如图 3-40 所示,第一行就作为标题。

图 3-40 设置"将第一行用作标题"命令

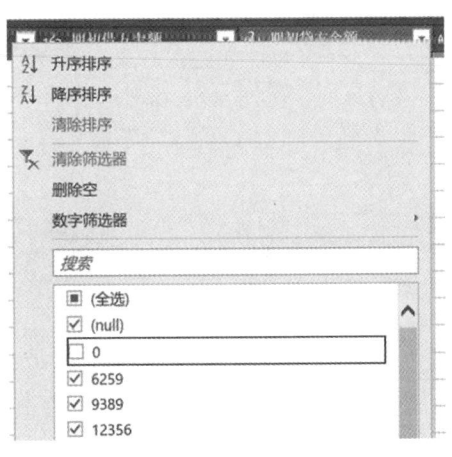

图 3-41 "期初贷方余额"中去掉"0"的勾选

(2)在右侧"查询"处,单击"期初科目余额表"。现在编制的是末级科目余额表,因此,总账科目对应的余额并不需要。余额在借方的总账科目"期初贷方余额"为 0,所以,在行标题"期初贷方余额"中,在下拉筛选中不选择"0",如图 3-41 所示,单击确定,结果如图 3-42 所示。余额在贷方的总账科目"期初借方余额"为 0,所以,在行标题"期初贷方余额"中,在下拉筛选中不选择"0"。将"期初借方余额""期初贷方余额"中"null"替换为"0",结果如图 3-43 所示。

	ABC 科目编码	ABC 总账科目	ABC 明细科目	1²3 期初借方余额	1²3 期初贷方余额
1	1001	库存现金	null	5000	null
2	100201	银行存款	工行	1200000	null
3	100202	银行存款	建行	415410	null
4	101201	其他货币资金	外埠存款	68100	null
5	101202	其他货币资金	银行本票存款	0	null
6	101203	其他货币资金	银行汇票存款	0	null
7	101204	其他货币资金	信用卡存款	0	null
8	101205	其他货币资金	信用证保证金存款	0	null
9	101206	其他货币资金	存出投资款	0	null
10	1121	应收票据	null	0	null
11	112201	应收账款	利康公司	400000	null
12	112202	应收账款	双城公司	326600	null
13	112203	应收账款	志高公司	200000	null
14	112301	预付账款	品力公司	20000	null
15	112302	预付账款	新飞公司	15000	null
16	122101	其他应收款	王智	2000	null
17	122102	其他应收款	朱中	4000	null
18	122103	其他应收款	吴青	0	null
19	122104	其他应收款	李和	0	null

图 3-42 "期初贷方余额"中去掉"0"的结果

	ABC 科目编码	ABC 总账科目	ABC 明细科目	1.2 期初借方余额	1.2 期初贷方余额
1	1001	库存现金		5000	0
2	100201	银行存款	工行	1200000	0
3	100202	银行存款	建行	415410	0
4	101201	其他货币资金	外埠存款	68100	0
5	112201	应收账款	利康公司	400000	0
6	112202	应收账款	双城公司	326600	0
7	112203	应收账款	志高公司	200000	0
8	112301	预付账款	品力公司	20000	0
9	112302	预付账款	新飞公司	15000	0
10	122101	其他应收款	王智	2000	0
11	122102	其他应收款	朱中	4000	0
12	140301	原材料	甲材料	21000	0
13	140302	原材料	乙材料	42560	0
14	140303	原材料	丙材料	32000	0
15	140501	库存商品	A产品	330000	0
16	140502	库存商品	B产品	190000	0
17	140503	库存商品	C产品	230000	0
18	1601	固定资产		1930000	0
19	160101	固定资产	房屋及建筑物	1110000	0
20	160102	固定资产	机器设备	420000	0
21	160103	固定资产	运输设备	210000	0
22	160104	固定资产	办公设备	190000	0
23	1602	累计折旧		0	93000

图 3-43 格式调整后的结果

提示

此操作方法也可以参照制作末级科目表的函数与 Power Query 编辑器结合使用的方法。

（3）单击"主页"选项卡，选择"合并查询"中的"将查询合并为新查询"，如图 3-44 所示，弹出"合并"对话框，在"选择表和匹配列以创建合并表"下主表选择"期初科目余额表"，辅表选择"末级科目汇总表"。选中"期初科目余额表"中按住"Shift"键选择"总账科目""明细科目"这两列（注意顺序不能颠倒）。同理，选中"末级科目汇总表"中"总账科目""明细科目"这两列作为组合关键字，如图 3-45 所示。单击"确定"按钮后，生成"合并 1"，在左侧"查询""名称"处，将"合并 1"修改成"末级科目余额表"，如图 3-46 所示。

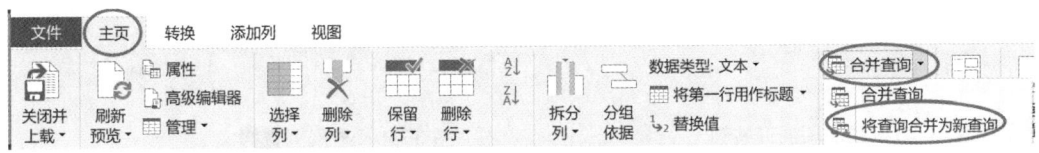

图 3-44 "合并查询"命令

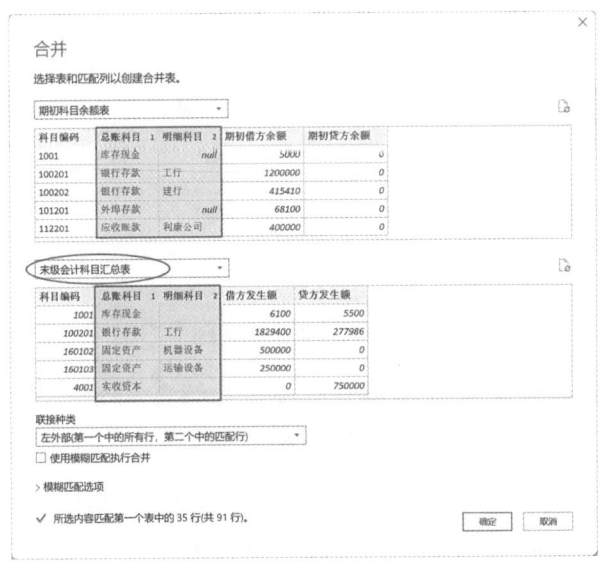

图 3-45 设置合并条件

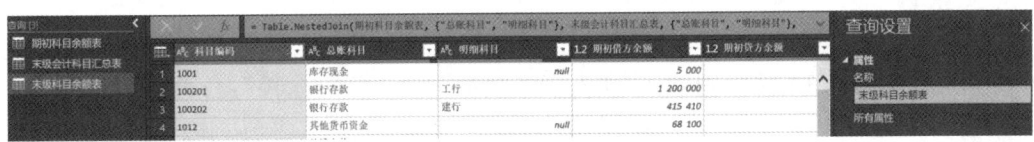

图 3-46 "末级科目余额表"命名

（4）选择"末级科目余额表"中最后一列"末级科目汇总表"，单击扩展按钮，如图 3-47 所示，弹出扩展列对话框，选择"借方金额合计数""贷方金额合计数"，如图 3-48 所示。将最后两列"借方金额合计数""贷方金额合计数"中的"null"替换成"0"。

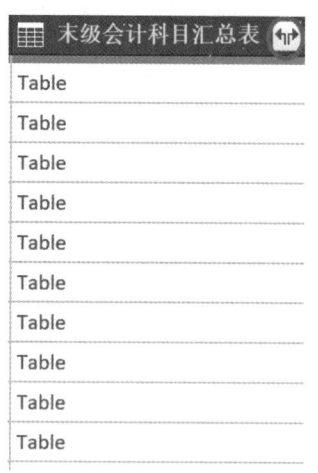

图 3-47　扩展项展开按钮

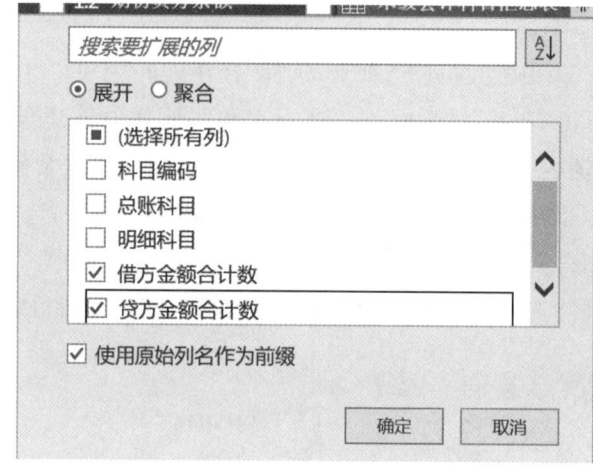

图 3-48　扩展列选择

（5）选择"添加列"选项卡，单击"自定义列"按钮，如图 3-49 所示的对话框，在"自定义列公式"里双击鼠标选择左侧"可用列"，输入的内容为"=［期初借方余额］+［末级会计科目汇总表.借方金额合计数］-［期初贷方余额］-［末级会计科目汇总表.贷方金额合计数］"，如图 3-50 所示，单击"确定"即可。该公式计算结果大于 0，代表期末余额在借方，如果公式计算结果小于 0，代表期末余额在贷方。

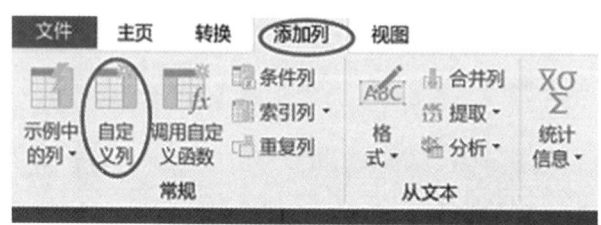

图 3-49　添加"列"命令

需要注意的是，在打开"扩展项展开按钮"时，可以将"使用原始列名作为前缀"勾选掉，这样，列前缀就可删除，如"末级会计科目汇总表.借方金额合计数"，就只有"借方金额合计数"。

（6）选择"文件"选项卡，单击"关闭并上载"，将"末级科目余额表"拖拽调整至"总账科目汇总表"后。

（7）在 I1、J1 单元格分别输入"期末借方余额""期末贷方余额"，在 I2 输入公式"=IF(H2>0,H2,0)"，在 J2 输入公式"=IF(H2<0,H2,0)"，然后将 H 列隐藏。最后，分别在 F93、G93、I93 和 J93 单元格输入求和公式 SUM，最终结果如图 3-51 所示。

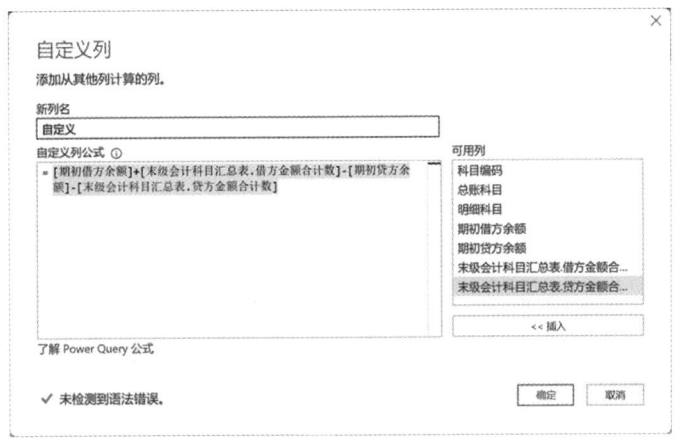

图 3-50 设置自定义"列"公式

科目编码	总账科目	明细科目	期初借方余	期初贷	借方本期发	贷方本期发	期末借方余	期末贷方余额
61	5101	制造费用		0	0	53 200	53 200	0	0
62	600101	主营业务收入	A产品	0	0	300 000	300 000	0	0
63	600102	主营业务收入	B产品	0	0	150 000	150 000	0	0
64	600103	主营业务收入	C产品	0	0	130 000	130 000	0	0
65	6301	营业外收入		0	0	1 000	1 000	0	0
66	640101	主营业务成本	A产品	0	0	240 000	240 000	0	0
67	640102	主营业务成本	B产品	0	0	120 000	120 000	0	0
68	640103	主营业务成本	C产品	0	0	100 000	100 000	0	0
69	6403	税金及附加		0	0	0	0	0	0
70	660101	销售费用	职工薪酬	0	0	0	0	0	0
71	660102	销售费用	广告费	0	0	20 000	20 000	0	0
72	660103	销售费用	包装费	0	0	0	0	0	0
73	660104	销售费用	差旅费	0	0	0	0	0	0
74	660105	销售费用	折旧费	0	0	0	0	0	0
75	660104	销售费用	其他	0	0	0	0	0	0
76	660201	管理费用	职工薪酬	0	0	50 000	50 000	0	0
77	660202	管理费用	办公费	0	0	0	0	0	0
78	660203	管理费用	差旅费	0	0	1 900	1 900	0	0
79	660204	管理费用	水电费	0	0	1 300	1 300	0	0
80	660205	管理费用	折旧费	0	0	8 000	8 000	0	0
81	660206	管理费用	修理费	0	0	0	0	0	0
82	660207	管理费用	无形资产摊销	0	0	0	0	0	0
83	660208	管理费用	业务招待费	0	0	7 200	7 200	0	0
84	660209	管理费用	其他	0	0	5 000	5 000	0	0
85	660301	财务费用	利息	0	0	10 800	10 800	0	0
86	660302	财务费用	现金折扣	0	0	0	0	0	0
87	660303	财务费用	手续费	0	0	0	0	0	0
88	6701	资产减值损失		0	0	0	0	0	0
89	6711	营业外支出		0	0	0	0	0	0
90	6801	所得税费用		0	0	0	0	0	0
91	合计			6 771 670	6 771 670	5 497 286	5 497 286	8 452 434	8 452 434

图 3-51 "期末借方余额""期末贷方余额"求和后结果

3.5.2 总账科目余额表的编制

案例 3.9

案例背景:同[案例 3.1]、[案例 3.3]和[案例 3.5]。

要求:建立总账科目余额表。

操作步骤如下：

（1）选择"期初科目余额表""总账科目汇总表"，进入 Power Query 编辑器，并单击"转换"选项卡，选择"将第一行用作标题"。

（2）在右侧"查询"处，单击"期初科目余额表"。现在编制的是总账科目余额表，不需要明细科目的余额，所以在"明细科目"这一列中，在下拉筛选中选择"null"，操作后"明细科目"列删除。将"期初借方余额""期初贷方余额"中的"null"替换为"0"，结果如图 3-52 所示。

	AᵇC 科目编码	AᵇC 总账科目	1.2 期初借方余额	1.2 期初贷方余额
1	1001	库存现金	5 000	0
2	1002	银行存款	1 615 410	0
3	1012	其他货币资金	68 100	0
4	1121	应收票据	0	0
5	1122	应收账款	926 600	0
6	1123	预付账款	35 000	0
7	1221	其他应收款	6 000	0
8	1403	原材料	95 560	0
9	1405	库存商品	750 000	0
10	1601	固定资产	1 930 000	0
11	1602	累计折旧	0	93 000
12	1603	固定资产减值准备	0	0
13	1604	在建工程	0	0
14	1701	无形资产	1 340 000	0
15	1702	累计摊销	0	54 000
16	1901	待处理财产损益	0	0
17	2001	短期借款	0	0
18	2202	应付账款	0	385 000
19	2203	预收账款	0	56 034
20	2211	应付职工薪酬	0	431 874

图 3-52　替换值后的结果

（3）单击"主页"选项卡，在"合并查询"区域选择"将查询合并为新查询"，如图 3-53 所示，在弹出的"合并"对话框中，选择"期初科目余额表"和"总账科目汇总表"作为合并的源表格。选择"期初科目余额表"中的"总账科目"列，并将其与"总账科目汇总表"中的"总账科目"列进行匹配。完成上述设置后，单击"确定"按钮。最后，在左侧的"查询"列表中，找到"合并 1"，并将其名称修改为"总账科目余额表"，设置结果如表 3-54 所示。

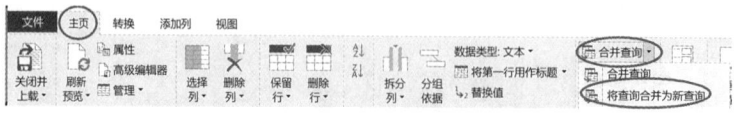

图 3-53　设置"合并查询"命令

图 3-54　设置"合并条件"

（4）选择"总账科目余额表"中最后一列"总账科目汇总表"，单击"扩展"按钮，如图 3-55 所示；弹出"扩展"列对话框，选择"借方本期发生额""贷方本期发生额"，勾选掉"使用原始列名作为前缀"，如图 3-56 所示；将"借方发生额"和"贷方发生额"两列中的"null"替换成"0"，结果如图 3-57 所示。

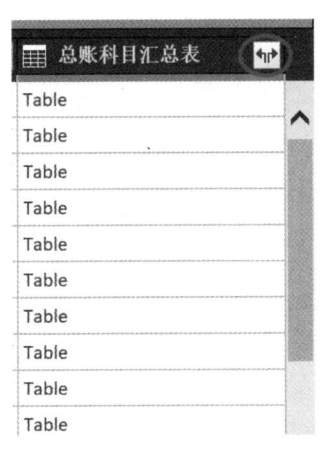

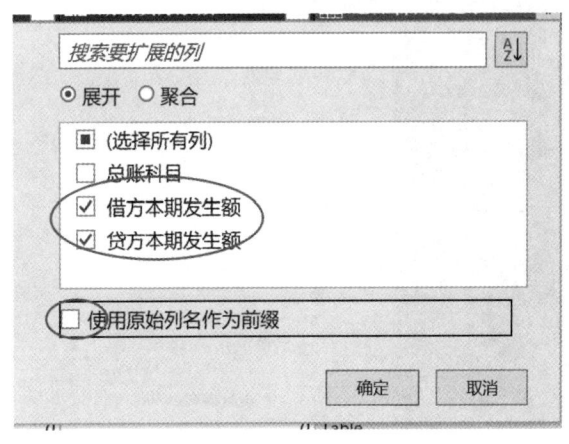

图 3-55　"扩展"按钮　　　　　　　　图 3-56　选择扩展列

（5）选择"添加列"选项卡，单击"自定义列"按钮，弹出如图 3-58 所示的对话框，在"自定义列公式"里鼠标双击选择左侧"可用列"，输入的内容为"＝［期初借方余额］＋［借

科目编码	总账科目	期初借方余额	期初贷方余额	借方本期发生额	贷方本期发生额
1 1001	库存现金	5 000	0	6 100	5 500
2 1002	银行存款	1 615 410	0	1 829 400	277 986
3 1012	其他货币资金	68 100	0	0	0
4 1601	固定资产	1 930 000	0	750 000	0
5 1121	应收票据	0	0	0	0
6 1122	应收账款	926 600	0	226 000	800 000
7 1403	原材料	95 560	0	235 000	138 000
8 1123	预付账款	35 000	0	0	35 000
9 2221	应交税费	0	15 236	45 786	75 400
10 1221	其他应收款	6 000	0	2 000	2 000
11 2001	短期借款	0	0	0	600 000
12 1405	库存商品	750 000	0	320 200	460 000
13 2231	应付利息	0	0	0	10 800
14 1602	累计折旧	0	93 000	0	33 000
15 1603	固定资产减值准备	0	0	0	0
16 1604	在建工程	0	0	0	0
17 1701	无形资产	1 340 000	0	0	0
18 1702	累计摊销	0	54 000	0	0
19 1901	待处理财产损益	0	0	0	0
20 2202	应付账款	0	385 000	0	0
21 2203	预收账款	0	56 034	0	0
22 2211	应付职工薪酬	0	431 874	0	210 000
23 2241	其他应付款	0	12 356	0	0
24 2501	长期借款	0	550 000	0	0

图 3-57　替换值后结果

方本期发生额]-[期初贷方余额]-[贷方本期发生额]”,如图 3-59 所示,单击“确定”按钮。该公式计算结果大于 0,表示期末余额在借方,如果公式计算结果小于 0,表示期末余额在贷方。

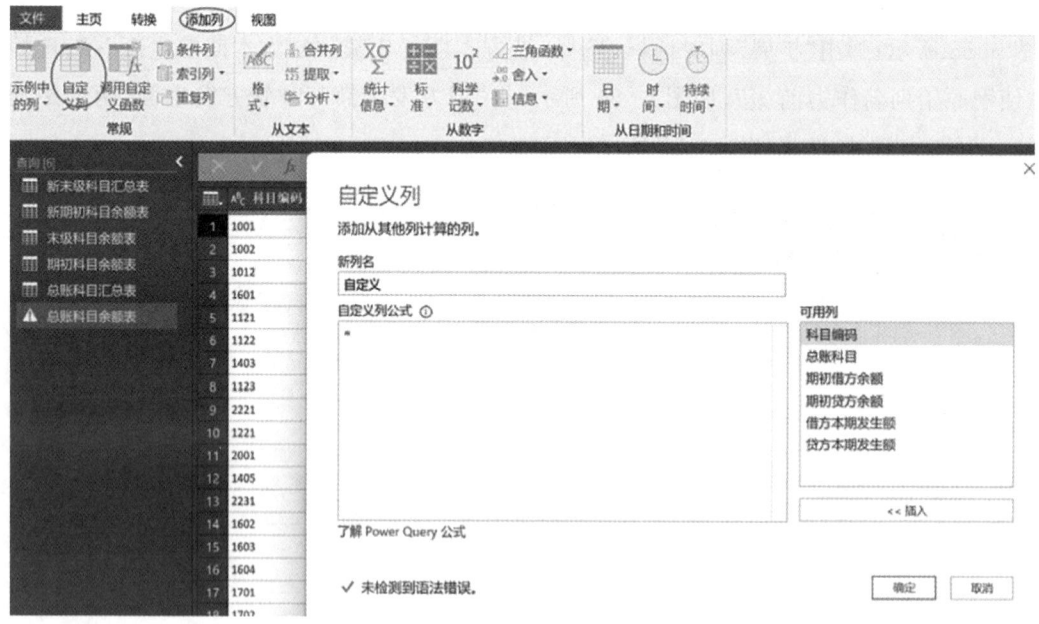

图 3-58　“自定义列”命令

（6）选择“文件”选项卡,单击“关闭并上载”,将“总账科目余额表”拖拽调整至“末级科目余额表”后。

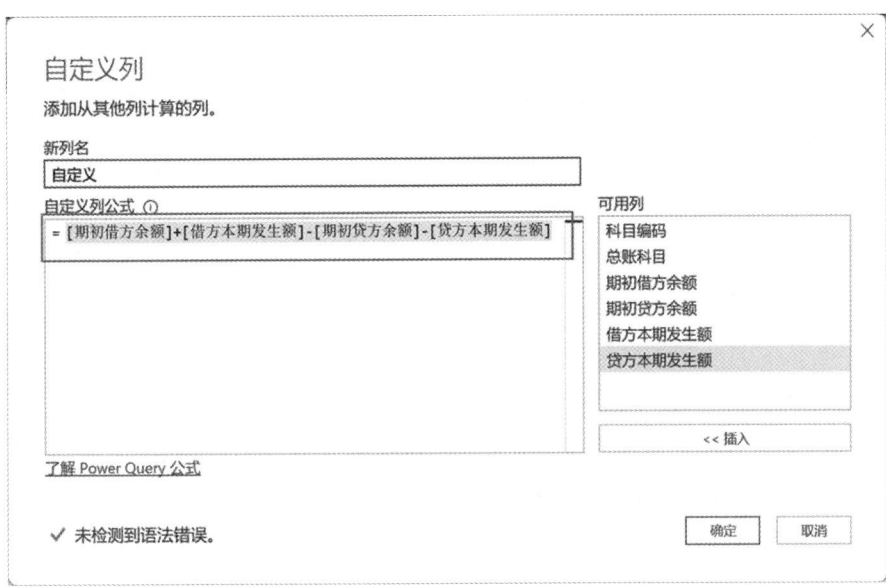

图 3-59 "自定义列"公式设置

（7）在 H1、I1 单元格分别输入"期末借方余额""期末贷方余额"，在 H2 输入公式"=IF(G2 > 0,G,0)"，在 I2 输入公式"=IF(G2 < 0,G2,0)"，将 G 列隐藏，分别在 E49、F49、G49 和 I49 单元格输入求和公式 SUM，最后结果如图 3-60 所示。

	科目编	总账科	期初借	期初贷	借方本	贷方本	自定义	期末借方余额	期末贷方余额	
20	1901	待处理财产	0	0	0	0	0		0	0
21	2202	应付账款	0	385 000	0	0	−385 000	0	385 000
22	2203	预收账款	0	56 034	0	0	−56 034	0	56 034
23	2211	应付职工薪	0	431 874	0	210 000	−641 874	0	641 874
24	2241	其他应付	0	12 356	0	0	−12 356	0	12 356
25	2501	长期借款	0	550 000	0	0	−550 000	0	550 000
26	4001	实收资本	0	2 750 000	0	750 000	−3 500 000	0	3 500 000
27	4002	资本公积	0	0	0	0	0	0	0
28	4101	盈余公积	0	69 564	0	0	−69 564	0	69 564
29	4103	本年利润	0	0	564 200	581 000	−16 800	0	16 800
30	4104	利润分配	0	2 354 606	0	0	−2 354 606	0	2 354 606
31	5001	生产成本	0	0	320 200	320 200	0	0	0
32	5101	制造费用	0	0	53 200	53 200	0	0	0
33	6001	主营业务收	0	0	580 000	580 000	0	0	0
34	6301	营业外收入	0	0	1 000	1 000	0	0	0
35	6401	主营业务成	0	0	460 000	460 000	0	0	0
36	6403	税金及附加	0	0	0	0	0	0	0
37	6601	销售费用	0	0	20 000	20 000	0	0	0
38	6602	管理费用	0	0	73 400	73 400	0	0	0
39	6603	财务费用	0	0	10 800	10 800	0	0	0
40	6701	资产减值损	0	0	0	0	0	0	0
41	6711	营业外支出	0	0	0	0	0	0	0
42	6801	所得税费用	0	0	0	0	0	0	0
43	合计		6 771 670	6 771 670	5 497 286	5 497 286		8 421 884	8 421 884

图 3-60 最终结果

 **提示**

末级科目余额表合计数（8452434）与总账科目余额表合计数需要用"应交税费——应交增值税"（进项税额）（30550）调整，调整后与总账科目余额表合计数8421884 相等。

 **实战演练**

长风有限责任公司 2025 年 2 月份会计业务具体如下：

（1）1 日，接受投资人投入的银行存款 500 000 元，存入工商银行账户。

（2）3 日，从新飞公司购进甲材料 30 000 元，从品力公司购进乙材料 15 000 元、丙材料 17 000 元，增值税进项税额共计 8 060 元，材料已入库，款项用工商银行存款支付。

（3）9 日，支付短期借款利息 10 800 元。

（4）10 日，向利康公司销售 A 产品一批，售价 100 000 元，增值税税率 13%，款项已存入工商银行。

（5）15 日，收到志高公司所欠部分货款 100 000 元，已存入工商银行账户。

（6）19 日，职工朱中出差预借差旅费 4 000 元，以现金支付。

（7）22 日，向双城公司销售商品，其中 A 产品售价 100 000 元，B 产品售价 110 000 元，C 产品售价 120 000 元，增值税税率 13%，款项已收到，存入工商银行账户。

（8）25 日，用中国工商银行存款支付本月产品销售的广告费 20 000 元。

（9）26 日，计提固定资产折旧，车间折旧 25 000 元，行政管理部门折旧 8 000 元。

（10）27 日，用现金支付水电费 3 500 元，其中，车间水电费 2 200 元，行政管理部门水电费 1 300 元。

（11）28 日，分配工资：生产工人工资 50 000 元（A 产品工人工资 20 000 元，B 产品工人工资 20 000 元，C 产品工人工资 10 000 元），车间管理人员工资 15 000 元，行政管理人员工资 20 000 元。

要求：

（1）根据会计业务资料，编制会计科目表。

（2）根据会计科目表编制期初余额表。

（3）根据会计业务，编制会计凭证表。

（4）以会计凭证表为数据源，建立科目汇总表及科目余额表。

任务 4 **会计账簿编制**

 知识目标

（1）了解会计账簿的概念、分类及填写要求。

（2）理解 Excel 环境下现金日记账的设置流程，明确账簿数据的来源及其相互间的逻辑关系。

（3）掌握数据透视表及运用 Power Query 编辑器编制会计账簿的方法。

 能力目标

（1）学会利用 Excel 常用功能完成企业日记账的编制。

（2）学会利用数据透视表编制总分类账及明细分类账。

（3）学会利用 Power Query 编辑器编制总分类账及明细分类账。

 素质目标

（1）增强法律法规意识。在利用 Excel 编制会计账簿的过程中，介绍相关的会计法律法规和会计准则，让学生了解并遵守这些规定。

（2）培养学生的职业操守。在利用 Excel 编制会计账簿过程中，必须保持高度的职业操守，确保数据的真实性和可靠性。

4.1　现金日记账的编制

　　现金日记账是由出纳人员根据涉及库存现金的记账凭证，按经济业务发生的时间顺序逐笔登记的账簿。现金日记账的格式主要是三栏式，设借方、贷方和余额三个金额栏目，一般将其分别称为收入、支出和结余三个基本栏目。此外，还有日期栏、凭证栏和摘要栏等辅助栏目，以便于详细记录每笔经济业务的具体情况。常见的现金日记账的格式，如图 4-1 所示。

图 4-1 现金日记账格式

案例 4.1

案例背景： 长风有限责任公司 2025 年 1 月份会计业务，详见[案例 3.5]。

要求： 编制现金日记账。

操作步骤如下：

（1）打开"案例 3.5"完成的"会计凭证表"，如图 4-2 所示。选择 A2:K100 单元区域内任意一个单元格，单击功能区域"插入"按钮，单击"表格"按钮，弹出"创建表"对话框，其中"表数据的来源"默认区域为" $A$1:$K$100"，无需更改，单击"确定"即可，如图 4-3 所示；第一行各项目右下角出现筛选箭头，如图 4-4 所示。

	A 类别编号	B 年	C 月	D 日	E 凭证编号	F 摘要	G 科目编码	H 总账科目	I 明细科目	J 借方金额	K 贷方金额
2	记1	2025	01	01	202501011	从工行取现金	1001	库存现金		5 000.00	
3	记1	2025	01	01	202501011	从工行取现金	100201	银行存款	工行		5 000.00
4	记2	2025	01	03	202501032	接受投资	160102	固定资产	机器设备	500 000.00	
5	记2	2025	01	03	202501032	接受投资	160103	固定资产	运输设备	250 000.00	
6	记2	2025	01	03	202501032	接受投资	4001	实收资本			750 000.00
7	记3	2025	01	05	202501053	购进原材料	140301	原材料	甲材料	25 000.00	
8	记3	2025	01	05	202501053	购进原材料	140302	原材料	乙材料	12 000.00	
9	记3	2025	01	05	202501053	购进原材料	140303	原材料	丙材料	18 000.00	
10	记3	2025	01	05	202501053	购进原材料	22210101	应交税费	进项税	7 150.00	
11	记3	2025	01	05	202501053	购进原材料	100201	银行存款	工行		27 150.00
12	记3	2025	01	05	202501053	购进原材料	112301	预付账款	品力公司		20 000.00
13	记3	2025	01	05	202501053	购进原材料	112302	预付账款	新飞公司		15 000.00
14	记4	2025	01	09	202501094	从工行借入短期借款	100201	银行存款	工行	600 000.00	
15	记4	2025	01	09	202501094	从工行借入短期借款	2001	短期借款			600 000.00
16	记5	2025	01	09	202501095	计提短期借款利息	660301	财务费用	利息	10 800.00	
17	记5	2025	01	09	202501095	计提短期借款利息	2231	应付利息			10 800.00
18	记6	2025	01	10	202501106	向利康公司销售A产品	112201	应收账款	利康公司	226 000.00	
19	记6	2025	01	10	202501106	向利康公司销售A产品	600101	主营业务收入	A产品		200 000.00
20	记6	2025	01	10	202501106	向利康公司销售A产品	22210102	应交税费	销项税		26 000.00

图 4-2 会计凭证表

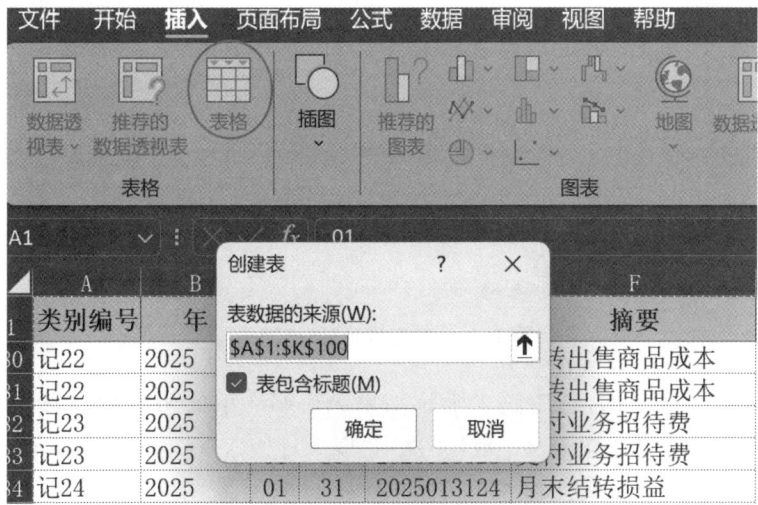

图 4-3　数据来源定义

类别编号	年	月	日	凭证编号	摘要	科目编码	总账科目	明细科目	借方金额	贷方金额
记1	2025	01	01	202501011	从工行取现金	1001	库存现金		5 000.00	
记1	2025	01	01	202501011	从工行取现金	100201	银行存款	工行		5 000.00
记2	2025	01	03	202501032	接受投资	160102	固定资产	机器设备	500 000.00	
记2	2025	01	03	202501032	接受投资	160103	固定资产	运输设备	250 000.00	
记2	2025	01	03	202501032	接受投资	4001	实收资本			750 000.00
记3	2025	01	05	202501053	购进原材料	140301	原材料	甲材料	25 000.00	
记3	2025	01	05	202501053	购进原材料	140302	原材料	乙材料	12 000.00	
记3	2025	01	05	202501053	购进原材料	140303	原材料	丙材料	18 000.00	
记3	2025	01	05	202501053	购进原材料	22210101	应交税费	进项税	7 150.00	
记3	2025	01	05	202501053	购进原材料	100201	银行存款	工行		27 150.00
记3	2025	01	05	202501053	购进原材料	112301	预付账款	品力公司		20 000.00
记3	2025	01	05	202501053	购进原材料	112302	预付账款	新飞公司		15 000.00

图 4-4　设置筛选

提示

也可在打开"会计凭证表"后,选择 A1:K1 单元格区域,即表格第一行,单击功能区域"开始"按钮,选择靠右侧"排序和筛选"按钮,单击"筛选",如图 4-5 所示,也可出现,如图 4-4 所示效果。

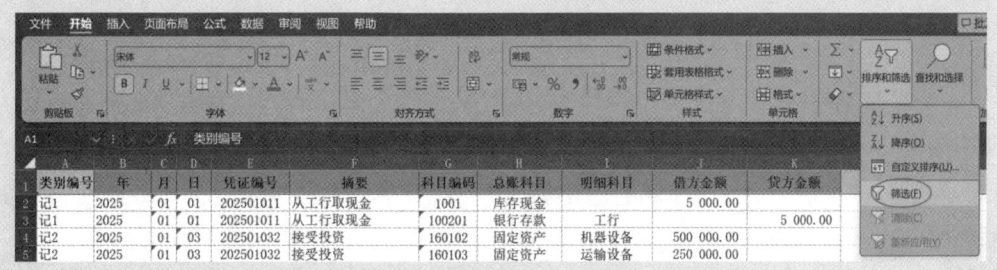

图 4-5　设置"排序和筛选"命令

（2）单击"总账科目"右下角的筛选按钮,在搜索框下方取消"全选"勾选框,选择"库存现金"会计科目,单击"确定",出现的总账科目为"库存现金"的筛选结果,如图 4-6所示。

	类别编号	年	月	日	凭证编号	摘要	科目编号	总账科目	明细科目	借方金额	贷方金额
2	记1	2025	01	01	202501011	从工行取现金	1001	库存现金		5 000.00	
31	记9	2025	01	17	202501179	收到职工罚款	1001	库存现金		1 000.00	
39	记11	2025	01	19	2025011911	职工出差预借差旅费	1001	库存现金			2 000.00
59	记17	2025	01	27	2025012717	报销差旅费	1001	库存现金		100.00	
63	记18	2025	01	27	2025012718	支付水电费	1001	库存现金			3 500.00

图 4-6　"库存现金"筛选结果

（3）在筛选结果页面,选中整个筛选结果 A1:K63 单元格区域,右键单击选择"复制",新建工作表,命名为"现金日记账"。选中"现金日记账"工作表 A3 单元格,右键单击选择"粘贴"。调整行高、列宽,删除 G:I 列,如图 4-7 所示。添加表头及格式化设置,如图 4-8 所示。

	A	B	C	D	E	F	G	H
1								
2								
3	类别编号	年	月	日	凭证编号	摘要	借方金额	贷方金额
4	记1	2025	01	01	202501011	从工行取现金	5 000.00	
5	记9	2025	01	17	202501179	收到职工罚款	1 000.00	
6	记11	2025	01	19	2025011911	职工出差预借差旅费		2 000.00
7	记17	2025	01	27	2025012717	报销差旅费	100.00	
8	记18	2025	01	27	2025012718	支付水电费		3 500.00

图 4-7　调整格式后结果

	A	B	C	D	E	F	G	H	I
1				长风有限责任公司					
2				库存现金日记账					
3	类别编号	年	月	日	凭证编号	摘要	借方金额	贷方金额	余额
4	记1	2025	01	01	202501011	从工行取现金	5 000.00		
5	记9	2025	01	17	202501179	收到职工罚款	1 000.00		
6	记11	2025	01	19	2025011911	职工出差预借差旅费		2 000.00	
7	记17	2025	01	27	2025012717	报销差旅费	100.00		
8	记18	2025	01	27	2025012718	支付水电费		3 500.00	

图 4-8　添加表头

（4）增加"本日合计"行(手工操作)。选中第 4 行行标,插入一行,在 F4 单元格输入"期初余额"。选择第 6 行行标,插入一行,在 F6 单元格输入"本日合计",如图 4-9 所示。同理,在每日的最后一行后,重复上述步骤,即在每日数据结束后插入一行,并在该行的"摘要"栏输入"本日合计"。最后,在 F14 单元格输入"本月累计",如图 4-10 所示。

（5）增加"本日合计"行(Power Query 编辑器生成)。在图 4-8 的基础上,在 J4:J9 单元格区域填充数列"1-6",然后在 J10:J15 单元格区域重复上述操作,如图 4-11 所示。选

类别编号	年	月	日	凭证编号	摘要	借方金额	贷方金额	余额
					期初余额			
记1	2025	01	01	202501011	从工行取现金	5 000.00		
					本日合计			
记9	2025	01	17	202501179	收到职工罚款	1 000.00		
记11	2025	01	19	2025011911	职工出差预借差旅费		2 000.00	
记17	2025	01	27	202501 2717	报销差旅费	100.00		
记18	2025	01	27	2025012718	支付水电费		3 500.00	

（长风有限责任公司 库存现金日记账）

图 4-9 "本日合计"

类别编号	年	月	日	凭证编号	摘要	借方金额	贷方金额	余额
					期初余额			
记1	2025	01	01	202501011	从工行取现金	5 000.00		
					本日合计			
记9	2025	01	17	202501179	收到职工罚款	1 000.00		
					本日合计			
记11	2025	01	19	2025011911	职工出差预借差旅费		2 000.00	
					本日合计			
记17	2025	01	27	202501 2717	报销差旅费	100.00		
记18	2025	01	27	2025012718	支付水电费		3 500.00	
					本日合计			
					本月累计			

（长风有限责任公司 库存现金日记账）

图 4-10 "本月累计"

择 A3:J3 单元格区域，单击功能区域"开始"按钮，选择右侧"排序和筛选"按钮，单击"筛选"，选择 J3 右下角筛选按钮，弹出选项框后单击"升序"，操作后效果，如图 4-12 所示。打开 Power Query 编辑器，在"摘要"一列中，将"Null"替换成"本日合计"，如图 4-13 所示。在企业现金业务较多的背景下，这种方法会更为快捷地生成"现金日记账"。

类别编号	年	月	日	凭证编号	摘要	借方金额	贷方金额	余额	
					期初余额				1
记1	2025	01	01	202501011	从工行取现金	5 000.00			2
记9	2025	01	17	202501179	收到职工罚款	1 000.00			3
记11	2025	01	19	2025011911	职工出差预借差旅费		2 000.00		4
记17	2025	01	27	202501 2717	报销差旅费	100.00			5
记18	2025	01	27	2025012718	支付水电费		3 500.00		6
									1
									2
									3
									4
									5
									6

（长风有限责任公司 库存现金日记账）

图 4-11 增加辅助列

	类别编 ▼	年 ▼	月 ▼	日 ▼	凭证编号 ▼	摘要 ▼	借方金额 ▼	贷方金额 ▼	余额 ▼	▼↑
1						长风有限责任公司				
2						库存现金日记账				
3										
4						期初余额				1
5										1
6	记1	2025	01	01	202501011	从工行取现金	5 000.00			2
7										3
8	记9	2025	01	17	202501179	收到职工罚款	1 000.00			3
9										3
10	记11	2025	01	19	2025011911	职工出差预借差旅费		2 000.00		4
11										4
12	记17	2025	01	27	202501 2717	报销差旅费	100.00			5
13										5
14	记18	2025	01	27	2025012718	支付水电费		3 500.00		6

图 4-12 升序排序后结果

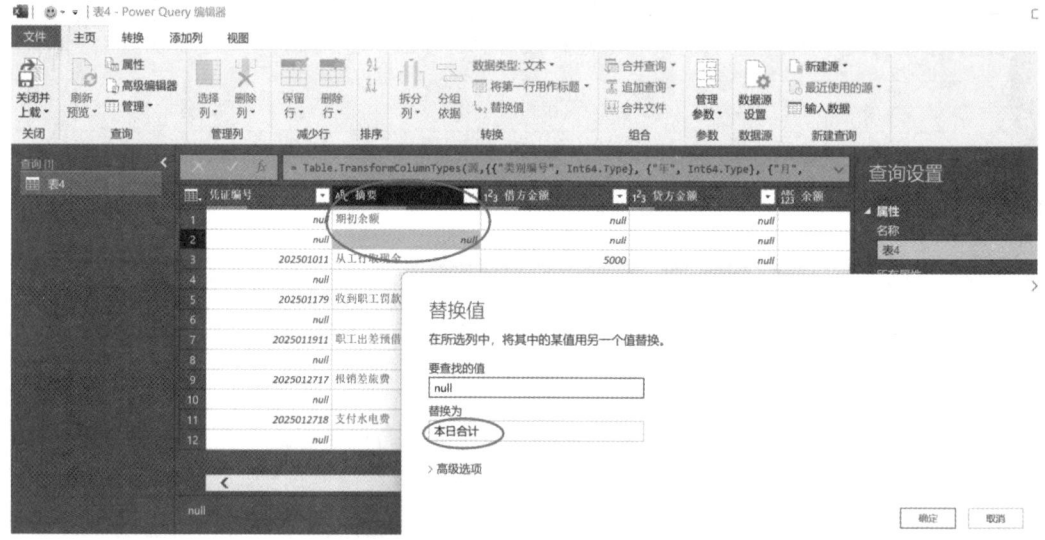

图 4-13 将"Null"替换成"本日合计"结果

（6）确定"库存现金日记账"期初余额 。在 I4 单元格输入公式" = XLOOKUP ("1001",期初科目余额表!A2:A124,期初科目余额表!D2:D124)"，此公式的含义为,在期初科目余额表的 A2:A124 单元格区域中,查找科目编码"1001",找到后返回该编码对应的"期初借方余额",如图 4-14 所示。

I4				fx	=XLOOKUP("1001",期初科目余额表!A2:A124,期初科目余额表!D2:D124)				
	A	B	C	D	E	F	G	H	I
1					长风有限责任公司				
2					库存现金日记账				
3	类别编号	年	月	日	凭证编号	摘要	借方金额	贷方金额	余额
4						期初余额			5 000.00

图 4-14 期初余额查找公式设置后结果

（7）单击 G6 单元格输入公式"= G5"。同理，在 G8、G10 和 G13 单元格中分别输入"本日合计"公式"= G7""= G9""= G11 + G12"，并填充至 H 列，如图 4-15 所示。

	A	B	C	D	E	F	G	H	I
1						长风有限责任公司			
2						库存现金日记账			
3	类别编号	年	月	日	凭证编号	摘要	借方金额	贷方金额	余额
4						期初余额			5 000.00
5	记1	2025	01	01	202501011	从工行取现金	5 000.00		
6						本日合计	5 000.00	–	
7	记9	2025	01	17	202501179	收到职工罚款	1 000.00		
8						本日合计	1 000.00	–	
9	记11	2025	01	19	2025011911	职工出差预借差旅费		2 000.00	
10						本日合计	–	2 000.00	
11	记17	2025	01	27	2025012717	报销差旅费	100.00		
12	记18	2025	01	27	2025012718	支付水电费		3 500.00	
13						本日合计	100.00	3 500.00	
14						本月累计			

图 4-15　设置求和公式

（8）选中 I5 单元格，输入余额公式"= IF(OR(F5 = "本日合计"，F5 = "本月累计")，I4，I4 + G5 − H5)"。此公式的含义为先判断 F5 单元格，也就是摘要是否为"本日合计"或"本月累计"，如果是，则 I5 单元格的值等于 I4 单元格的值；否则，I5 单元格的值等于"I4 + G5 − H5"，即"期初余额 + 本期借方发生额 − 本期贷方发生额"。选中 I5 单元格，向下填充至 I13 单元格，如图 4-16 所示。

I5				f_x	=IF(OR(F5="本日合计",F5="本月累计"),I4,I4+[@借方金额]-[@贷方金额])			
	A	B	C	D	E	F	G	H	I
1						长风有限责任公司			
2						库存现金日记账			
3	类别编号	年	月	日	凭证编号	摘要	借方金额	贷方金额	余额
4						期初余额			5 000.00
5	记1	2025	01	01	202501011	从工行取现金	5 000.00	⚠	10 000.00
6						本日合计	5 000.00		10 000.00
7	记9	2025	01	17	202501179	收到职工罚款	1 000.00		11 000.00
8						本日合计	1 000.00	–	11 000.00
9	记11	2025	01	19	2025011911	职工出差预借差旅费		2 000.00	9 000.00
10						本日合计	–	2 000.00	9 000.00
11	记17	2025	01	27	2025012717	报销差旅费	100.00		9 100.00
12	记18	2025	01	27	2025012718	支付水电费		3 500.00	5 600.00
13						本日合计	100.00	3 500.00	5 600.00

图 4-16　设置余额公式

（9）设置"本月累计"公式。在设置"借方金额""贷方金额"本月累计时，只需将"本日合计"金额相加即可，即 G14"= SUMIF($F$5：$H$13，$F$6，G5：G13)"，此公式的含义为在"$F$5：$H$13"单元格区域中，查找"F6"，即"本日合计"，找到后将所有查找到的"本日合计"对应的行与"G5：G13"区域单元格的值相加。将 G14 单元格填充至 H14 单元格，如图 4-17 所示，即完成现金日记账的所有设置。

| G14 | | | | f_x | =SUMIF($F$5:$H$13,$F$6,G5:G13) | | | | |

	A	B	C	D	E	F	G	H	I
1						长风有限责任公司			
2						库存现金日记账			
3	类别编号	年	月	日	凭证编号	摘要	借方金额	贷方金额	余额
4						期初余额			5 000.00
5	记1	2025	01	01	202501011	从工行取现金	5 000.00		10 000.00
6						本日合计	5 000.00	–	10 000.00
7	记9	2025	01	17	202501179	收到职工罚款	1 000.00		11 000.00
8						本日合计	1 000.00	–	11 000.00
9	记11	2025	01	19	2025011911	职工出差预借差旅费		2 000.00	9 000.00
10						本日合计	–	2 000.00	9 000.00
11	记17	2025	01	27	2025012717	报销差旅费	100.00		9 100.00
12	记18	2025	01	27	2025012718	支付水电费		3 500.00	5 600.00
13						本日合计	100.00	3 500.00	5 600.00
14						本月累计	6 100.00	5 500.00	5 600.00

图 4-17　设置"本月累计"公式

4.2　总分类账的编制

总分类账又称总账,是指按总分类账户(会计科目)进行分类登记的账簿。它是会计核算中的核心账簿之一,对于全面、总括地反映和记录经济业务引起的资金运动和财务收支情况,以及为编制会计报表提供数据具有重要意义。

案例 4.2

案例背景:同[案例 4.1]。

要求:编制长风有限责任公司 2025 年 1 月份的总分类账。

具体操作步骤如下:

(1)打开"会计凭证表"进入 Power Query 编辑器,将前三列"类别编号""年"和"月"删除。

(2)选择"转换"选项卡,单击"分组依据"选项,在弹出的"分组依据"对话框中,单击"高级"按钮,进入高级分组设置。在"添加分组"的列表中,首先,选择"总账科目"作为第一级分组条件;然后,选择"日"作为第二级分组条件;最后,选择"摘要"作为第三级分组条件。单击"添加聚合",在"新列名"框中输入"借方和",在"操作"下拉菜单中选择"求和",在"柱"下拉菜单中选择"借方金额"作为要聚合的列。再次单击"添加聚合",在"新列名"框中输入"贷方和",在"操作"下拉菜单中选择"求和",在"柱"下拉菜单中选择"贷方金额"作为要聚合的列。单击"确定"即可,如图 4-18 所示。

图 4-18　设置分组依据

（3）将"借方和""贷方和"两列中的"null"替换成"0"。

（4）选择"添加列"选项卡，单击"自定义列"按钮，双击"自定义列公式"左侧的"可用列"，输入"＝［借方和］－［贷方和］"，如图 4-19 所示，单击"确定"即可。该公式计算结果大于 0，代表余额在借方；如果计算结果小于 0，代表余额在贷方。

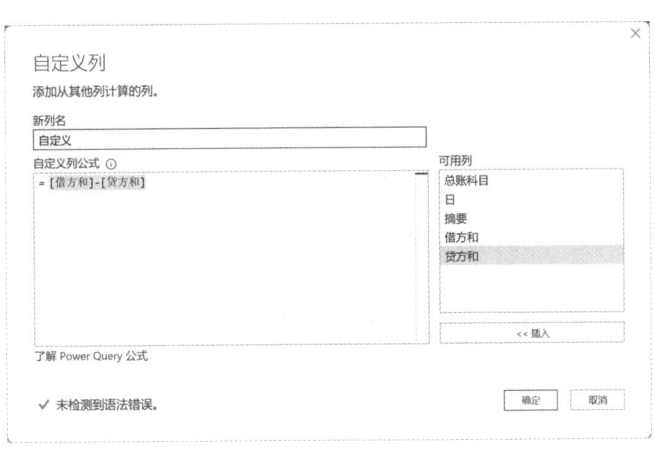

图 4-19　设置自定义公式

（5）选择"文件"选项卡，单击"关闭并上载"。将"总分类账"拖拽调整至"总账科目余额表"后，在 G1、H1 单元格分别输入"借方余额""贷方余额"，在 G2 单元格输入公式"＝IF(F2＞0，F2，0)"，在 I2 单元格输入公式"＝IF(F2＜0，－F2，0)"，将 F 列隐藏，最后结果如图 4-20 所示。单击"总账科目"倒三角进行筛选，如图 4-21 所示。

总账科目	日	摘要	借方和	贷方和	借方余额	贷方余额
库存现金	1	从工行取现金	5 000	0	5 000	0
银行存款	1	从工行取现金	0	5 000	0	5 000
固定资产	3	接受投资	750 000	0	750 000	0
实收资本	3	接受投资	0	750 000	0	750 000
原材料	5	购进原材料	55 000	0	55 000	0
应交税费	5	购进原材料	7 150	0	7 150	0
银行存款	5	购进原材料	0	27 150	0	27 150
预付账款	5	购进原材料	0	35 000	0	35 000
银行存款	9	从工行借入短期借款	600 000	0	600 000	0
短期借款	9	从工行借入短期借款	0	600 000	0	600 000
财务费用	9	计提短期借款利息	10 800	0	10 800	0
应付利息	9	计提短期借款利息	0	10 800	0	10 800
应收账款	10	向利康公司销售A产品	226 000	0	226 000	0
主营业务收入	10	向利康公司销售A产品	0	200 000	0	200 000
应交税费	10	向利康公司销售A产品	0	26 000	0	26 000
生产成本	13	各部门领用原材料	117 000	0	117 000	0
制造费用	13	各部门领用原材料	16 000	0	16 000	0
管理费用	13	各部门领用原材料	5 000	0	5 000	0
原材料	13	各部门领用原材料	0	138 000	0	138 000
银行存款	15	收到利康公司货款	500 000	0	500 000	0
应收账款	15	收到利康公司货款	0	500 000	0	500 000
库存现金	17	收到职工罚款	1 000	0	1 000	0
营业外收入	17	收到职工罚款	0	1 000	0	1 000
原材料	18	从新飞公司购进原材料	180 000	0	180 000	0

图 4-20　"借方余额""贷方余额"计算结果

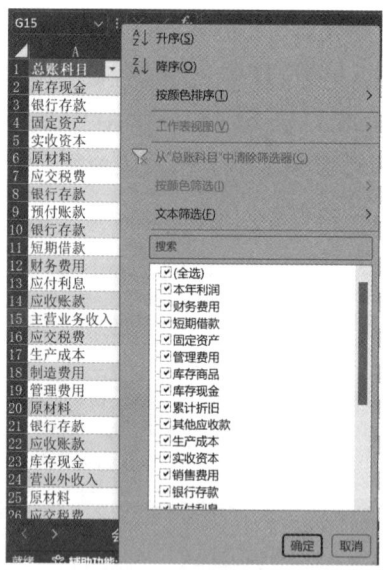

图 4-21　筛选命令

（6）以"应收账款"为例，筛选结果如图 4-22 所示。

总账科目	日	摘要	借方和	贷方和	借方余额	贷方余额
应收账款	10	向利康公司销售A产品	226 000	0	226 000	0
应收账款	15	收到利康公司货款	0	500 000	0	500 000
应收账款	24	收到双城公司欠款	0	300 000	0	300 000

图 4-22　应收账款筛选后结果

4.3 明细分类账的编制

明细分类账简称明细账,是会计账簿系统中的重要组成部分,用于详细记录某一总分类账户(或称为总账科目)下各项经济业务的明细情况。与总分类账(总账)相比,明细分类账提供了更为详细、具体的财务信息,有助于相关人员深入了解企业各项经济活动的具体内容和细节。

案例 4.3

> **案例背景:**同[案例 4.1]。
> **要求:**编制长风有限责任公司 2025 年 1 月份的明细分类账。

操作步骤如下:

(1) 打开"会计凭证表",进入 Power Query 编辑器,前三列"类别编号""年"和"月"删除。

(2) 单击"转换"选项卡,选择"分组依据",在弹出的对话框中,做如图 4-23 的设置。

图 4-23　设置"分组依据"条件

(3) 将"借方和""贷方和"两列中的"null"替换成"0"。

(4) 选择"添加列"选项卡,单击"自定义列"按钮,双击"自定义列公式"左侧的"可用列",输入"=[借方和]-[贷方和]",如图 4-24 所示,单击"确定"即可。公式计算结果大于 0,代表余额在借方;如果计算结果小于 0,代表余额在贷方。

图 4-24　设置"自定义列"公式

（5）选择"文件"选项卡，单击"关闭并上载"。将"明细分类账"拖拽调整至"总分类账"后，在 H1、I1 单元格分别输入"借方余额""贷方余额"，在 H2 输入公式"= IF（G2 > 0，G2，0）"，在 I2 输入公式"= IF（G2 < 0，- G2，0）"，然后将 F 列隐藏，最后结果如图 4-25 所示。

	科目编码	总账科目	日	摘要	借方和	贷方和	自定义	借方余额	贷方余额
2	1001	库存现金	1	从工行取现金	5 000	0	5 000	5 000	0
3	100201	银行存款	1	从工行取现金	0	5 000	-5 000	0	5 000
4	160102	固定资产	3	接受投资	500 000	0	500 000	500 000	0
5	160103	固定资产	3	接受投资	250 000	0	250 000	250 000	0
6	4001	实收资本	3	接受投资	0	750 000	-750 000	0	750 000
7	140301	原材料	5	购进原材料	25 000	0	25 000	25 000	0
8	140302	原材料	5	购进原材料	12 000	0	12 000	12 000	0
9	140303	原材料	5	购进原材料	18 000	0	18 000	18 000	0
10	22210101	应交税费	5	购进原材料	7 150	0	7 150	7 150	0
11	100201	银行存款	5	购进原材料	0	27 150	-27 150	0	27 150
12	112301	预付账款	5	购进原材料	0	20 000	-20 000	0	20 000
13	112302	预付账款	5	购进原材料	0	15 000	-15 000	0	15 000
14	100201	银行存款	9	从工行借入短期借款	600 000	0	600 000	600 000	0
15	2001	短期借款	9	从工行借入短期借款	0	600 000	-600 000	0	600 000
16	660301	财务费用	9	计提短期借款利息	10 800	0	10 800	10 800	0
17	2231	应付利息	9	计提短期借款利息	0	10 800	-10 800	0	10 800
18	112201	应收账款	10	向利康公司销售A产品	226 000	0	226 000	226 000	0
19	600101	主营业务收入	10	向利康公司销售A产品	0	200 000	-200 000	0	200 000
20	22210102	应交税费	10	向利康公司销售A产品	0	26 000	-26 000	0	26 000
21	500101	生产成本	13	各部门领用原材料	34 000	0	34 000	34 000	0
22	500102	生产成本	13	各部门领用原材料	41 000	0	41 000	41 000	0
23	500103	生产成本	13	各部门领用原材料	42 000	0	42 000	42 000	0
24	5101	制造费用	13	各部门领用原材料	16 000	0	16 000	16 000	0
25	660209	管理费用	13	各部门领用原材料	5 000	0	5 000	5 000	0

图 4-25　设置"借方余额""贷方余额"公式

（6）单击"总账科目""明细科目"倒三角进行筛选。以"应收账款"—"利康公司"为例，结果如图 4-26 所示。

科目编码	总账科目	日	摘要	借方和	贷方和	自定义	借方余额	贷方余额
112201	应收账款	10	向利康公司销售A产品	226 000	0	226 000	226 000	0
112201	应收账款	15	收到利康公司货款	0	500 000	-500 000	0	500 000

图 4-26　"应收账款"查询结果

实战演练

以长风有限责任公司 2025 年 2 月份的会计凭证表为数据源,完成下列具体任务。

要求:

(1) 编制现金日记账。

(2) 编制明细分类账。

(3) 编制总分类账。

任务 5　　**财务报表编制**

知识目标

(1) 掌握 Excel 环境下资产负债表的编制方法,学会应用 XLOOKUP 等函数完成资产负债表的编制。

(2) 掌握利润表的编制方法以及利润表与资产负债表的勾稽关系。

(3) 理解现金流量表的数据来源,学会利用数据验证和定义名称等完成现金流量表的编制。

能力目标

(1) 学会在 Excel 环境下编制资产负债表、利润表和现金流量表。

(2) 学会通过整理和分析财务数据,如收入、支出、利润、资产、负债等数据中提取有价值的信息,为决策提供有力支持。

素质目标

(1) 精确性与细致性。财务报表的编制要求高度的精确性和细致性,任何细微的差错都可能对报表的准确性和可靠性产生影响。编制财务报表的过程将有助于培养学生严谨的工作态度、细致入微的观察力和高度的责任感。

(2) 诚信与职业道德。财务报表是企业对外披露财务信息的重要渠道,其真实性和可靠性直接关系到投资者的利益和市场的稳定。因此,在编制财务报表的过程中,必须坚守诚信原则,遵守职业道德规范,确保财务报表的准确性和公正性。

5.1　资产负债表的格式及填制

5.1.1　资产负债表的格式

资产负债表是反映企业在某一特定日期(如月末、季末、年末)财务状况的会计报表,它详细列示了企业的资产、负债和所有者权益三大要素,并满足"资产 = 负债 + 所有者权益"的会计等式。

资产负债表主要包括资产、负债和所有者权益三部分内容。其格式一般有报告式资产负债表和账户式资产负债表两种,通常采用账户式结构。

账户式资产负债表采用左、右结构,左边列示资产,右边列示负债与所有者权益。左边资产项目的合计金额等于右边负债与所有者权益项目的合计金额,体现了会计等式"资产＝负债＋所有者权益"的平衡关系。

长风有限责任公司的资产负债表格式,如图 5-1 所示。

资产负债表

编制单位:长风有限责任公司　　　　　　　　20X5/1/31　　　　　　　　单位:元

资产	期末余额	年初余额	负债和所有者权益	期末余额	年初余额
流动资产:			流动负债:		
货币资金			短期借款		
交易性金融资产			交易性金融负债		
衍生金融资产			衍生金融负债		
应收票据			应付票据		
应收账款			应付账款		
应收款项融资			预收款项		
预付款项			合同负债		
其他应收款			应付职工薪酬		
存货			应交税费		
合同资产			其他应付款		
持有待售资产			持有待售负债		
一年内到期的非流动资产			一年内到期的非流动负债		
其他流动资产			其他流动负债		
流动资产合计			流动负债合计		
非流动资产:			非流动负债:		
债权投资			长期借款		
其他债权投资			应付债券		
长期应收款			其中:优先股		
长期股权投资			永续股		
其他权益工具投资			租赁负债		
其他非流动金融资产			长期应付款		
投资性房地产			预计负债		
固定资产			递延收益		
在建工程			递延所得税负债		
生产性生物资产			其他非流动负债		
油气资产			非流动负债合计		
使用权资产			负债合计		
无形资产			所有者权益(或股东权益):		
开发支出			实收资本(或股本)		
商誉			其他权益工具		
长期待摊费用			其中:优先股		
递延所得税资产			永续股		
其他非流动资产			资本公积		
非流动资产合计			减:库存股		
			其他综合收益		
			专项储备		
			盈余公积		
			未分配利润		
			所有者权益(或股东权益)合计		
资产总计			负债和所有者权益(或股东权益)总计		

图 5-1　资产负债表格式

5.1.2　资产负债表的填制

资产负债表的填制是一个涉及多个步骤和细节的过程,填制资产负债表的数据通常来源于企业的总账、明细账以及可能涉及的其他相关财务记录和资料。

各项目的编制原则如下所述。

1）根据总账科目余额直接填列

资产负债表中的大部分项目可以直接根据总账科目的余额进行填列。例如，"应收票据""短期借款""交易性金融资产""工程物资""递延所得税资产""应付票据""应付职工薪酬""应缴税费""递延所得税负债""预计负债""实收资本""资本公积""盈余公积"等项目，都可以直接根据各自的总账科目期末余额进行填列。

2）根据总账科目余额计算填列

某些项目需要根据总账科目的余额进行计算后再填列。例如，"货币资金"项目，就需要根据"库存现金""银行存款"和"其他货币资金"总账科目的期末余额合计数进行填列。

3）根据明细科目余额计算填列

对于一些需要更详细划分的数据，如"应收账款"和"应付账款"，需要根据相关明细科目的余额进行计算后再填列。

4）根据总账科目和明细科目余额分析计算填列

有些项目需要根据总账科目和明细科目的余额进行综合分析计算后再填列。例如，"长期借款"项目，就需要根据"长期借款"总账科目期末余额，扣除"长期借款"总账科目所属明细科目中反映的、将于 1 年内到期的长期借款部分，分析计算填列。

5）根据科目余额减去其备抵项目后的净额填列

部分项目需要考虑备抵项目的影响，即根据科目的余额减去相应的备抵项目后的净额进行填列。

 案例 5.1

案例背景： 长风有限责任公司 2025 年 1 月份的总账科目余额表（本例中"总账科目余额表"简称"余额表"）。

要求(1)： 采用 XLOOKUP 函数，编制长风有限责任公司 2025 年 1 月份资产负债表"期末余额"列。

操作步骤如下：

（1）"资产类"项目的编制公式，如图 5-2 所示。其公式含义，以 B5 单元格为例，在"余额"工作表的 B 列中，查找"库存现金"，找到后返回对应的 H 列的值。对于"银行存款"和"其他货币资金"这两个项目，也需要按照相同的方法在"余额"工作表中找到对应的科目名称和余额数值，并填加到资产负债表的相应位置。

（2）"负债类"项目的编制公式，如图 5-3 所示。

	A	B	G	H	I	J	K	L	M	N	O	P	Q	R
1		资产负债表												
2	编制单位: 长风有限责任公司		20X5年1月31日					单位: 元						
3	资产	期末余额	公式											
4	流动资产:													
5	货币资金	3 240 524.00	XLOOKUP("库存现金",余额!B:B,余额!H:H,0)+XLOOKUP("银行存款",余额!B:B,余额!H:H,0)+XLOOKUP("其他货币资金",余额!B:B,余额!H:H,0)											
6	交易性金融资产													
9	应收账款	352 600.00	XLOOKUP(A9,余额!B:B,余额!H:H,0)											
10	预付款项													
11	其他应收款	6 000.00	XLOOKUP(A11,余额!B:B,余额!H:H,0)											
12	存货	802 760.00	XLOOKUP("库存商品",余额!B:B,余额!H:H,0)+XLOOKUP("原材料",余额!B:B,余额!H:H,0)											
13	合同资产													
14	持有待售资产													
15	一年内到期的非流动资产													
16	其他流动资产													
17	流动资产合计	4 401 884.00	SUM(B5:B16)											
18	非流动资产:													
26	固定资产	2 554 000.00	XLOOKUP("固定资产",余额!B:B,余额!H:H,0)-XLOOKUP("累计折旧",余额!B:B,余额!I:I,0)											
27	在建工程													
28	生产性生物资产													
29	油气资产													
30	无形资产	1 286 000.00	XLOOKUP(A30,余额!B:B,余额!H:H,0)-XLOOKUP("累计摊销",余额!B:B,余额!I:I,0)											
31	开发支出													
36	非流动资产合计	3 840 000.00	SUM(B19:B35)											
37														
38														
39														
40														
41														
42	资产总计	8 241 884.00	B17+B36											

图 5-2 "资产类"项目期末余额计算公式

	D	E	F	G	H
1		资产负债表			
2					
3	负债和所有者权益	期末余额	年初余额	公式	
4	流动负债:				
5	短期借款	600 000.00		XLOOKUP(D5,余额!B:B,余额!I:I,0)	
6	交易性金融负债				
	衍生金融负债				
9	应付账款	385 000.00		XLOOKUP(D9,余额!B:B,余额!I:I,0)	
10	预收账款	56 034.00		XLOOKUP(D10,余额!B:B,余额!I:I)	
11	合同负债				
12	应付职工薪酬	641 874.00		XLOOKUP(D12,余额!B:B,余额!I:I)	
13	应交税费	44 850.00		XLOOKUP(D13,余额!B:B,余额!I:I)	
14	其他应付款	23 156.00		XLOOKUP(D14,余额!B:B,余额!I:I)+XLOOKUP("应付利息",余额!B:B,余额!I:I)	
15	持有待售负债				
16	一年内到期的非流动负债				
17	其他流动负债				
18	流动负债合计	1 750 914.00		SUM(E5:E17)	
19	非流动负债:				
20	长期借款	550 000.00		XLOOKUP(D20,余额!B:B,余额!I:I)	
21	应付债券				
22	其中: 优先股				
30	负债合计	2 300 914.00		E18+E29	
31	所有者权益 (或股东权益)				
32	实收资本 (或股本)	3 500 000.00		XLOOKUP("实收资本",余额!B:B,余额!I:I)	
33	其他权益工具				
38	其他综合收益				
39	盈余公积	69 564.00		XLOOKUP(D39,余额!B:B,余额!I:I)	
40	未分配利润	2 371 406.00		XLOOKUP("本年利润",余额!B:B,余额!I:I)+XLOOKUP("利润分配",余额!B:B,余额!I:I)	
41	所有者权益 (或股东权益) 合计	5 940 970.00		SUM(E32:E40)	
42	负债和所有者权益 (或股东权益) 总计	8 241 884.00		E30+E41	

图 5-3 "负债类"项目期末余额计算公式

提示

　　以应收账款为例, 因该企业 1 月份"预收账款"总账科目无期末数, 公式"=XLOOKUP(A9,余额! B:B,余额! H:H,0)", 只有应收账款的期末余额, 其余同理。

要求(2)：采用 XLOOKUP 函数，编制长风有限责任公司 2025 年 1 月份资产负债表"年初余额"列。

操作步骤如下：

（1）"资产类"项目的编制公式，如图 5-4 所示。

	A	C	D
1			资产负债表
2	编制单位: 长风有限责任公司	20X5年1月31日	单位: 元
3	资产	年初余额	公式
4	流动资产:		
5	货币资金	1 688 510.00	XLOOKUP("库存现金",余额!C:C,余额!D:D,0)+XLOOKUP("银行存款",余额!C:C,余额!D:D,0)+XLOOKUP("其他货币资金",余额!C:C,余额!D:D,0)
6	交易性金融资产		
7	衍生金融资产		
8	应收票据		
9	应收账款	926 600.00	XLOOKUP(A9,余额!B:B,余额!C:C,0)
10	预付款项	35 000.00	XLOOKUP("预付账款",余额!B:B,余额!C:C,0)
11	其他应收款	6 000.00	XLOOKUP(A11,余额!B:B,余额!C:C,0)
12	存货	845 560.00	XLOOKUP("库存商品",余额!B:B,余额!C:C,0)+XLOOKUP("原材料",余额!B:B,余额!C:C,0)
13	合同资产		
14	持有待售资产		
15	一年内到期的非流动资产		
16	其他流动资产		
17	流动资产合计	3 501 670.00	SUM(C5:C16)
18	非流动资产:		
19	债权投资		
20	其他债权投资		
21	长期应收款		
22	长期股权投资		
23	其他权益工具投资		
24	其他非流动金融资产		
25	投资性房地产		
26	固定资产	1 837 000.00	XLOOKUP("固定资产",余额!B:B,余额!C:C,0)-XLOOKUP("累计折旧",余额!B:B,余额!D:D,0)
27	在建工程		
28	生产性生物资产		
29	油气资产		
30	无形资产	1 286 000.00	XLOOKUP(A30,余额!B:B,余额!C:C,0)-XLOOKUP("累计摊销",余额!B:B,余额!D:D,0)
31	开发支出		
32	商誉		
33	长期待摊费用		
34	递延所得税资产		
35	其他非流动资产		
36	非流动资产合计	3 123 000.00	SUM(C19:C35)
37			
38			
39			
40			
41			
42	资产总计	6 624 670.00	C17+C36

图 5-4 "资产类"项目年初余额计算公式

（2）"负债类"项目的编制公式，如图 5-5 所示。

5.2 利润表的主要项目及编制

5.2.1 利润表的主要项目

利润表是反映一个企业经营活动情况的财务报表。它体现了企业在营运活动中所产生的收入和支出的关系。利润表一般由表首和正表两部分组成。表首包括报表名称（利润表）、编制单位、编制日期、报表编号、货币名称和计量单位等信息。正表是利润表的主体，用于反映形成经营成果的各个项目和计算过程。正表通常按照多步式利润表的格式来编制，分多个步骤展示企业的经营成果及其影响因素。

	D	F	G	H
1	资产负债表			
2	编制单位: 长风有限责任公司	20X5年1月31日	单位: 元	
3	负债和所有者权益	年初余额	公式	
4	流动负债:			
5	短期借款	0.00	XLOOKUP($D$5,余额!$B:$B,余额!D:D,0)	
6	交易性金融负债			
7	衍生金融负债			
8	应付票据			
9	应付账款	385 000.00	XLOOKUP($D$9,余额!$B:$B,余额!D:D,0)	
10	预收账款	56 034.00	XLOOKUP($D$10,余额!$B:$B,余额!D:D,0)	
11	合同负债			
12	应付职工薪酬	431 874.00	XLOOKUP($D$12,余额!$B:$B,余额!D:D,0)	
13	应交税费	15 236.00	XLOOKUP($D$13,余额!$B:$B,余额!D:D,0)	
14	其他应付款	12 356.00	XLOOKUP(D14,余额!B:B,余额!D:D)+XLOOKUP("应付利息",余额!B:B,余额!D:D)	
15	持有待售负债			
16	一年内到期的非流动负债			
17	其他流动负债			
18	流动负债合计	900 500.00	SUM(F5:F17)	
19	非流动负债:			
20	长期借款	550 000.00	XLOOKUP($D$20,余额!$B:$B,余额!D:D,0)	
21	应付债券			
22	其中: 优先股			
23	永续股			
24	长期应付款			
25	预计负债			
26	递延收益			
27	递延所得税负债			
28	其他非流动负债			
29	非流动负债合计	550 000.00	SUM(F20:F28)	
30	负债合计	1 450 500.00	F18+F29	
31	所有者权益（或股东权益）			
32	实收资本（或股本）	2 750 000.00	XLOOKUP("实收资本",余额!$B:$B,余额!D:D,0)	
33	其他权益工具			
34	其中: 优先股			
35	永续股			
36	资本公积			
37	减:库存股			
38	其他综合收益			
39	盈余公积	69 564.00	XLOOKUP(D39,余额!B:B,余额!D:D)	
40	未分配利润	2 354 606.00	XLOOKUP("本年利润",余额!B:B,余额!D:D)+XLOOKUP("利润分配",余额!B:B,余	
41	所有者权益（或股东权益）合计	5 174 170.00	SUM(F32:F40)	
42	负债和所有者权益（或股东权益）总计	6 624 670.00	F30+F41	

图 5-5 "负债类"项目年初余额计算公式

利润表的主要项目包括营业收入、营业成本、税金及附加、销售费用、管理费用、财务费用、资产减值损失、公允价值变动收益（或损失）、投资收益（或损失）、营业利润、营业外收入、营业外支出、利润总额、所得税费用以及净利润等。

5.2.2 利润表的编制

 案例 5.2

案例背景: 长风有限责任公司 2025 年 1 月份的经济业务。

要求: 根据长风有限责任公司 2025 年 1 月份的经济业务编制利润表（以本月数为例）。

操作步骤如下：

（1）将"总账科目汇总表"中的"总账科目"列，定义名称为"bb"，在"利润表"中新增加一列"辅助列"，选择该列，单击"数据"→"数据工具"→"数据验证"，在打开的"数据验证"对话框中，做如图 5-6 的设置，设置后的结果如图 5-7 所示。

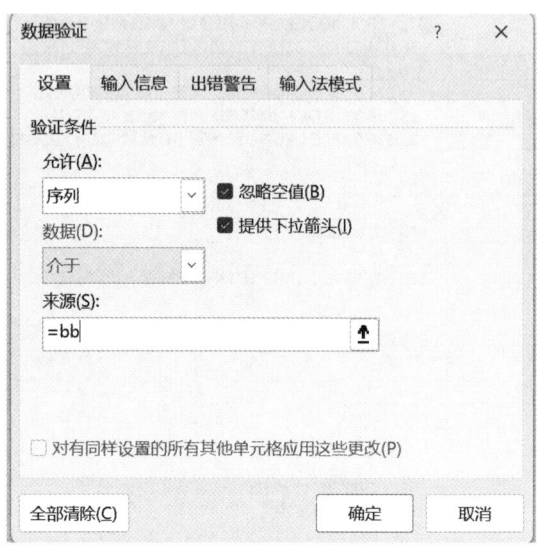

图 5-6　数据验证参数设置

	A	B	C	D	E
1		利润表			
2	编制单位：长风有限责任公司		2025/1/31	单位：元	
3	项　目	行次	本月数	本年累计数	辅助列
4	一、营业收入	1			主营业务收入
5	减：营业成本	4			主营业务成本
6	税金及附加	5			
7	销售费用	6			销售费用
8	管理费用	7			管理费用
9	财务费用	9			财务费用
10	资产减值损失	10			
11	加：公允价值变动损益	11			
12	投资收益	12			
13	二、营业利润	13			
14	加：营业外收入	15			营业外收入
15	减：营业外支出	16			
16	三、利润总额	18			
17	减：所得税费用	19			
18	四、净利润	20			

图 5-7　增加的辅助列

（2）选择 C4 单元格，做如图 5-8 的设置，复制公式至其他单元格即可。该公式的含义为在"bb"中查找 E4 单元格的值，找到后显示出 \$B\$2：\$B\$24 单元格区域对应的值，若找不到则返回空字符，最后结果如图 5-9 所示。

图 5-8 营业收入本月数的设置

图 5-9 利润表编制结果

5.3 现金流量表的分类及编制

5.3.1 现金流量表的分类

现金流量表是指反映企业在一定会计期间现金和现金等价物流入和流出的财务报表。现金流量表主要分为经营活动产生的现金流量、投资活动产生的现金流量和筹资活动产生的现金流量三部分。

这里，我们以长风有限责任公司为例，其现金流量可以分为以下内容。

1）经营活动产生的现金流量

从新飞公司购进原材料，归类为"购买商品、接受劳务支付的现金"。

向双城公司销售商品，归类为"销售商品、提供劳务收到的现金"。

收到利康公司货款，归类为"销售商品、提供劳务收到的现金"。

支付广告费,归类为"支付其他与经营活动有关的现金"。

支付水电费,归类为"支付其他与经营活动有关的现金"。

支付业务招待费,归类为"支付其他与经营活动有关的现金"。

报销差旅费,如果差旅费是经营活动相关的,则归类为"支付其他与经营活动有关的现金"。

2) 投资活动产生的现金流量

从新飞公司购进原材料,如果涉及长期资产(如购买生产线或大量库存以备长期销售),可能归类为"购建固定资产、无形资产和其他长期资产支付的现金"。但是,购买原材料通常被视为经营活动,除非有特殊情况(如以投资为目的的大量囤积)。

3) 筹资活动产生的现金流量

从工行借入短期借款,归类为"取得借款收到的现金"。

支付上月未交增值税,归类为经营活动产生的现金流量中的"支付的各项税费"。

4) 其他

收到职工罚款,归类为"收到的其他与经营活动有关的现金"。

职工出差预借差旅费,这通常不直接反映在现金流量表中,因为它只是企业内部资金的暂时转移。当差旅费实际报销时,才会在现金流量表中反映(如上所述,归类为"支付其他与经营活动有关的现金")。

收到双城公司欠款,归类为"销售商品、提供劳务收到的现金",因为它与之前的销售活动相关。

 提示

支付上月未交增值税,虽然涉及税款的支付,但通常不直接归类为筹资活动。如果增值税的支付与借款直接相关(如借款用于支付税款),则可能间接反映筹资活动的结果。但是在标准的现金流量表中,它更可能归类为经营活动产生的现金流量中的"支付的各项税费"。

5.3.2 现金流量表的编制

 案例 5.3

案例背景:长风有限责任公司 2025 年 1 月份的经济业务。

要求:根据长风有限责任公司 2025 年 1 月份的经济业务编制现金流量表。

操作步骤如下:

(1)打开"会计凭证"工作簿,选择"总账科目"列,单击右侧的"筛选"按钮,打开"筛选文本"命令,选择"包含",在打开的"自定义自动筛选"对话框中做如图 5-10 的设置。

图 5-10　自定义筛选设置

 提示

　　打开"总账科目"右侧"筛选"按钮,在如图 5-11 中,勾选"库存现金"与"银行存款"两项内容亦可。

　　(2)将筛选出来的与"库存现金""银行存款"相关的经济业务数据源复制粘贴至新的工作表中,将此工作表命名为"现金流量表制作"。

图 5-11　勾选"库存现金"与
　　　　　"银行存款"

　　(3)将"现金流量变动表"中的"项目"列,定义名称为"aa",在"现金流量表制作"表中新增加一列"现金流量表项目",选择该列,单击"数据"→"数据工具"→"数据验证",在打开的"数据验证"对话框中,做如图 5-12 的设置。

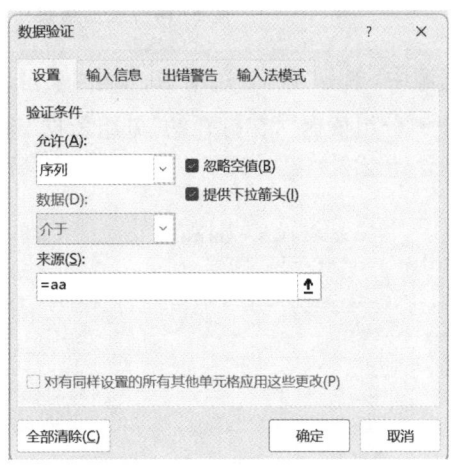

图 5-12　数据验证参数设置

　　(4)根据分类,添加"现金流量表项目"列内容,如图 5-13 所示,结果如图 5-14 所示。

	A	B	C	D	E	F	G	H	I
1	摘要	科目编码	总账科目	明细科目	借方金额	贷方金额	现金流量表项目		
2	从工行取现金	1001	库存现金		5 000				
3	从工行取现金	100201	银行存款	工行		5 000	项目		
4	购进原材料	100201	银行存款	工行		27 150	一、经营活动产生的现金流量		
5	从工行借入短期借款	100201	银行存款	工行	600 000		销售商品或提供劳务收到现金		
6	收到利康公司货款	100201	银行存款	工行	500 000		收到税费返还		
7	收到职工罚款	1001	库存现金		1 000		收到的与经营业务有关的其他现金		
8	从新飞公司购进原材料	100201	银行存款	工行		203 400	现金流入合计		
9	职工出差预借差旅费	1001	库存现金			2 000	购买商品、接受劳务支付的现金		
10	向双城公司销售商品	100201	银行存款	工行	429 400		支付给职工以及为职工支付的现金		
11	收到双城公司欠款	100201	银行存款	工行	300 000		支付的各项税费		
12	支付广告费	100201	银行存款	工行		20 000	支付的与经营活动有关的其他现金		
13	报销差旅费	1001	库存现金		100		现金流出合计		
14	支付水电费	1001	库存现金			3 500	经营活动产生的现金流量净额		
15	支付上月未交增值税	100201	银行存款	工行		15 236			
16	支付业务招待费	100201	银行存款	工行		7 200			

图 5-13　按项目添加

	A	B	C	D	E	F	G
1	摘要	科目编码	总账科目	明细科目	借方金额	贷方金额	现金流量表项目
2	从工行取现金	1001	库存现金		5 000		
3	从工行取现金	100201	银行存款	工行		5 000	
4	购进原材料	100201	银行存款	工行		27 150	购买商品、接受劳务支付的现金
5	从工行借入短期借款	100201	银行存款	工行	600 000		借款所收到的现金
6	收到利康公司货款	100201	银行存款	工行	500 000		销售商品或提供劳务收到现金
7	收到职工罚款	1001	库存现金		1 000		收到的与经营业务有关的其他现金
8	从新飞公司购进原材料	100201	银行存款	工行		203 400	购买商品、接受劳务支付的现金
9	职工出差预借差旅费	1001	库存现金			2 000	支付的与经营活动有关的其他现金
10	向双城公司销售商品	100201	银行存款	工行	429 400		销售商品或提供劳务收到现金
11	收到双城公司欠款	100201	银行存款	工行	300 000		销售商品或提供劳务收到现金
12	支付广告费	100201	银行存款	工行		20 000	支付的与经营活动有关的其他现金
13	报销差旅费	1001	库存现金		100		收到的与经营业务有关的其他现金
14	支付水电费	1001	库存现金			3 500	支付的与经营活动有关的其他现金
15	支付上月未交增值税	100201	银行存款	工行		15 236	支付的各项税费
16	支付业务招待费	100201	银行存款	工行		7 200	支付的与经营活动有关的其他现金

图 5-14　添加结果

（5）在此数据源中，单击"数据"选项卡，单击"来自表格/区域"，进入 Power Query 编辑器，单击"转换"→"分组依据"，在打开的"分组依据"选项卡中，做如图 5-15 的设置。单

图 5-15　分组依据参数设置

击"关闭并上载",形成新的工作表,命名为"现金流量汇总"。

（6）在"现金流量汇总"表中,将借方金额与贷方金额合并为一列,如图 5-16 所示。

	A	B
1	现金流量表项目	金额
2	购买商品、接受劳务支付的现金	-230 550
3	借款所收到的现金	600 000
4	销售商品或提供劳务收到现金	1 229 400
5	收到的与经营业务有关的其他现金	1 100
6	支付的与经营活动有关的其他现金	-32 700
7	支付的各项税费	-15 236

图 5-16　现金流量汇总结果

 注意

> 这里的负号表示贷方金额。

（7）打开"现金流量变动表",在 C5 单元格设置公式,如图 5-17 所示。复制公式至 C39 单元格,该公式的含义为,在"现金流量汇总"表 \$A\$2：\$A\$7 单元格区域,查找 A5 单元格的值,若找到,显示出 \$B\$2：\$B\$7 单元格区域对应的值;若找不到,返回空字符,最后计算出各项目的现金流入与现金流出即可。

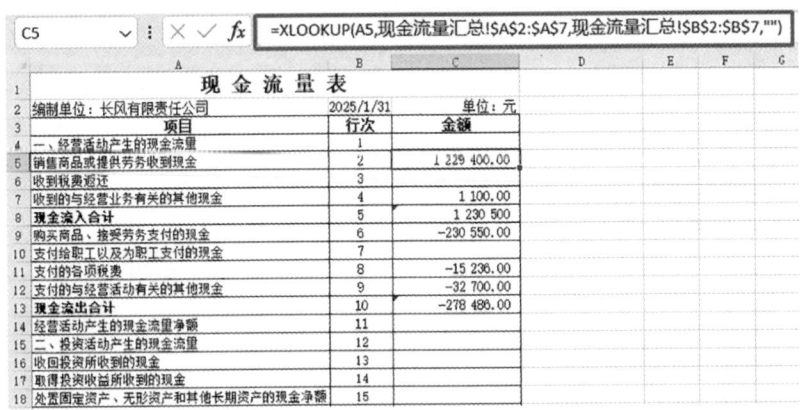

图 5-17　现金流量变动表公式设置

 实战演练

长风有限责任公司 2025 年 2 月份的会计业务具体如下：

（1）1 日,接受投资人投入的银行存款 500 000 元,存入工行账户。

（2）3 日,从新飞公司购进甲材料 30 000 元,从慧丰公司购进乙材料 15 000 元、丙材料 17 000 元,增值税进项税额共计 8 060 元,材料已入库,款项用工行存款支付。

（3）9 日,支付短期借款利息 10 800 元。

（4）10 日，向利康公司销售 A 产品一批，售价为 100 000 元，增值税税率为 13%，款项已存入工行账户。

（5）15 日，收到志高公司所欠部分货款 100 000 元，已存入工行账户。

（6）19 日，职工朱中出差预借差旅费 4 000 元，以现金支付。

（7）22 日，向双城公司销售商品，其中，A 产品售价为 50 000 元，B 产品售价为 60 000 元，C 产品售价 70 000 元，增值税税率 13%，款项已收到，存入工行账户。

（8）25 日，用工行存款支付本月产品销售的广告费 20 000 元。

（9）26 日，计提固定资产折旧，车间折旧为 30 000 元，行政管理部门折旧为 10 000 元。

（10）27 日，用现金支付水电费 3 500 元，其中，车间水电费 2 200 元，行政管理部门水电费 1 300 元。

（11）28 日，分配工资，生产工人工资为 60 000 元（A 产品工人工资为 10 000 元，B 产品工人工资为 20 000 元，C 产品工人工资为 30 000 元），车间管理人员工资为 15 000 元，行政管理人员工资为 20 000 元。

要求：编制长风有限责任公司 2025 年 2 月份的资产负债表、利润表和现金流量表。

工资核算与分析

 知识目标

（1）熟悉使用 Power Query 编辑器进行数据的清洗、转换和合并等预处理工作。

（2）掌握应用函数计算应发工资、计税工资和实发工资的方法。

（3）了解工资条的制作方法。

（4）掌握通过 OFFSET 函数构建动态范围的方法。

 能力目标

（1）学会根据工作内容要求，利用 Power Query 编辑器对数据进行处理。

（2）学会利用 Excel 完成工资表和工资条的制作。

（3）学会利用 OFFSET 函数对工资表进行查询，对工资数据进行筛选、排序和分组等操作。

 素质目标

（1）增强社会责任感。引导学生关注工资分配的社会公平性，理解不同岗位、不同贡献对应的薪酬差异，培养学生的社会责任感，鼓励他们在未来工作中积极参与薪酬制度的合理设计与调整。

（2）强化劳动价值与尊重。在分析工资数据时，引导学生认识到每一份工资背后都是员工辛勤劳动的结晶，激发学生对劳动价值的认同和尊重，树立正确的劳动观念。

6.1 员工工资表的制作

工资表是薪酬管理的基础工具，它详细记录了每个员工的薪资构成和发放情况，有助于企业实现对员工薪酬的全面、准确管理。通过工资表，企业可以清晰地掌握薪酬支出情况，为制定和调整薪酬政策提供依据。同时，工资表是企业进行个人所得税申报的重要依据。

6.1.1 收集汇总薪酬相关数据

 案例 6.1

案例背景： 长风有限责任公司 1 月份的薪酬数据。

要求： 收集汇总薪酬相关数据。

操作步骤如下：

（1）员工基本信息表，如表 6-1 所示。

表 6-1　员工基本信息表

编号	姓名	部门	职务	职称	性别	出生年月	年龄（岁）	人员类别
101	何玉亮	办公室	总经理	高工	男	1977 年 10 月	48	管理人员
102	刘爱云	办公室	主任	工程师	女	1980 年 1 月	45	管理人员
103	张小杰	办公室	职员	助工	女	1970 年 1 月	55	管理人员
201	宋平暖	采购部	主任	高工	男	1987 年 1 月	38	管理人员
202	王明	采购部	职员	助工	男	1974 年 5 月	51	管理人员
203	刘君	采购部	职员	学徒	男	1976 年 5 月	49	管理人员
301	李佑一	技术部	主任	工程师	女	1982 年 6 月	43	管理人员
302	张圣建	技术部	职员	高工	女	1986 年 9 月	39	管理人员
303	刘程梅	技术部	职员	工程师	男	1971 年 9 月	54	管理人员
401	李晓军	生产部	主任	工程师	男	1976 年 8 月	49	管理人员
402	李明	生产部	职员	工程师	男	1987 年 5 月	38	生产人员
403	张红	生产部	职员	助工	男	1986 年 7 月	39	生产人员
501	李明鹏	销售部	主任	高工	女	1967 年 4 月	58	管理人员
502	李红	销售部	职员	助工	女	1976 年 8 月	49	销售人员
503	王小黎	销售部	职员	学徒	男	1974 年 8 月	51	销售人员

 提示

员工基本信息表中的"年龄"可以选中 H2 单元格，输入公式"＝DATEDIF(G2，TODAY()，"Y")＋1"，求出对应结果，如图 6-1 所示。

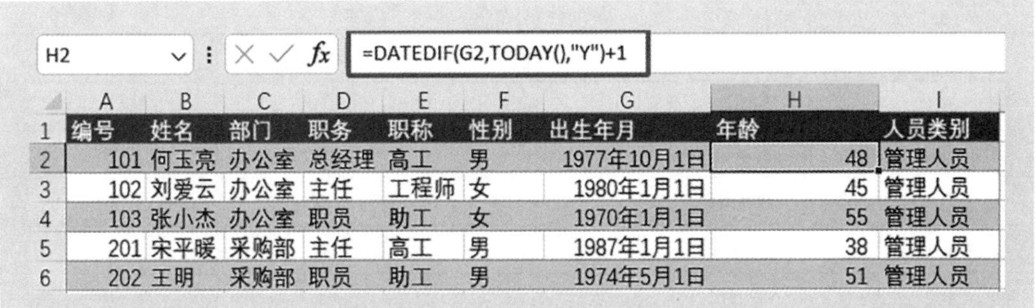

图 6-1　设置年龄公式

（2）职务岗位工资津贴标准表，如表 6-2 所示。

表 6-2　职务岗位工资津贴标准表

职务	岗位工资	津贴
总经理	4 500	3 000
主任	3 500	1 500
职员	2 500	1 000

（3）职称基本工资标准表，如表 6-3 所示。

表 6-3　职称基本工资标准表

职称	基本工资	职称	基本工资
高工	8 000	技术员	3 500
工程师	7 000	学徒	2 000
助工	5 500		

（4）1 月份病假、事假、旷工等考勤情况，如表 6-4 所示。病假、事假、旷工扣款标准为旷工 200 元/天、事假 100 元/天、病假 50 元/天。

表 6-4　考勤情况统计表

编号	姓名	病假	事假	旷工
101	何玉亮	2	3	2
102	刘爱云	0	0	0
103	张小杰	1	0	0
201	宋平暖	0	0	0
202	王明	0	0	0
203	刘君	1	1	0

（续表）

编号	姓名	病假	事假	旷工
301	李佑一	0	0	0
302	张圣建	0	0	0
303	刘程梅	0	0	0
401	李晓军	0	0	0
402	李明	1	1	0
403	张红	0	0	0
501	李明鹏	0	0	0
502	李红	0	0	0
503	王小黎	2	0	0

（5）个人所得税税率表，如表6-5所示。

表6-5　个人所得税税率表

全年应纳税所得额	税率	速算扣除数
0	3%	0
36 000	10%	2 520
144 000	20%	16 920
300 000	25%	31 920
420 000	30%	52 920
660 000	35%	85 920
960 000	45%	181 920

 提示

　　表6-1至表6-5的信息，需要在一个 Excel 文件里建立完毕，命名为"任务6　工资核算与分析"。

6.1.2　利用 Power Query 编辑器生成工资表

案例6.2

案例背景：同［案例6.1］。

要求：利用 Power Query 编辑器生成工资表。

操作步骤如下：

（1）打开长风有限责任公司薪酬数据，进入 Power Query 编辑器，选择"数据"选项卡，单击"获取数据"，在弹出选项框中选择"来自文件"，单击"从 Excel 工作簿"，如图 6-2 所示。在"导入数据"窗口，如图 6-3 所示，选择在上一步完成的"任务 6　工资核算与分析"，然后单击"导入"，弹出"导航器"。勾选"选择多项""职工基本情况表""岗位工资表""基本工资表""考勤表"，单击"转换数据"，如图 6-4 所示。最终，4 张表就出现在 Power Query 编辑器中，如图 6-5 所示。

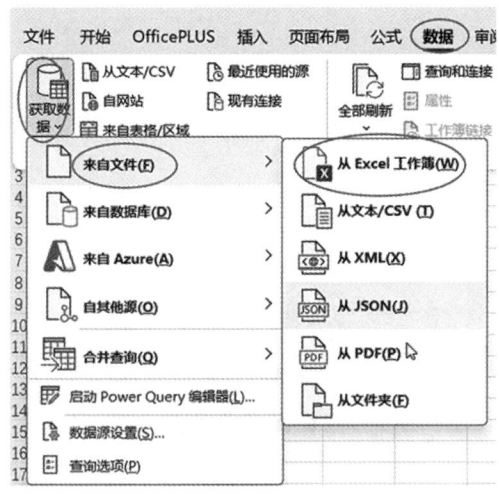

图 6-2　进入 Power Query 编辑器

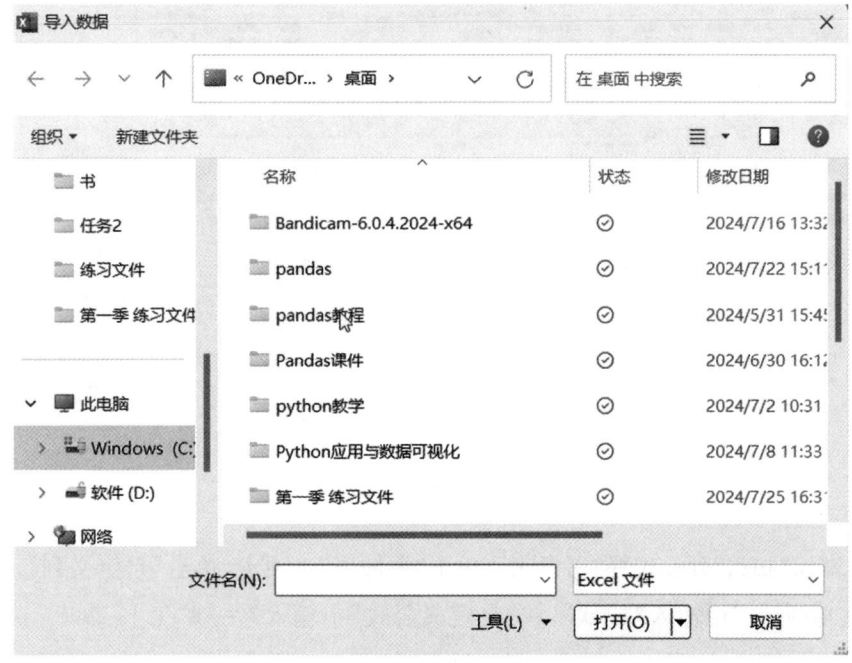

图 6-3　选择导入文件

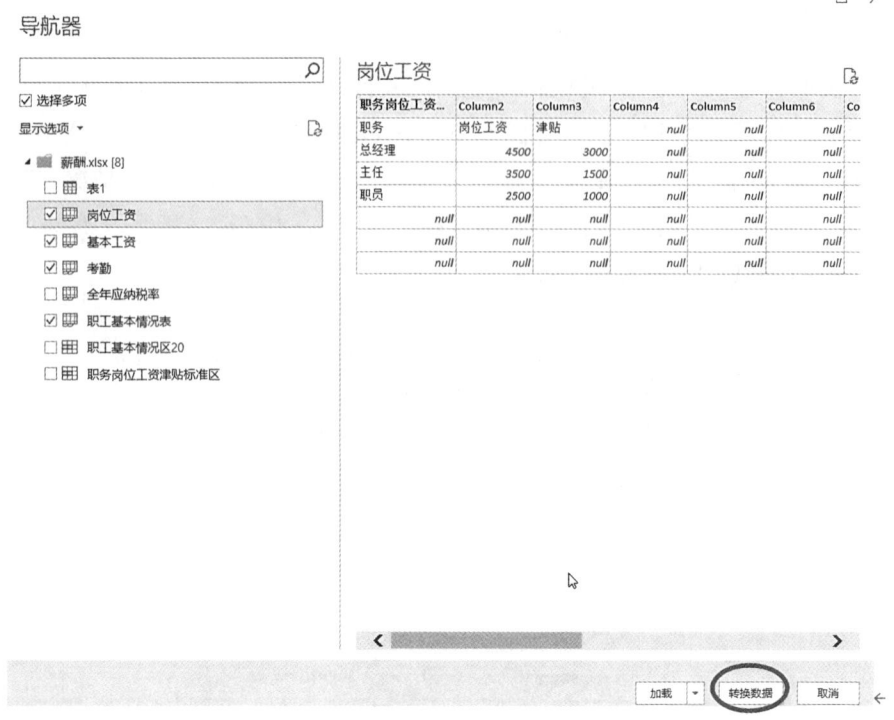

图 6-4 导入数据

图 6-5 数据导入后结果

（2）增加"扣款"列。选择"考勤表"，单击"添加列"选项卡，单击"自定义列"。在弹出的对话框"新列名"栏输入"扣款"，在"自定义公式"中输入"＝［旷工］＊200＋［事假］＊100＋［病假］＊50"，如图 6-6 所示。最终结果，如图 6-7 所示。

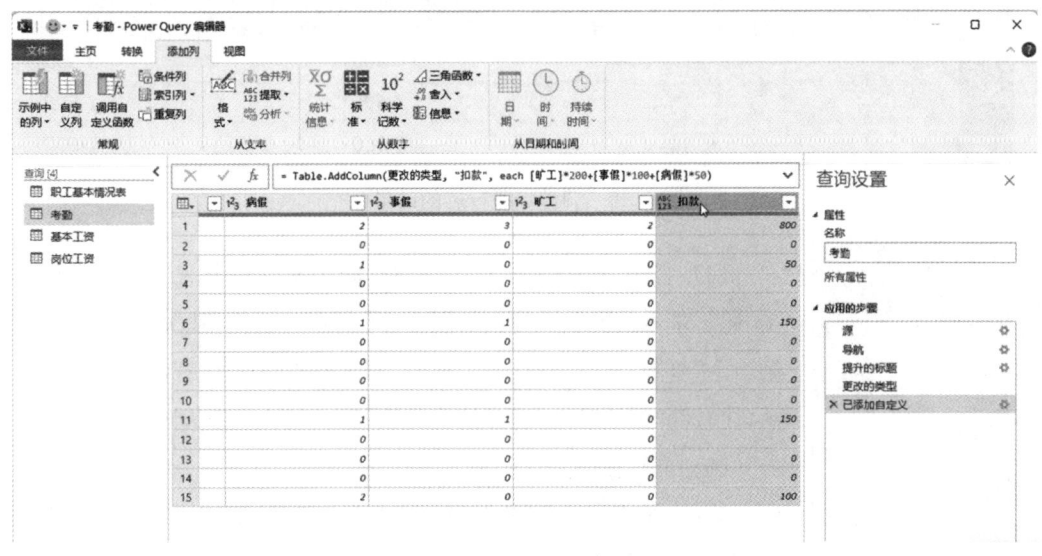

图 6-6　设置缺勤扣款公式

图 6-7　缺勤扣款公式设置结果

（3）格式化处理。选择"基本工资"表，将图 6-8 中的第一行调整到首行。单击"转换"选项卡，选择"将第一行用作标题"，最终结果，如图 6-9 所示。同理，将"岗位工资"表中的第一行调整到首行，最终结果，如图 6-10 所示。

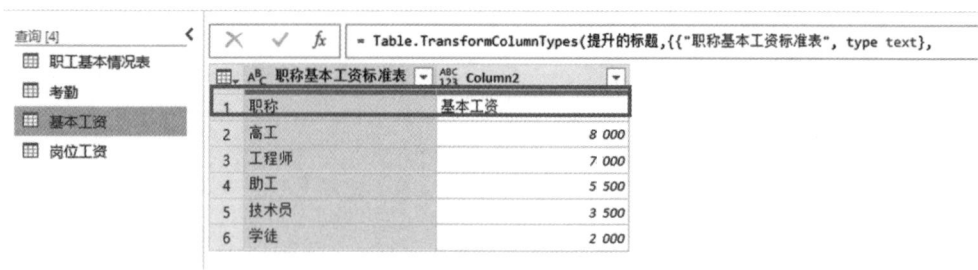

图 6-8　调整标题行

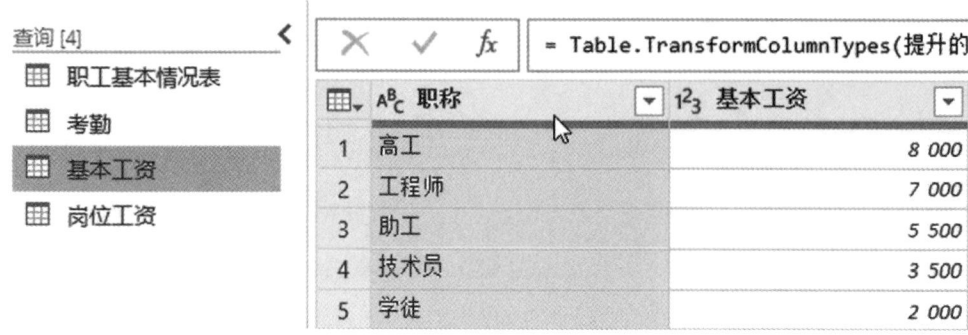

图 6-9　调整标题行后的结果

	ABC 职务	1²₃ 岗位工资	1²₃ 津贴
1	总经理	4 500	3 000
2	主任	3 500	1 500
3	职员	2 500	1 000

图 6-10　调整标题行后的结果

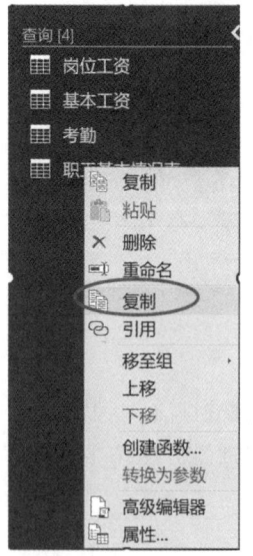

图 6-11　复制表命令

（4）生成"工资表"。首先，复制"职工基本情况表"，鼠标右键单击"职工基本情况表"，弹出如图 6-11 所示选项框；其次，选择备选中第二个"复制"，会自动粘贴生成出"职工基本情况表 2"，如图 6-12 所示，在右侧"属性"栏"名称"处将其重新命名为"工资表"。

（5）合并查询表。

第一，单击"主页"选项卡，选择"合并查询"中的第一个选项"合并查询"，如图 6-13 所示。在弹出的"合并"对话框中，主表默认是"工资表"，辅表选择"基本工资"表，并且选择"职称"为关键字，如图 6-14 所示，单击"确定"。完成设置后，单击"基本工资"扩展按钮，只选择"基本工资"列，如图 6-15 所示。

第二，选择"工资表"，单击"主页"选项卡，选择"合并查询"中的第一个选项"合并查询"。在弹出的"合并"对话框中，主表默认

图 6-12　复制后结果

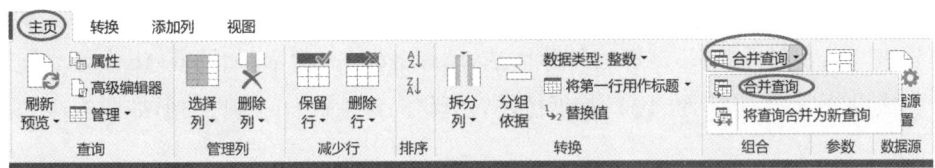

图 6-13　设置合并查询命令

图 6-14　设置合并条件

人员类别
基本工资
搜索要扩展的列
展开
聚合
(选择所有列)
职称
基本工资
使用原始列名作为前缀
确定
取消

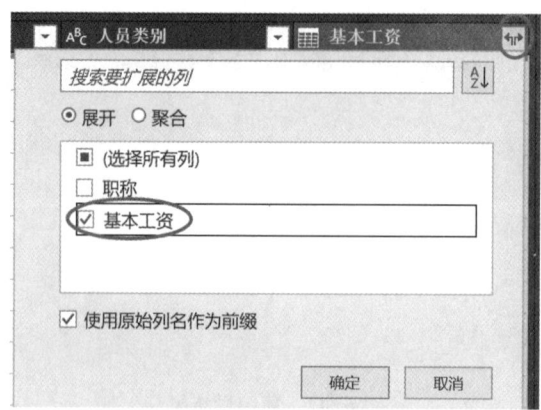

图 6-15　选择扩展项(基本工资)

是“工资表”,辅表选择“岗位工资表”,并且选择“职务”为关键字,如图 6-16 所示,单击“确定”。完成设置后,单击“岗位工资”扩展按钮,选择“岗位工资”和“津贴”列,如图 6-17 所示。

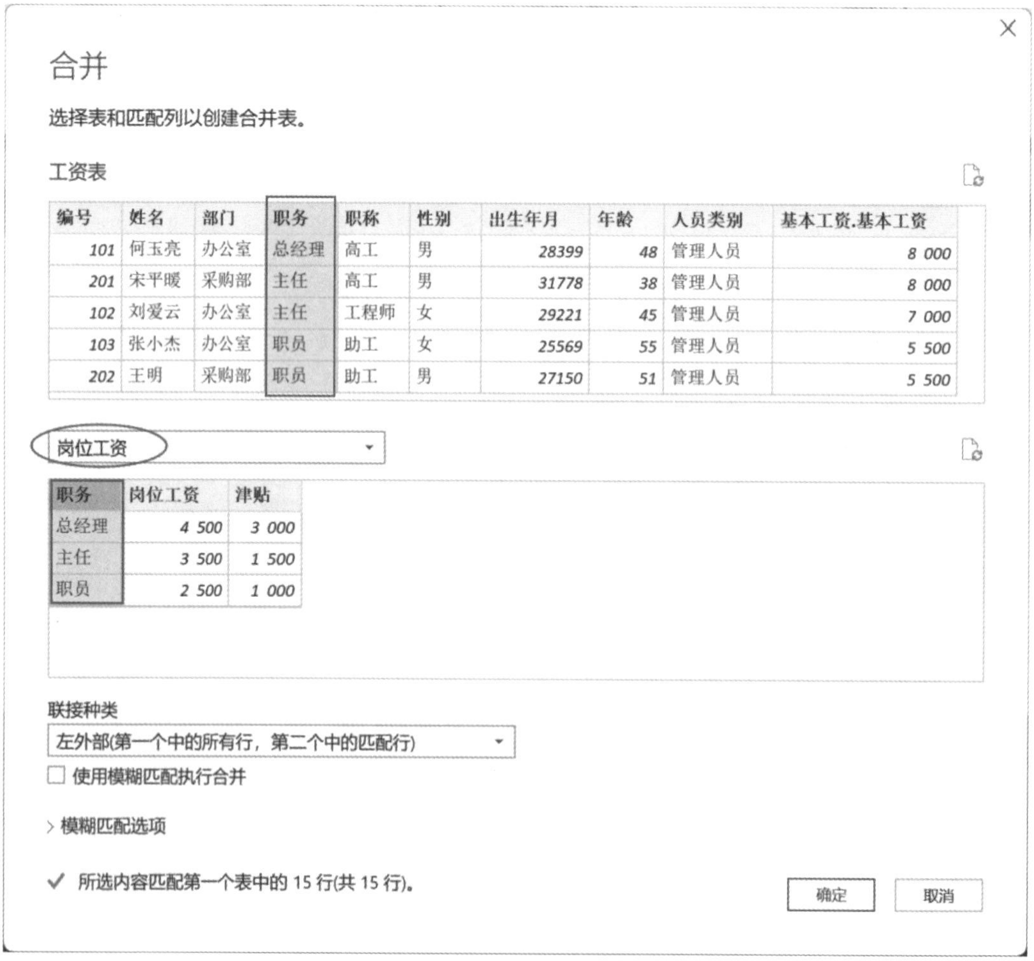

合并
选择表和匹配列以创建合并表。
工资表
编号 姓名 部门 职务 职称 性别 出生年月 年龄 人员类别 基本工资.基本工资
101 何玉亮 办公室 总经理 高工 男 28399 48 管理人员 8 000
201 宋平暖 采购部 主任 高工 男 31778 38 管理人员 8 000
102 刘爱云 办公室 主任 工程师 女 29221 45 管理人员 7 000
103 张小杰 办公室 职员 助工 女 25569 55 管理人员 5 500
202 王明 采购部 职员 助工 男 27150 51 管理人员 5 500
岗位工资
职务 岗位工资 津贴
总经理 4 500 3 000
主任 3 500 1 500
职员 2 500 1 000
联接种类
左外部(第一个中的所有行，第二个中的匹配行)
使用模糊匹配执行合并
模糊匹配选项
所选内容匹配第一个表中的 15 行(共 15 行)。
确定
取消

图 6-16　设置合并条件

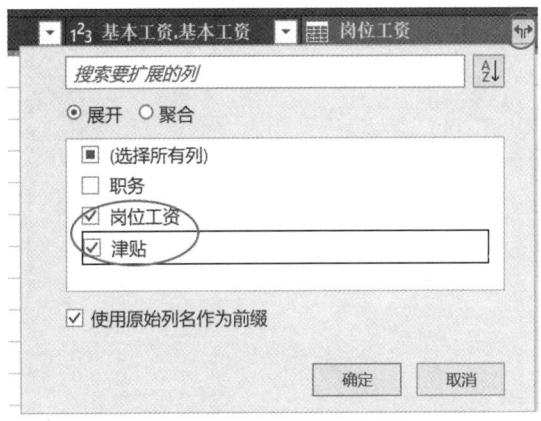

图 6-17　选择扩展项（岗位工资与津贴）

　　第三，选择"工资表"，单击"主页"选项卡，选择"合并查询"中的第一个选项"合并查询"。在弹出的"合并"对话框中，主表默认是"工资表"，辅表选择"考勤"，并且选择"编号"为关键字（因为无重名，所以选择"姓名"作为关键字也可以），如图 6-18 所示，单击"确定"。完成设置后，单击"考勤"扩展按钮，只选择"扣款"列，如图 6-19 所示。

图 6-18　设置合并条件

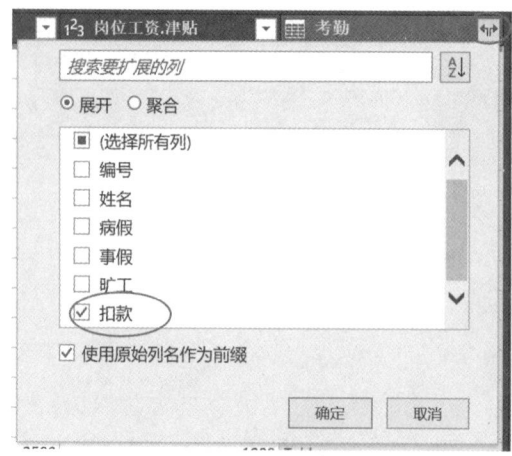

图 6-19 选择扩展项(扣款)

（6）增加"应发工资"列。选择"添加列"选项卡，单击"自定义列"按钮，在新列名栏输入"应发工资"，在"自定义列公式"里鼠标双击选择左侧"可用列"，输入的内容为"＝[基本工资]＋[岗位工资]＋[津贴]－[扣款]"，如图 6-20 所示，单击"确定"即可。

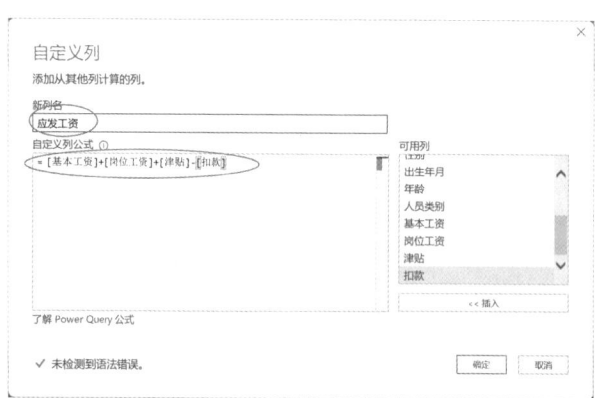

图 6-20 设置应发工资公式

（7）结果输出。选择"文件"选项卡，单击"关闭并上载"，结果如图 6-21 所示。

编号	姓名	部门	职务	职称	性别	出生年月	年龄	人员类别	基本工资	岗位工资	津贴	扣款	应发工资
101	何玉亮	办公室	总经理	高工	男	28399	48	管理人员	8 000	4 500	3 000	800	14 700
201	宋平暖	采购部	主任	高工	男	31778	38	管理人员	8 000	3 500	1 500	0	13 000
102	刘爱云	办公室	主任	工程师	女	29221	45	管理人员	7 000	3 500	1 500	0	12 000
103	张小杰	办公室	职员	助工	女	25569	55	管理人员	5 500	2 500	1 000	50	8 950
202	王明	采购部	职员	助工	男	27150	51	管理人员	5 500	2 500	1 000	0	9 000
203	刘君	采购部	职员	学徒	男	27881	49	管理人员	2 000	2 500	1 000	150	5 350
301	李佑一	技术部	主任	工程师	女	30103	43	管理人员	7 000	3 500	1 500	0	12 000
302	张圣建	技术部	职员	高工	女	31656	39	管理人员	8 000	2 500	1 000	0	11 500
303	刘程梅	技术部	职员	工程师	男	26177	54	管理人员	7 000	2 500	1 000	0	10 500
401	李晓军	生产部	主任	工程师	男	27973	49	管理人员	7 000	3 500	1 500	0	12 000
402	李明	生产部	职员	工程师	男	31898	38	生产人员	7 000	2 500	1 000	150	10 350
403	张红	生产部	职员	助工	男	31594	39	生产人员	5 500	2 500	1 000	0	9 000
501	李明鹏	销售部	主任	高工	女	24563	58	管理人员	8 000	3 500	1 500	0	13 000
502	李红	销售部	职员	助工	女	27973	49	销售人员	5 500	2 500	1 000	0	9 000
503	王小黎	销售部	职员	学徒	男	27242	51	销售人员	2 000	2 500	1 000	100	5 400

图 6-21 关闭并上载后结果

（8）设置标题。选择 O1 单元格，输入"起征点扣除"；选择 P1 单元格，输入"应纳税所得额"；选择 Q1 单元格，输入"个人所得税税率"；选择 R1 单元格，输入"速算扣除数"；选择 S1 单元格，输入"代扣个人所得税"；选择 T1 单元格，输入"实发工资"，如图 6-22 所示。

图 6-22　设置标题名称后结果

（9）公式设置。

第一，在 O2 单元格输入"5 000"，填充至 O16 单元格；在 P2 单元格输入公式"＝［应发工资］－［起征点扣除］"，填充至 P16 单元格；在 Q2 单元格输入公式"＝VLOOKUP(P2,所得税税率!\$A\$1：\$C\$8,2,TRUE)"，该公式的含义是，查找"应纳税所得额"所对应的"个人所得税税率"，查找区域是"所得税税率表"，找到后，返回"所得税税率表"中"应纳税所得额"所对应的"个人所得税税率"，也就是第 2 列，模糊查找，如图 6-23 所示。

fx　=VLOOKUP(P2,所得税税率!\$A\$1:\$C\$8,2,TRUE)

	性别	出生年月	年龄	人员类别	基本工资	岗位工资	津贴	扣款	应发工	起征	应纳税	个人所得税税率
	男	28399	48	管理人员	8 000	4 500	3 000	800	14 700	5 000	9 700	0.03
	男	31778	38	管理人员	8 000	3 500	1 500	0	13 000	5 000	8 000	0.03
i	男	29221	45	管理人员	7 000	3 500	1 500	0	12 000	5 000	7 000	0.03
	女	25569	55	管理人员	5 500	2 500	1 000	50	8 950	5 000	3 950	0.03
	男	27150	51	管理人员	5 500	2 500	1 000	0	9 000	5 000	4 000	0.03
	男	27881	49	管理人员	2 000	2 500	1 000	150	5 350	5 000	350	0.03
i	女	30103	43	管理人员	7 000	3 500	1 500	0	12 000	5 000	7 000	0.03
	女	31656	39	管理人员	7 000	2 500	1 000	0	11 500	5 000	6 500	0.03
i	男	26177	54	管理人员	7 000	2 500	1 000	0	10 500	5 000	5 500	0.03
i	男	27973	49	管理人员	7 000	3 500	1 500	0	12 000	5 000	7 000	0.03
i	男	31898	38	生产人员	7 000	2 500	1 000	150	10 350	5 000	5 350	0.03
	男	31594	39	生产人员	5 500	2 500	1 000	0	9 000	5 000	4 000	0.03
	女	24563	58	销售人员	8 000	3 500	1 500	0	13 000	5 000	8 000	0.03
	女	27973	49	销售人员	5 500	2 500	1 000	0	9 000	5 000	4 000	0.03
	男	27242	51	销售人员	2 000	2 500	1 000	100	5 400	5 000	400	0.03

图 6-23　设置个人所得税税率公式

第二，在 R2 输入公式"＝VLOOKUP(Q2,所得税税率!\$A\$1：\$C\$8,3,TRUE)"，该公式的含义是，查找"个人所得税税率"所对应的"速算扣除数"，查找区域是"所得税税率表"，找到后，返回"所得税税率表"中"个人所得税税率"所对应的"速算扣除数"，也就是第 3 列，模糊查找，如图 6-24 所示。在 S2 输入公式"＝P2＊Q2－R2"，该公式的含义是，代扣个人所得税＝应纳税所得额×个人所得税税率－速算扣除数。在 T2 单元格输入公式"＝N2－S2"，该公式的含义是，实发工资＝应发工资－代扣个人所得税，结果如图 6-25 所示。

`fx` =VLOOKUP(应发工资!$Q2,全年应纳税率!$A$2:$C$9,3,TRUE)

年月	年龄	人员类别	基本工资	岗位工资	津贴	扣款	应发	税扣除项	应纳税所得额	税率	扣除数
28399	48	管理人员	8 000	4 500	3 000	800	14 700	5 000	9 700	0.03	0
31778	38	管理人员	8 000	3 500	1 500	0	13 000	5 000	8 000	0.03	0
29221	45	管理人员	7 000	3 500	1 500	0	12 000	5 000	7 000	0.03	0
25569	55	管理人员	5 500	2 500	1 000	50	8 950	5 000	3 950	0.03	0
27150	51	管理人员	5 500	2 500	1 000	0	9 000	5 000	4 000	0.03	0
27881	49	管理人员	2 000	2 500	1 000	150	5 350	5 000	350	0.03	0
30103	43	管理人员	7 000	3 500	1 500	0	12 000	5 000	7 000	0.03	0
31656	39	管理人员	8 000	2 500	1 000	0	11 500	5 000	6 500	0.03	0
26177	54	管理人员	7 000	2 500	1 000	0	10 500	5 000	5 500	0.03	0
27973	49	管理人员	7 000	3 500	1 500	0	12 000	5 000	7 000	0.03	0
31898	38	生产人员	7 000	2 500	1 000	150	10 350	5 000	5 350	0.03	0
31594	39	生产人员	5 500	2 500	1 000	0	9 000	5 000	4 000	0.03	0
24563	58	管理人员	8 000	3 500	1 500	0	13 000	5 000	8 000	0.03	0
27973	49	销售人员	5 500	2 500	1 000	0	9 000	5 000	4 000	0.03	0
27242	51	销售人员	2 000	1 000	1 000	100	5 400	5 000	400	0.03	0
									0	0.03	0

图 6-24　设置速算扣除数公式

应发	税扣除项	应纳税所得额	税率	扣除数	税额	实发工资
14 700	5 000	9 700	0.03	0	291	14 409
13 000	5 000	8 000	0.03	0	240	12 760
12 000	5 000	7 000	0.03	0	210	11 790
8 950	5 000	3 950	0.03	0	118.5	8 831.5
9 000	5 000	4 000	0.03	0	120	8 880
5 350	5 000	350	0.03	0	10.5	53 39.5
12 000	5 000	7 000	0.03	0	210	11 790
11 500	5 000	6 500	0.03	0	195	11 305
10 500	5 000	5 500	0.03	0	165	10 335
12 000	5 000	7 000	0.03	0	210	11 790
10 350	5 000	5 350	0.03	0	160.5	10 189.5
9 000	5 000	4 000	0.03	0	120	8 880
13 000	5 000	8 000	0.03	0	240	12 760
9 000	5 000	4 000	0.03	0	120	8 880
5 400	5 000	400	0.03	0	12	5 388

图 6-25　实发工资结果

6.2　工资数据查询与统计

 案例 6.3

案例背景:同[案例 6.1]。

要求:对长风有限责任公司薪酬数据进行动态查询。

操作步骤如下:

(1)在工资表的单元格 B18、C18、D18,依次输入"姓名""职称""实发工资"。单击"开发工具"下的"插入"按钮,选择"表单控件"中的列表框,如图 6-26 所示。

（2）选中插入的列表框，单击右键，在弹出的对话框中选择"设置控件格式"，如图6-27所示。在弹出的"设置对象格式"对话框中，"数据源区域"选择"姓名"列，即 $B$2：$B$16，"单元格链接"选择A18单元格，如图6-28所示，单击"确定"即可。设置完成后，单击列表框中任意员工姓名，A18会自动显示出行号，如图6-29所示。

（3）选择B19单元格，输入"=OFFSET（B1，A18，）"。该公式的含义是，以B1为基准点，向下移动A18单元格中显示的行数，向右移动0列（未输入即0），如图6-30所示。

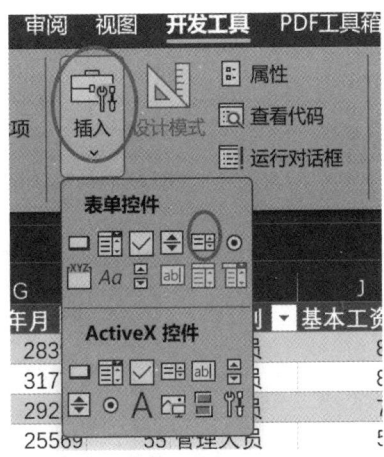

图6-26　选择"表单控件"

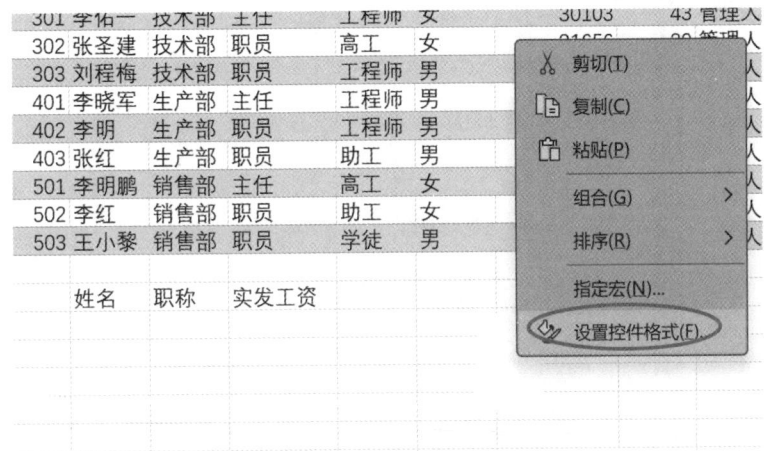

图6-27　设置控件格式

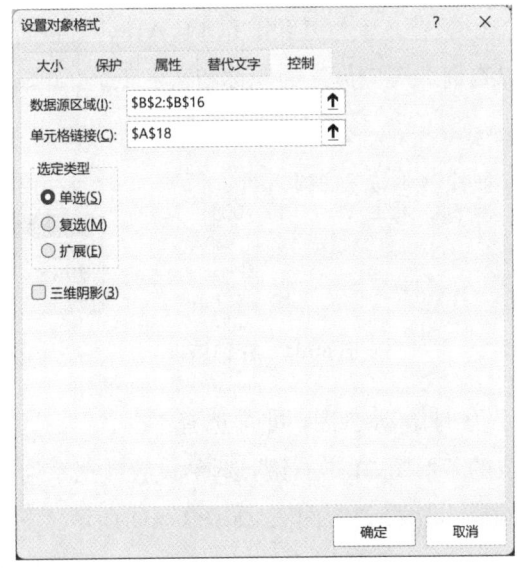

图6-28　设置对象格式

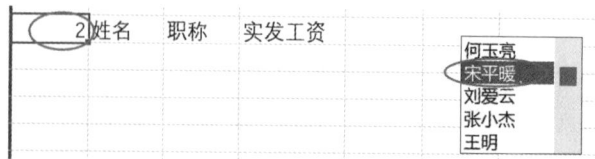

图 6-29　设置列表框的结果

B19 =OFFSET(B1,A18,)

	A	B	C	D	E	F	G
1	编号	姓名	部门	职务	职称	性别	出生年月
2	101	何玉亮	办公室	总经理	高工	男	283
3	201	宋平暖	采购部	主任	高工	男	317
4	102	刘爱云	办公室	主任	工程师	女	292
5	103	张小杰	办公室	职员	助工	女	255
6	202	王明	采购部	职员	助工	男	271
7	203	刘君	采购部	职员	学徒	男	278
8	301	李佑一	技术部	主任	工程师	女	301
9	302	张圣建	技术部	职员	高工	女	316
10	303	刘程梅	技术部	职员	工程师	男	261
11	401	李晓军	生产部	主任	工程师	男	279
12	402	李明	生产部	职员	工程师	男	318
13	403	张红	生产部	职员	助工	男	315
14	501	李明鹏	销售部	主任	高工	女	245
15	502	李红	销售部	职员	助工	女	279
16	503	王小黎	销售部	职员	学徒	男	272
17							
18	2	姓名	职称	实发工资			
19		宋平暖					

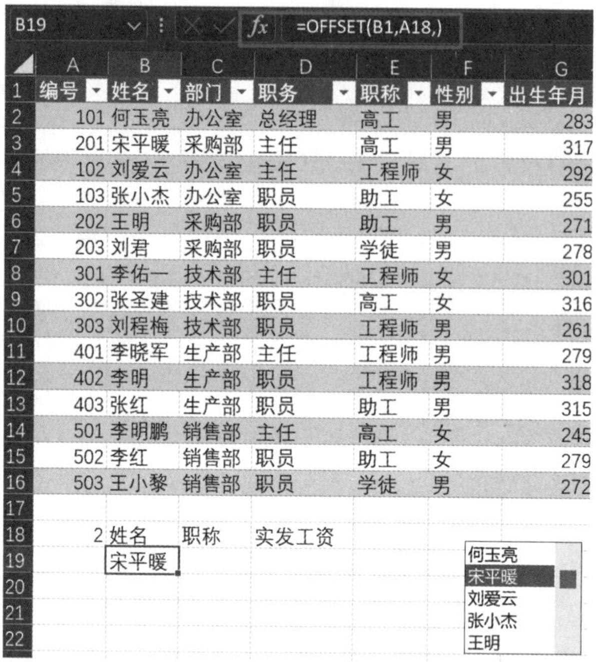

图 6-30　设置姓名公式

（4）设置“职称”公式，选择 C19 单元格，输入“ = OFFSET(E1，A18，)”。设置“实发工资”公式，选择 D19 单元格，输入 =“OFFSET(T1，A18，)”，设置完成后，任意选择列表框中的员工名字，就可以查询到对应员工的职称和实发工资，如图 6-31 所示。

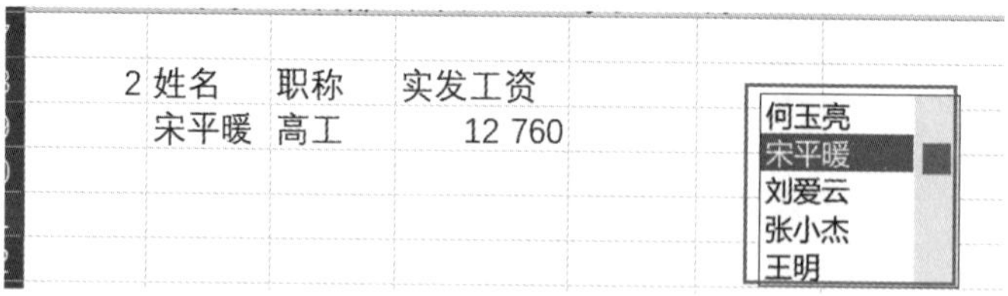

图 6-31　查询结果

（5）以“实发工资”为例做动态图，同时选择“姓名”“工资”列，插入条形图，如图 6-32 所示。选中生成的条形图，单击右键，选择“设置数据系列格式”，如图 6-33 所示。选择“填充”中的“图案填充”，选择任意图案，如图 6-34 所示。添加数据标签，选中条形图，单击右上侧加号，在弹出的对话框中，勾选“数据标签”，如图 6-35 所示。设置完成后，任意选择列表框中员工名字,就可以得到对应员工的实发工资条形图。

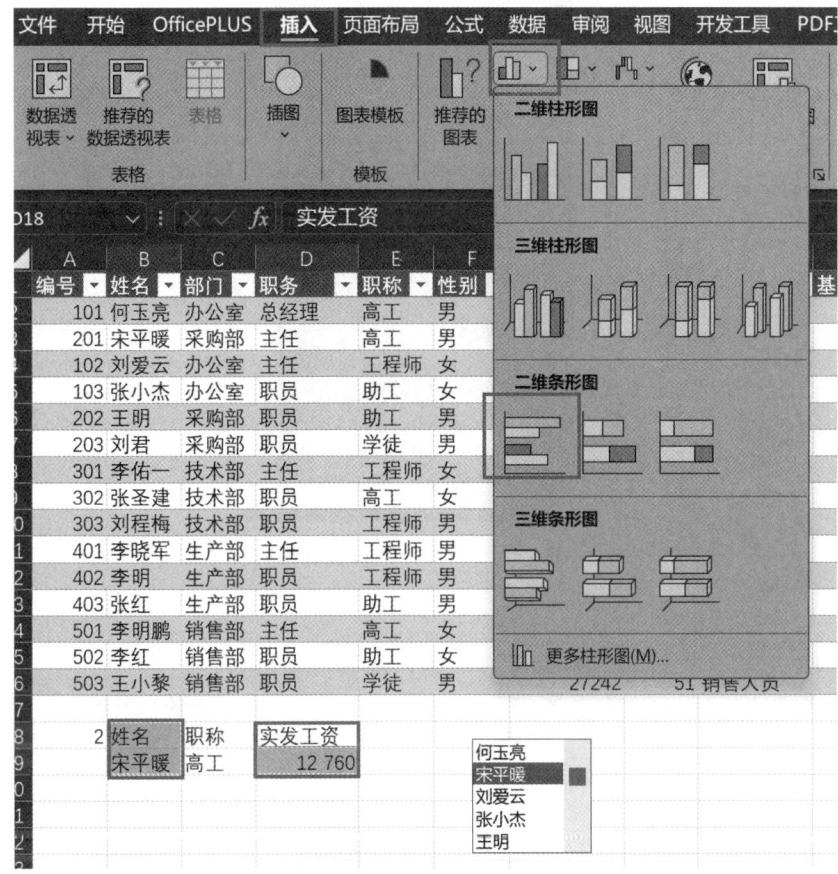

图 6-32　插入条形图

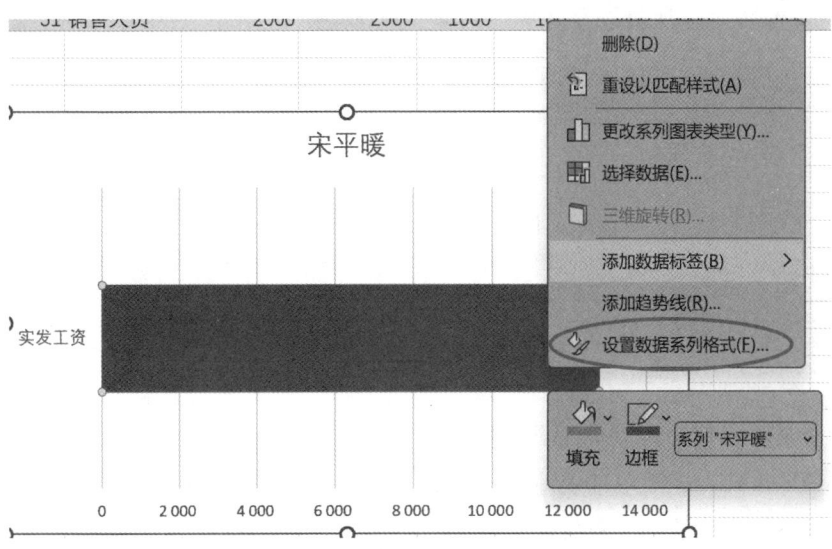

图 6-33　"设置数据系列格式"命令

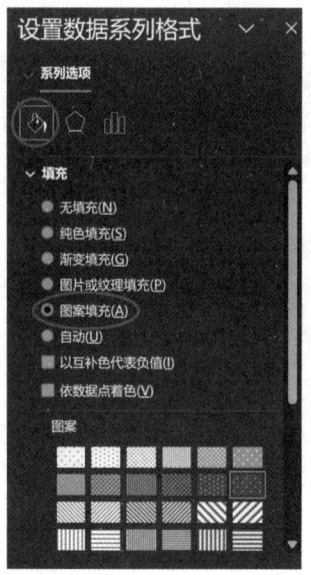

图 6-34　设置数据系列格式

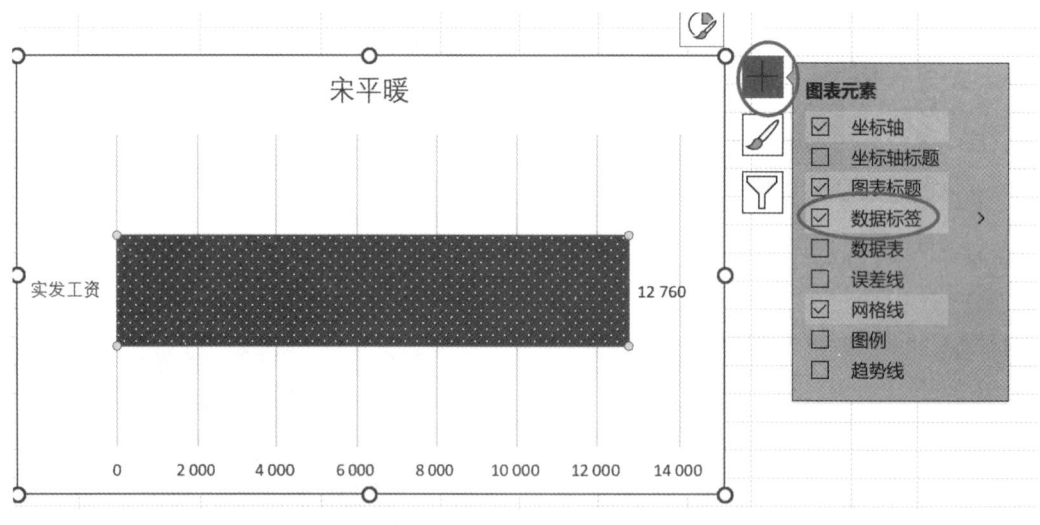

图 6-35　添加数据标签

6.3　工资条编制

工资条是一份详尽记录员工薪酬信息的清单,通常由公司的人力资源部门或财务部门向每位员工发放。该清单细致地列出了员工在某一薪酬周期内的各项收入来源、扣除详情以及最终实际发放的工资数额。对于员工而言,工资条不仅是了解个人薪酬构成的窗口,更是验证薪酬计算准确性、有效管理个人财务的重要依据。

案例 6.4

案例背景：同[案例 6.1]。

要求：根据长风有限责任公司薪酬数据编制工资条。

操作步骤如下：

(1) 选择 A1:T16 单元格区域进行复制，粘贴到新工作表中，新工作表命名为“工资条”。选择 U2 单元格输入“1”，并填充序列至 U16 单元格。增加辅助列，复制 U2:U16 单元格区域，粘贴到 U17:U31 单元格区域，如图 6-36 所示。

	A	B	C	D	E	F	G	H	I	J	K	L	M	N	O	P	Q	R	S	T	U
1	编号	姓名	部门	职务	职称	性别	出生年月	年龄	人员类别	基本工资	岗位工资	津贴	扣款	应发工资	起征点扣	应纳税所	个人所得	速算扣除	代扣个人	实发工资	
2	101	何玉亮	办公室	总经理	高工	男	28399	48	管理人员	8 000	4 500	3 000	800	14 700	5 000	9 700	0.03	0	291	14 409	1
3	201	宋平暖	采购部	主任	高工	男	31778	38	管理人员	8 000	3 500	1 500	0	13 000	5 000	8 000	0.03	0	240	12 760	2
4	102	刘爱云	办公室	主任	工程师	女	29221	45	管理人员	7 000	3 500	1 500	0	12 000	5 000	7 000	0.03	0	210	11 790	3
5	103	张小杰	办公室	职员	助工	女	25569	55	管理人员	5 500	2 500	1 000	50	8 950	5 000	3 950	0.03	0	118.5	8 831.5	4
6	202	王明	采购部	职员	助工	男	27150	51	管理人员	5 500	2 500	1 000	0	9 000	5 000	4 000	0.03	0	120	8 880	5
7	203	刘君	采购部	职员	学徒	男	27881	49	管理人员	2 000	2 500	1 000	150	5 350	5 000	350	0.03	0	10.5	5 339.5	6
8	301	李佑一	技术部	主任	工程师	女	30103	43	管理人员	7 000	3 500	1 500	0	12 000	5 000	7 000	0.03	0	210	11 790	7
9	302	张圣建	技术部	职员	高工	女	31656	39	管理人员	8 000	2 500	1 000	0	11 500	5 000	6 500	0.03	0	195	11 305	8
10	303	刘程梅	技术部	职员	工程师	男	26177	54	管理人员	7 000	2 500	1 000	0	10 500	5 000	5 500	0.03	0	165	10 335	9
11	401	李晓军	生产部	主任	工程师	男	27973	49	管理人员	7 000	3 500	1 500	0	12 000	5 000	7 000	0.03	0	210	11 790	10
12	402	李明	生产部	职员	工程师	男	31898	38	生产人员	7 000	2 500	1 000	150	10 350	5 000	5 350	0.03	0	160.5	10 189.5	11
13	403	张红	生产部	职员	助工	男	31594	39	生产人员	5 500	2 500	1 000	0	9 000	5 000	4 000	0.03	0	120	8 880	12
14	501	李明鹏	销售部	主任	高工	女	24563	58	管理人员	8 000	3 500	1 500	0	13 000	5 000	8 000	0.03	0	240	12 760	13
15	502	李红	销售部	职员	助工	女	27973	49	销售人员	5 500	2 500	1 000	0	9 000	5 000	4 000	0.03	0	120	8 880	14
16	503	王小黎	销售部	职员	学徒	男	27242	51	销售人员	2 000	2 500	1 000	100	5 400	5 000	400	0.03	0	12	5 388	15
17																					1
18																					2
19																					3
20																					4
21																					5
22																					6
23																					7
24																					8
25																					9
26																					10
27																					11
28																					12
29																					13
30																					14
31																					15

图 6-36　增加辅助列

(2) 复制标题栏，选择 A1:T1 单元格区域，粘贴到 A17:T31 单元格区域，如图 6-37 所示。选择 U 列数据内任意一个单元格，单击右键，选择“排序”中的“升序”选项，结果如图 6-38 所示。

	A	B	C	D	E	F	G	H	I	J	K	L	M	N	O	P	Q	R	S	T	U
1	编号	姓名	部门	职务	职称	性别	出生年月	年龄	人员类别	基本工资	岗位工资	津贴	扣款	应发工资	起征点扣	应纳税所	个人所得	速算扣除	代扣个人	实发工资	
2	101	何玉亮	办公室	总经理	高工	男	28399	48	管理人员	8 000	4 500	3 000	800	14 700	5 000	9 700	0.03	0	291	14 409	1
3	201	宋平暖	采购部	主任	高工	男	31778	38	管理人员	8 000	3 500	1 500	0	13 000	5 000	8 000	0.03	0	240	12 760	2
4	102	刘爱云	办公室	主任	工程师	女	29221	45	管理人员	7 000	3 500	1 500	0	12 000	5 000	7 000	0.03	0	210	11 790	3
5	103	张小杰	办公室	职员	助工	女	25569	55	管理人员	5 500	2 500	1 000	50	8 950	5 000	3 950	0.03	0	118.5	8 831.5	4
6	202	王明	采购部	职员	助工	男	27150	51	管理人员	5 500	2 500	1 000	0	9 000	5 000	4 000	0.03	0	120	8 880	5
7	203	刘君	采购部	职员	学徒	男	27881	49	管理人员	2 000	2 500	1 000	150	5 350	5 000	350	0.03	0	10.5	5 339.5	6
8	301	李佑一	技术部	主任	工程师	女	30103	43	管理人员	7 000	3 500	1 500	0	12 000	5 000	7 000	0.03	0	210	11 790	7
9	302	张圣建	技术部	职员	高工	女	31656	39	管理人员	8 000	2 500	1 000	0	11 500	5 000	6 500	0.03	0	195	11 305	8
10	303	刘程梅	技术部	职员	工程师	男	26177	54	管理人员	7 000	2 500	1 000	0	10 500	5 000	5 500	0.03	0	165	10 335	9
11	401	李晓军	生产部	主任	工程师	男	27973	49	管理人员	7 000	3 500	1 500	0	12 000	5 000	7 000	0.03	0	210	11 790	10
12	402	李明	生产部	职员	工程师	男	31898	38	生产人员	7 000	2 500	1 000	150	10 350	5 000	5 350	0.03	0	160.5	10 189.5	11
13	403	张红	生产部	职员	助工	男	31594	39	生产人员	5 500	2 500	1 000	0	9 000	5 000	4 000	0.03	0	120	8 880	12
14	501	李明鹏	销售部	主任	高工	女	24563	58	管理人员	8 000	3 500	1 500	0	13 000	5 000	8 000	0.03	0	240	12 760	13
15	502	李红	销售部	职员	助工	女	27973	49	销售人员	5 500	2 500	1 000	0	9 000	5 000	4 000	0.03	0	120	8 880	14
16	503	王小黎	销售部	职员	学徒	男	27242	51	销售人员	2 000	2 500	1 000	100	5 400	5 000	400	0.03	0	12	5 388	15
17	编号	姓名	部门	职务	职称	性别	出生年月	年龄	人员类别	基本工资	岗位工资	津贴	扣款	应发工资	起征点扣	应纳税所	个人所得	速算扣除	代扣个人	实发工资	1
18	编号	姓名	部门	职务	职称	性别	出生年月	年龄	人员类别	基本工资	岗位工资	津贴	扣款	应发工资	起征点扣	应纳税所	个人所得	速算扣除	代扣个人	实发工资	2
19	编号	姓名	部门	职务	职称	性别	出生年月	年龄	人员类别	基本工资	岗位工资	津贴	扣款	应发工资	起征点扣	应纳税所	个人所得	速算扣除	代扣个人	实发工资	3
20	编号	姓名	部门	职务	职称	性别	出生年月	年龄	人员类别	基本工资	岗位工资	津贴	扣款	应发工资	起征点扣	应纳税所	个人所得	速算扣除	代扣个人	实发工资	4
21	编号	姓名	部门	职务	职称	性别	出生年月	年龄	人员类别	基本工资	岗位工资	津贴	扣款	应发工资	起征点扣	应纳税所	个人所得	速算扣除	代扣个人	实发工资	5
22	编号	姓名	部门	职务	职称	性别	出生年月	年龄	人员类别	基本工资	岗位工资	津贴	扣款	应发工资	起征点扣	应纳税所	个人所得	速算扣除	代扣个人	实发工资	6
23	编号	姓名	部门	职务	职称	性别	出生年月	年龄	人员类别	基本工资	岗位工资	津贴	扣款	应发工资	起征点扣	应纳税所	个人所得	速算扣除	代扣个人	实发工资	7
24	编号	姓名	部门	职务	职称	性别	出生年月	年龄	人员类别	基本工资	岗位工资	津贴	扣款	应发工资	起征点扣	应纳税所	个人所得	速算扣除	代扣个人	实发工资	8
25	编号	姓名	部门	职务	职称	性别	出生年月	年龄	人员类别	基本工资	岗位工资	津贴	扣款	应发工资	起征点扣	应纳税所	个人所得	速算扣除	代扣个人	实发工资	9
26	编号	姓名	部门	职务	职称	性别	出生年月	年龄	人员类别	基本工资	岗位工资	津贴	扣款	应发工资	起征点扣	应纳税所	个人所得	速算扣除	代扣个人	实发工资	10
27	编号	姓名	部门	职务	职称	性别	出生年月	年龄	人员类别	基本工资	岗位工资	津贴	扣款	应发工资	起征点扣	应纳税所	个人所得	速算扣除	代扣个人	实发工资	11
28	编号	姓名	部门	职务	职称	性别	出生年月	年龄	人员类别	基本工资	岗位工资	津贴	扣款	应发工资	起征点扣	应纳税所	个人所得	速算扣除	代扣个人	实发工资	12
29	编号	姓名	部门	职务	职称	性别	出生年月	年龄	人员类别	基本工资	岗位工资	津贴	扣款	应发工资	起征点扣	应纳税所	个人所得	速算扣除	代扣个人	实发工资	13
30	编号	姓名	部门	职务	职称	性别	出生年月	年龄	人员类别	基本工资	岗位工资	津贴	扣款	应发工资	起征点扣	应纳税所	个人所得	速算扣除	代扣个人	实发工资	14
31	编号	姓名	部门	职务	职称	性别	出生年月	年龄	人员类别	基本工资	岗位工资	津贴	扣款	应发工资	起征点扣	应纳税所	个人所得	速算扣除	代扣个人	实发工资	15

图 6-37　复制标题栏

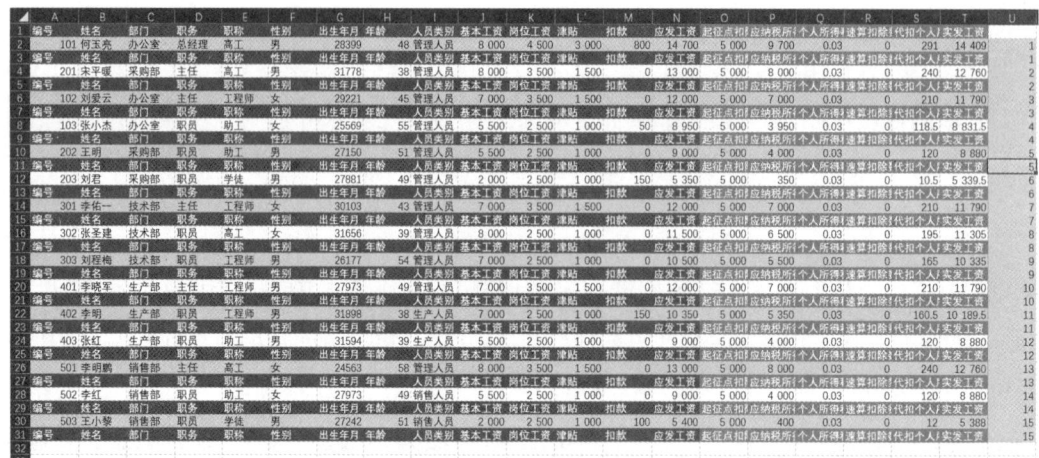

图 6-38　工资条

　实战演练

生产部门基本工资为 2 500 元,主管人员的奖金为基本工资的 150%。迟到、早退者,每次扣发 50 元;病事假每天扣发 100 元;旷工每天扣发 300 元。每位正式员工的"五险一金"均按照基本工资的 15% 缴纳。请依据税法进行扣税。职位、旷工情况表,如表 6-6 所示。

表 6-6　职位、旷工情况表

工号	姓名	性别	部门	职位	迟到(次)	早退(次)
012001	张逸晨	男	生产	主管		
012002	高梓轩	女	生产	员工	2	
012003	甘启铭	女	生产	员工		
012004	张睿渊	男	生产	员工		1
012005	王煜城	男	生产	员工		
012006	徐景辉	男	生产	员工	4	

要求:(1)计算每人的实发工资(以上各步骤得到的金额保留 2 位小数)。

(2)新建一个工作表,制作出"工资条"。

应收账款账龄分析

 知识目标

(1) 掌握如何利用 Power Query 编辑器,进行逾期应收账款及应收账款账龄的分析。

(2) 理解坏账数额的计算方法,掌握在 Excel 中的具体实现技巧。

 能力目标

(1) 能够独立完成逾期应收账款及应收账款账龄的分析,为公司的财务管理提供有力支持。

(2) 能够准确计算应收账款的坏账数额,并据此做出合理的财务决策。

 素质目标

(1) 培养细致、认真的工作态度,确保应收账款明细账的准确性和完整性。

(2) 提升财务分析能力,能够深入挖掘数据背后的信息,为公司的经营决策提供有力依据。

(3) 增强责任感和风险意识,对应收账款的管理和坏账的计提保持高度的警惕性和责任感。

7.1 应收账款统计

应收账款统计是企业财务管理体系中不可或缺的一环,它专注于收集、整理和分析企业应收账款的各项数据,包括但不限于期初余额、期末余额、变动趋势和账龄分布等关键信息。这一过程旨在为企业提供全面、准确的应收账款状况概览,帮助企业决策者迅速洞察资金回笼情况、评估客户信用风险,并据此制定或调整相应的财务策略与经营计划。

7.1.1 建立应收账款管理表

 案例 7.1

案例背景: 和顺有限公司为了扩大市场份额和提升销售业绩,采取了赊销策略,即允许客户在一定期限内支付货款。自 2024 年 4 月起至 2025 年 1 月,该企业先后与运顺公司、大圣公司、云天公司、大顺公司、宁尚公司和长天公司等多家客户进行了赊销交易。每笔交易都详细记录了赊销日期、债务人名称、应收金额、付款期限以及到期日。

要求(1):建立应收账款管理工作表。

操作步骤如下:

将鼠标光标移至左下方 sheetl 处,单击右键,在弹出的快捷菜单中选择"重命名"命令,输入"应收账款管理表"。

要求(2):登记各项应收账款的相关信息。

针对各项应收账款分别登记其相关信息如下:应收账款产生日期(赊销日期)、客户(债务人)单位名称、应收账款金额(赊销金额)、付款期限(信用期,一般以天为单位)和应收账款到期日。

以上所列相关信息仅作参考,可以根据企业管理的实际需要,对上述信息进行添加或删除。

操作步骤如下:

(1) 选中 A1 单元格,输入"和顺有限公司应收账款管理",将列单元格调整为合适的宽度。

(2) 选中 A2 单元格,输入"当前日期"。本例中默认日期为"2025 年 1 月 31 日",实际工作中可以使用函数"NOW()"函数来确定当前日期,但当我们直接输入该函数时,发现显示的日期信息还包括时和分,即"2025-1-31 10:51",这是因为,单元格默认该函数显示的当前日期具体到时和分,故应将该列单元格的格式调整为日期格式中的年、月、日形式。

具体调整方式为,选中该单元格,单击右键,在弹出的列表中,选择"设置单元格格式"命令。在弹出的"设置单元格格式"对话框中,选择"数字"选项卡中的"日期"项,选择常用的"数字年-数字月-数字日",调整后,单击"确定"按钮即可,如图 7-1 所示。

图 7-1　日期格式设置

（3）选中 A3 单元格，输入"赊销日期"；选中 B3 单元格，输入"债务人名称"；选中 C3 单元格，输入"应收金额"；选中 D3 单元格，输入"付款期限（天）"；选中 E3 单元格，输入"到期日"。在具体实务处理中，为了使应收账款管理更加合理、完善，可以根据实际情况添加补充说明资料。

要求(3)： 输入企业现有应收账款详细信息。

操作步骤如下：

（1）选中 A4 单元格，输入具体赊销（应收账款产生）日期，将单元格格式设置为"日期"，选择企业常用日期格式；选中 B1 单元格，输入具体债务人名称。

（2）选中 C4 单元格，输入"应收金额"，将单元格格式设置为"会计专用"，选择企业常用会计核算形式。

（3）选中 D4 单元格，输入"付款期限（天）"；选中 E4 单元格，输入公式" ＝ A4 ＋ D4"，单击"确定"即可。这样就可直接计算出该项应收账款的到期日，如图 7-2 所示。

	A	B	C	D	E
1	\multicolumn{5}{c}{和顺有限公司应收账款管理}				
2			当前日期：2025年1月31日		
3	赊销日期	债务人名称	应收金额	付款期限（天）	到期日
4	2024年4月1日	运顺公司	2 800.00	25	2024年4月26日
5	2024年5月2日	大圣公司	12 000.00	40	2024年6月11日
6	2024年5月8日	云天公司	980.00	25	2024年6月2日
7	2024年6月10日	大顺公司	12 500.00	60	2024年8月9日
8	2024年7月11日	宁尚公司	32 500.00	60	2024年9月9日
9	2024年8月12日	长天公司	45 450.00	30	2024年9月11日
10	2024年8月25日	宁尚公司	2 400.00	20	2024年9月14日
11	2024年9月13日	大顺公司	1 150.00	30	2024年10月13日
12	2024年10月1日	大圣公司	1 000.00	40	2024年11月10日
13	2024年10月22日	运顺公司	3 600.00	35	2024年11月26日
14	2024年11月2日	长天公司	980.00	30	2024年12月2日
15	2025年1月2日	云天公司	12 350.00	50	2025年2月21日
16	2025年1月15日	大圣公司	8 000.00	20	2025年2月4日
17	2025年1月27日	长天公司	510.00	30	2025年2月26日

图 7-2　和顺有限公司应收账款详细信息

7.1.2　按债务人统计应收账款总额

案例 7.2

案例背景： 和顺有限公司现有的各项应收账款登记完毕后，鉴于债务人数量众多，为了便捷地掌握每个债务人对本公司的欠款总额，公司需要建立一个系统，用以汇总并显示不同债务人所欠金额的信息。

操作步骤如下：

打开"应收账款管理表"，进入 Power Query 编辑器，单击"转换"选项卡，选择"分组依据"，在弹出的"分组依据"对话框中，做如图 7-3 的设置，汇总结果，如图 7-4 所示。

图 7-3　按债务人汇总设置　　　　　　　图 7-4　汇总结果

7.1.3　按债务人汇总应收账款静态图与动态图

案例 7.3

案例背景：同［案例 7.1］。

要求(1)：建立应收账款静态图。

操作步骤如下：

选中数据源，在"插入"选项卡中的"图表"组，单击"插入饼图或圆环图"按钮，选择"饼图"，在图表创建完成后，可以按照任务 1 所述，修改其各种属性，使整个图表更加完善，如图 7-5 所示。

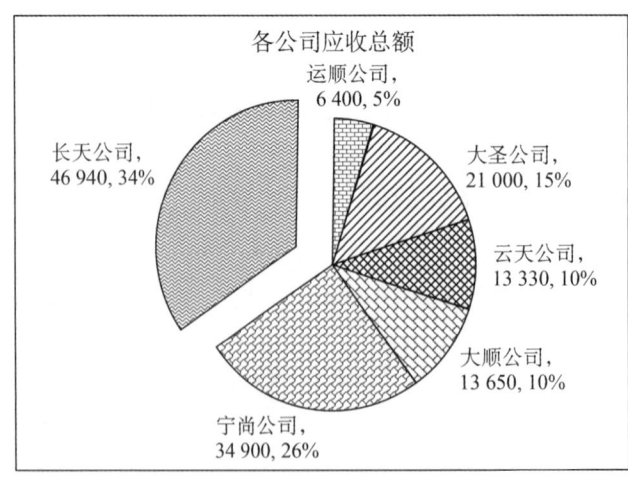

图 7-5　饼图

通过图 7-5 可以更加明确地看出,长天公司与宁尚公司所欠本公司的款项分别占和顺有限公司应收账款总额的 34% 和 26%。因此,有必要对这两个公司的应收账款进行重点管理。

要求(2):建立应收账款动态图。

操作步骤如下:

(1)单击"开发工具"按钮,选择控件按钮"列表框",在弹出的"设置控件格式"中,做如图 7-6 的设置。

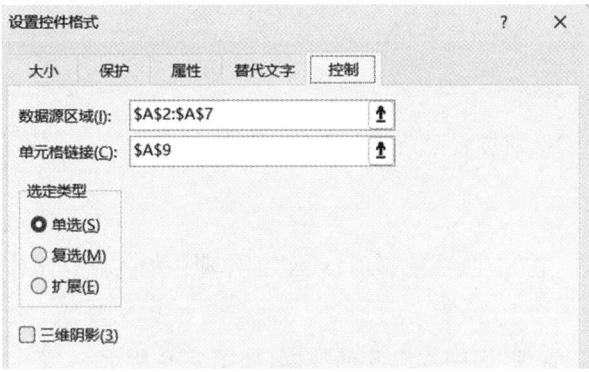

图 7-6 控件按钮参数设置

(2)在 A11 单元格中,做如图 7-7 的公式设置,复制公式至 B11 单元格,就可动态地显示出该公司所对应的应收总额。

(3)选择 A10:B11 单元格区域,插入条形图,结果如图 7-8 所示。

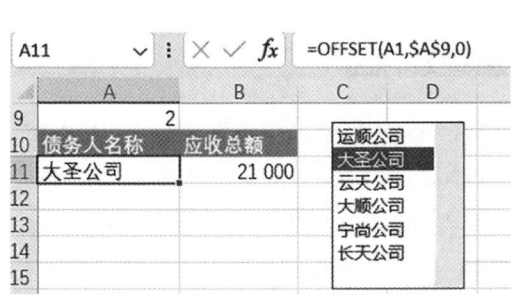

图 7-7 公式设置

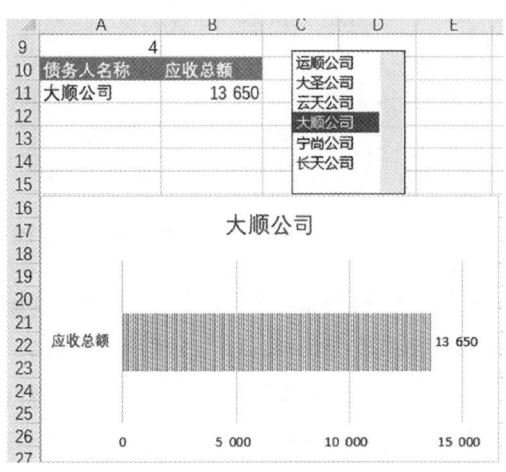

图 7-8 动态条形图

7.2 逾期应收账款分析

应收账款在登记入账时会记录赊销日期和约定付款期限,一般于月底统计本期是否有应收账款到期,如果到期应收账款尚未收款,必须反映逾期天数,以便及时采取催收措施,降低坏账发生的可能性,减少企业应收账款的坏账损失。

7.2.1 评估应收账款到期状态

案例 7.4

案例背景:同[案例 7.1]。

要求(1):建立"逾期应收账款分析"工作表。

操作步骤如下:

(1)新建工作表。在"应收账款管理.xlsx"工作簿中插入新建工作表,并重命名为"逾期应收账款分析"。

(2)从"应收账款管理"表中取出 5 列数据,如图 7-9 所示。

	A	B	C	D	E	F	G	H	I	J
A4			fx	=OFFSET(应收账款管理表!A$3,逾期应收账款分析!$J4,)						
1				和顺有限公司应收账款管理						
2	当前日期 2025/1/31									
3	赊销日期	债务人名称	应收金额	付款期限(天)	已收金额	未收金额	到期日	是否到期	当前日期	辅助列
4	2024年4月1日	运顺公司	2 800	25	2 000	800	2024年4月26日	是	2025年1月31日	1
5	2024年5月2日	大圣公司	12 000	40		12 000	2024年6月11日	是	2025年1月31日	2
6	2024年5月8日	云天公司	980	25		980	2024年6月2日	是	2025年1月31日	3
7	2024年6月10日	大顺公司	12 500	60	5 000	7 500	2024年8月9日	是	2025年1月31日	4
8	2024年7月11日	宁尚公司	32 500	60	8 000	24 500	2024年9月9日	是	2025年1月31日	5
9	2024年8月12日	长天公司	45 450	30	20 000	25 450	2024年9月11日	是	2025年1月31日	6
10	2024年8月25日	宁尚公司	2 400	20	1 000	1 400	2024年9月14日	是	2025年1月31日	7
11	2024年9月13日	大顺公司	1 150	30		1 150	2024年10月13日	是	2025年1月31日	8
12	2024年10月1日	大圣公司	1 000	40		1 000	2024年11月10日	是	2025年1月31日	9
13	2024年10月22日	运顺公司	3 600	35	2 000	1 600	2024年11月26日	是	2025年1月31日	10
14	2024年11月2日	长天公司	980	30		980	2024年12月2日	是	2025年1月31日	11
15	2025年1月2日	云天公司	12 350	50	5 000	7 350	2025年2月21日	否	2025年1月31日	12
16	2025年1月15日	大圣公司	8 000	20		8 000	2025年2月4日	否	2025年1月31日	13
17	2025年1月27日	长天公司	510	30		510	2025年2月26日	否	2025年1月31日	14

图 7-9 从"应收账款管理"表中取数

新建一列"辅助列",选中 A4 单元格,输入公式"=OFFSET(应收账款管理表!A$3,逾期应收账款分析!$J4,)",分别复制至 A17 单元格区域内,该公式的含义是,以 A3 单元格为基准点,向下移动 J4 单元格中显示的行数,向右移动 0 列,即列不移动。选中 G4 单元格,输入公式"=OFFSET(应收账款管理表!E$3,逾期应收账款分析!$J4,)",向下复制至 G17 单元格,其公式的含义同理。

💡 **注意**

本例假设"当前日期"为"2025 年 1 月 31 日",实际工作中,可以使用"NOW()"函数来确定当前日期。

要求(2)：填制"已收"和"未收"金额。

操作步骤如下：

选中 E 列与 F 列,单击右键,选择"插入"命令,即可一次性插入两列。选中 E3 单元格,输入"已收金额",选中 F3 单元格,输入"未收金额",并在对应单元格输入实际已收金额和未收金额(应收金额－已收金额),将 E 列与 F 列的单元格式调整为"会计专用"格式。

要求(3)：判断现有各项应收账款是否到期。

操作步骤如下：

选中 H4 单元格,输入公式" = IF(G4＜I4,"是","否")",复制公式至 H17 单元格。该公式表示,针对和顺有限公司"逾期应收账款分析表"中某债务人的应收账款是否到期进行判断。如果该表中"G4"单元格(即到期日)的值小于"I4"单元格(即当前日期)的值,表示该项应收账款已经到期,满足条件的,显示为"是";不满足条件的,则显示为"否"。

7.2.2 计算应收账款逾期天数

虽然[案例 7.4]为应收账款管理提供了应收账款是否到期的判断结果,但是为了进一步分析应收账款账龄,还需要进一步计算各项应收账款的逾期天数,以便提供更加详细的管理数据。

 案例 7.5

案例背景：同[案例 7.1]。
要求：计算应收账款逾期天数。

操作步骤如下：

（1）打开"逾期应收账款分析"表,进入 Power Query 编辑器,将"到期日"与"当前日期"两列的类型设置为"日期型"。

（2）计算逾期天数。单击"添加列"→"自定义列",在弹出的"自定义列"对话框中,做如图 7-10 的设置,计算结果,如图 7-11 所示。

图 7-10　添加"逾期天数"列

A^BC 是否到期	当前日期	1²3 逾期天数
是	2025/1/31	280
是	2025/1/31	234
是	2025/1/31	243
是	2025/1/31	175
是	2025/1/31	144
是	2025/1/31	142
是	2025/1/31	139
是	2025/1/31	110
是	2025/1/31	82
是	2025/1/31	66
是	2025/1/31	60
否	2025/1/31	-21
否	2025/1/31	-4
否	2025/1/31	-26

图 7-11　"逾期天数"计算结果

7.3　应收账款账龄分析

账龄是债务人拖欠本企业应收账款的时间长度,是衡量应收账款风险的一个重要指标。通常,账龄越长,坏账损失的风险也就越高。基于此,账龄分析法应运而生。它是一种通过评估应收账款的时间长度来预估坏账损失的方法,又称应收账款账龄评估法。

 案例 7.6

案例背景: 同[案例 7.1]。

要求: 建立应收账款账龄分析表。

操作步骤如下：

（1）进入 Power Query 编辑器，单击"添加列"→"条件列"，在弹出的"添加条件列"对话框中，做如图 7-12 的设置。

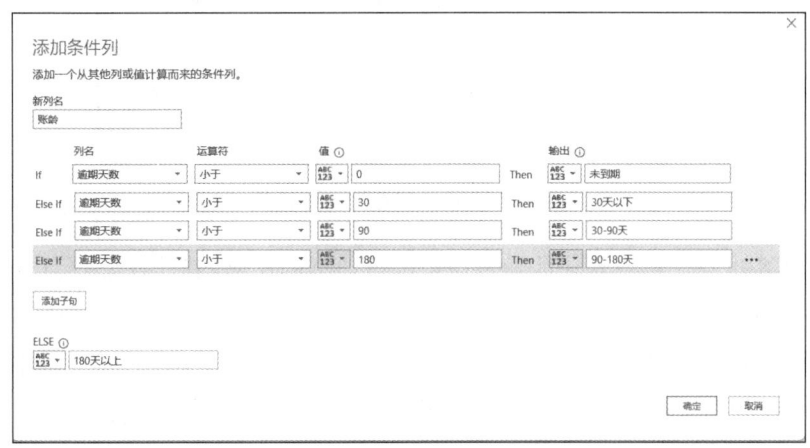

图 7-12 "添加条件列"设置

（2）单击"转换"→"分组依据"，在弹出的"分组依据"对话框中，做如图 7-13 的设置，设置结果，如图 7-14 所示，以此作为账龄分析的依据。

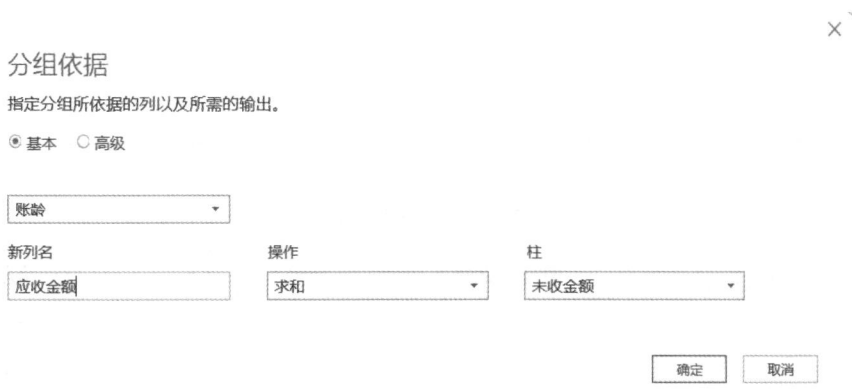

图 7-13 "账龄"分组求和设置

	ABC 123 账龄	1.2 应收金额
1	180天以上	13 780
2	90-180天	60 000
3	30-90天	3 580
4	未到期	15 860

图 7-14 分组求和结果

（3）根据图 7-14 结果，建立应收账款账龄分析表，如图 7-15 所示。

	A	B	C	D	E
1			应收账款账龄分析表		
2	账龄	应收金额	占比	坏账准备比例	坏账准备金额
3	180天以上	13 780	0.147 822	10.00%	1 378
4	91-180天	60 000	0.643 639	6.00%	3 600
5	31-90天	3 580	0.038 404	3.00%	107.4
6	未到期	15 860	0.170 135	0	0
7	合计	93 220	1		0

图 7-15　应收账款账龄分析表

其中，坏账准备比例就是坏账额占应收账款总额的比例，其计算公式为"坏账准备比例＝年坏账额/年应收账款总额"；"坏账准备金额＝坏账准备比例×应收金额"。

账龄分析法下，计提坏账准备的比例简单得多，通常账龄越长，发生坏账的可能性越大，估计的坏账准备的比例就越高。假设和顺有限公司根据历史经验估计，未到期的应收账款发生坏账的可能性是 0；逾期 0～30 天的应收账款，发生坏账的可能性约为 1%；逾期 31～90 天的应收账款，发生坏账的可能性约为 3%；逾期 91～180 天的应收账款，发生坏账的可能性约为 6%；逾期 180 天以上的应收账款，发生坏账的可能性约为 10%。

 **实战演练**

和顺有限公司 2025 年 1 月 31 日记录的应收账款资料，如表 7-1 所示。

表 7-1　应收账款概况

赊销日期	债务人名称	应收金额（元）	付款期限（天）
2025 年 3 月 8 日	金思公司	30 000	50
2025 年 4 月 18 日	金湖公司	500 000	40
2025 年 5 月 6 日	苏杭公司	20 000	30
2025 年 6 月 20 日	利于公司	100 000	40
2025 年 7 月 11 日	金湖公司	12 000	35
2025 年 8 月 4 日	利于公司	30 000	30
2025 年 9 月 23 日	苏杭公司	15 000	30
2025 年 10 月 15 日	金思公司	58 000	30
2025 年 12 月 17 日	金湖公司	16 000	30
2026 年 1 月 5 日	利于公司	40 000	25

要求:

(1) 分别计算各应收账款到期日。

(2) 汇总统计各债务人所欠和顺有限公司的欠款总额,并建立饼形图分析各债务人所占比重。

(3) 计算各应收账款是否到期以及未到期金额,并计算逾期天数。

(4) 建立应收账款账龄分析表。

(5) 根据未到期的应收账款发生坏账的可能性是 0,逾期 0~30 天的应收账款发生坏账的可能性约为 2%,逾期 31~60 天的应收账款发生坏账的可能性约为 5%,逾期 61~90 天的应收账款发生坏账的可能性约为 8%,逾期 91 天以上的应收账款发生坏账的可能性约为 10% 的估计值,分别计算各账龄所涉及应收账款的坏账准备。

固定资产折旧模型

 知识目标

(1) 了解固定资产卡片的设置方法。

(2) 掌握固定资产折旧模型的构建方法。

(3) 掌握模拟运算表的使用方法。

 能力目标

(1) 具备固定资产核算和管理数据收集与处理的能力。

(2) 具备利用 Excel 对固定资产核算和管理的能力。

 素质目标

(1) 培养责任意识与诚信精神。引导学生认识到诚信是经济活动的基础,固定资产折旧的准确计提直接关系到企业财务报表的真实性和公正性,从而培养学生的诚信意识和责任感。

(2) 树立可持续发展观念。固定资产折旧不仅是经济成本分摊的过程,也是企业评估资产使用效率、规划未来投资的重要依据。通过讨论不同折旧方法对企业长期经营成果的影响,可以引导学生思考资源的高效利用和可持续发展,树立环保和长远发展的观念。

8.1 固定资产卡片账的管理

8.1.1 固定资产卡片账的建立

在我国的会计实务中,企业对固定资产在日常核算时常采用卡片账形式。卡片账是将账户所需的格式印刷在硬卡上的一种账簿形式。严格地说,卡片账也是一种活页账,只不过它不是装在活页账夹中,而是装在卡片箱内。在卡片账上详细登记了固定资产的相关信息。

案例 8.1

案例背景：阳光机械制造企业自 2017 年起，为了提升办公效率与生产能力，持续进行了一系列关键设备的投资与更新。这些投资不仅涵盖了日常办公所需的先进设备，还包括了生产线上的重要机械设备，旨在通过技术升级来提高企业竞争力和生产效率。

要求(1)：建立固定资产管理工作表，登记企业现有固定资产的明细信息。

（1）打开 Excel 工作簿，将鼠标光标移至左下方 sheet1 处，单击右键，在弹出的快捷菜单中，选择"重命名"命令，输入"固定资产管理"。

（2）选中 A1 单元格，输入"购置日期"，将列单元格调整为合适的宽度，并将该列单元格的格式调整为日期格式。

（3）选中 B1 单元格，输入"资产类别"，登记"办公设备"和"机器设备"等固定资产类别，选中 C1 单元格，登记具体固定资产名称。

（4）使用相同的方法登记固定资产的其他信息。在具体实务处理中，为了使固定资产管理更加完善，可以根据实际情况增加明细资料，如图 8-1 所示。

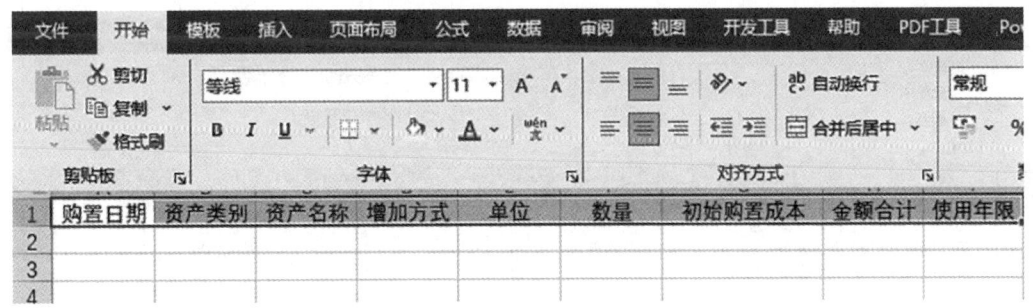

图 8-1　固定资产详细信息

要求(2)：设置"数据验证"。

（1）选中 D2 单元格，在"数据"选项卡的"数据工具"组中，单击"数据验证"按钮，在打开的对话框中，单击"设置"选项卡下方的"允许"选项卡，从其下拉列表中选择"序列"作为验证类型，如图 8-2 所示。

（2）在"来源"选项中，设置固定资产增加方式为"在建工程转入""投资者投入""直接购入""部门调拨""捐赠"，单击"确定"按钮后，将 D2 单元格的有效性控制，复制到 D 列的其他单元格，如图 8-3 所示。

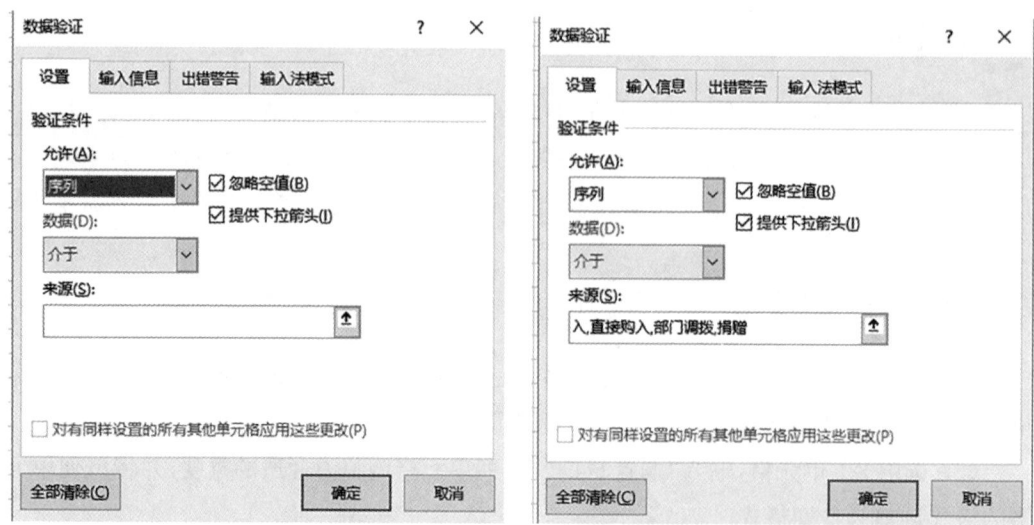

图 8-2　"数据验证"对话框　　　　　　图 8-3　建立增加方式序列

要求(3)：输入现有固定资产的具体信息。

现有固定资产的具体信息，如图 8-4 所示。

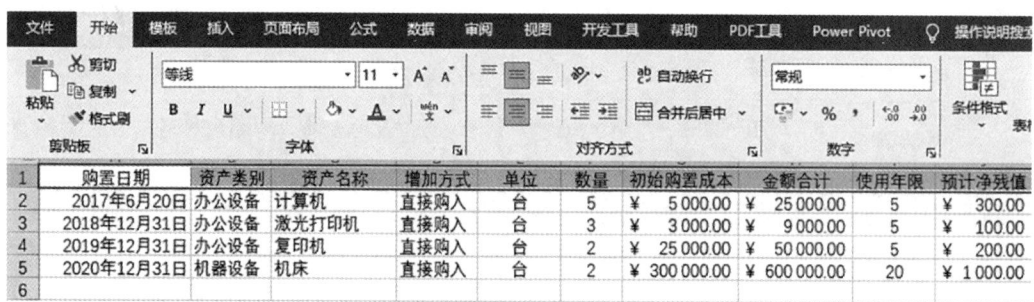

	购置日期	资产类别	资产名称	增加方式	单位	数量	初始购置成本	金额合计	使用年限	预计净残值
1										
2	2017年6月20日	办公设备	计算机	直接购入	台	5	¥ 5 000.00	¥ 25 000.00	5	¥ 300.00
3	2018年12月31日	办公设备	激光打印机	直接购入	台	3	¥ 3 000.00	¥ 9 000.00	5	¥ 100.00
4	2019年12月31日	办公设备	复印机	直接购入	台	2	¥ 25 000.00	¥ 50 000.00	5	¥ 200.00
5	2020年12月31日	机器设备	机床	直接购入	台	2	¥ 300 000.00	¥ 600 000.00	20	¥ 1 000.00
6										

图 8-4　固定资产的具体信息

8.1.2　固定资产卡片账的查询

 案例 8.2

案例背景：当企业现有的固定资产登记完毕后，由于固定资产数量众多，为了方便查找某一项固定资产，利用 Excel 提供的自动筛选命令，建立固定资产查询功能。自动筛选命令为用户提供了在具有大量记录的数据清单中快速查找符合某种条件记录的功能。使用自动筛选命令筛选记录时，字段名称将变成一个下拉列表框的框名。

要求(1)：自动筛选查询。

操作步骤如下：

（1）选中 A2 单元格，在"开始"选项卡中的"排序和筛选"组，单击"筛选"按钮，如图 8-5 所示。

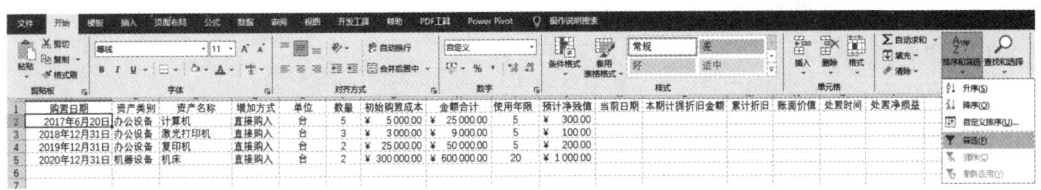

图 8-5　选择自动筛选命令

（2）执行筛选命令后，系统在"购置日期"等栏显示筛选按钮，如图 8-6 所示。

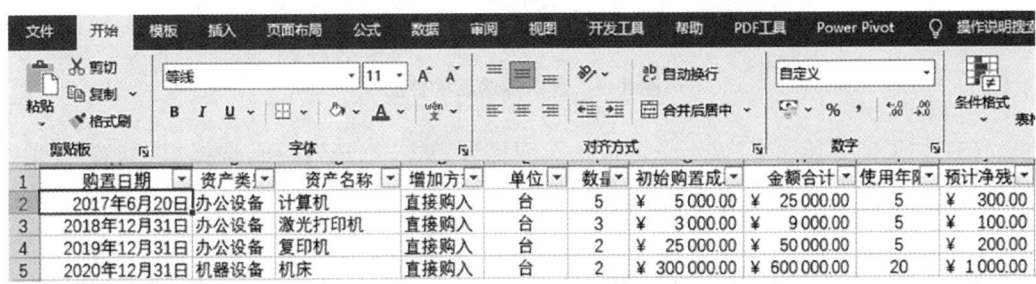

图 8-6　出现筛选按钮

图 8-7　查询方式

（3）单击该按钮，弹出查询方式的下拉列表，单击任意一栏的下拉列表，可以看到"升序""降序""按颜色排序"以及"日期筛选"等数据查询方式，如图 8-7 所示。

（4）在图 8-7 中选择"按颜色排序"→"自定义排序"命令，打开"排序"对话框，可以按照需要进行设置，如图 8-8 所示。

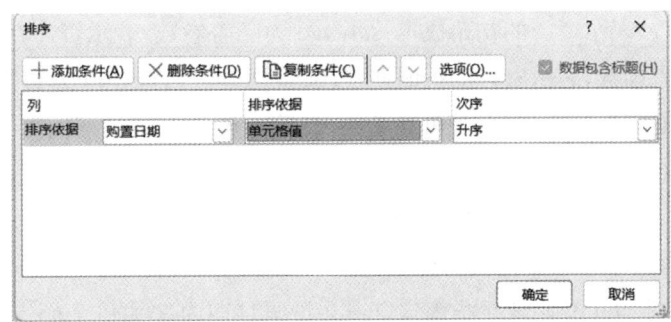

图 8-8　"排序"对话框

要求（2）：自定义筛选查询。

查询 2019—2020 年购置的固定资产，操作步骤如下：

（1）将光标移至 A1 栏，单击 A1 栏。

（2）在"数据"选项卡中的"排序和筛选"组，单击"筛选"按钮，在 A1 栏右侧的筛选下拉菜单中，选择"日期筛选"选项，在弹出的"日期筛选"子菜单中，取消勾选"2017 年""2018 年"的选项。

（3）设置完毕后，单击"确定"按钮，开始执行筛选命令。

（4）当返回固定资产管理工作表后，可以看到显示的固定资产项目数据，已经成为所需查询的 2019—2020 年的数据，如图 8-9 所示。

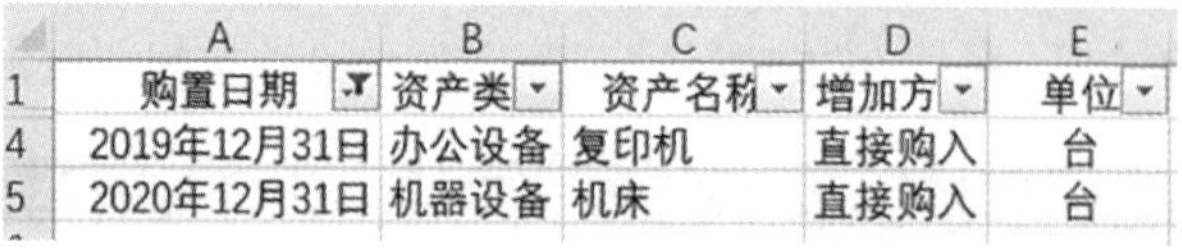

	A	B	C	D	E
1	购置日期	资产类	资产名称	增加方	单位
4	2019年12月31日	办公设备	复印机	直接购入	台
5	2020年12月31日	机器设备	机床	直接购入	台

图 8-9　显示筛选后的数据

（5）如果需要还原为"显示全部数据"，只需要单击"筛选"按钮，选择"从购置日期中清除筛选"选项，即可显示现有的全部数据。

8.2 固定资产折旧模型

8.2.1　固定资产折旧函数

8.2.1.1　DB 函数

1）DB 函数的说明

DB 函数是指固定资产在指定日期内按固定余额递减法计算固定资产的折旧值。

2）DB 函数的基本语法

DB 函数的语法为 DB(cost, salvage, life, period, [month])。其中，cost 为必需参数，表示资产的初始成本；salvage 为必需参数，表示资产在折旧期末的预期残值；life 为必需参数，表示资产的折旧期限（以年为单位）；period 为必需参数，表示需要计算折旧值的期间序号；month 为可选参数，表示一年中的会计期间数，默认为 12，用于调整年度折旧的计算周期。

8.2.1.2　DDB 函数

1）DDB 函数的说明

DDB 函数是指固定资产在指定日期内按加倍余额递减法或其他指定方法计算所得的折旧值。

2）DDB 函数的基本语法

DDB 函数的语法为 DDB(cost, salvage, life, period, [factor])。其中，cost、 salvage、life、period 参数说明同 DB 函数。factor 为可选参数,用来指定余额递减的速率。如果该参数被省略,其假定值是 2(即采用双倍余额递减法)。

8.2.1.3 SLN 函数

1) SLN 函数的说明

SLN 函数是指定固定资产使用"年限平均法"计算出的每期折旧金额。

2) SLN 函数的基本语法

SLN 函数的语法为 SLN(cost,salvage,life)。其中,cost、salvage、life 参数说明同 DB 函数。

8.2.1.4 SYD 函数

1) SYD 函数的说明

SYD 函数是指固定资产在某段日期内按年数合计法计算出的每期折旧金额。

2) SYD 函数的基本语法

SYD 函数的语法为 SYD(cost,salvage,life,per)。其中,cost、salvage、life、per 参数说明同 DB 函数。

8.2.2 建立固定资产折旧模型

案例 8.3

案例背景: 同[案例 8.1]。

要求(1): 以机器设备为例,建立固定资产折旧静态模型。

公式及计算结果如图 8-10 所示。

	A	B	C	D
1				
2		固定资产折旧模型		
3	原始成本	25 000		
4	使用年限	5		
5	残值	300		
6				
7	年份	平均法年限法	年数总和法	双倍余额递减
8	1	¥4 940.00	¥8 233.33	¥10 000.00
9	2	¥4 940.00	¥6 586.67	¥6 000.00
10	3	¥4 940.00	¥4 940.00	¥3 600.00
11	4	¥4 940.00	¥3 293.33	¥2 550.00
12	5	¥4 940.00	¥1 646.67	¥2 550.00
13	合计	¥24 700.00	¥24 700.00	¥24 700.00
14	公式	B8=SLN($B$3,$B$5,$B$4) 向下复制至B12单元格		
15		C8=SYD($B$3,$B$5,$B$4,A8)向下复制至C12单元格		
16		D8=DDB($B$3,$B$5,$B$4,A8)向下复制至D10单元格		
17		D11=SLN($B$3-$D$8-$D$9-$D$10,$B$5,2)		
18		D12=SLN($B$3-$D$8-$D$9-$D$10,$B$5,2)		

图 8-10 固定资产折旧静态模型

需要注意的是，双倍余额递减法后 2 年是按照折旧余额，用平均年限法计算的。

要求(2)：建立按月动态查询固定资产折旧模型。

公式及计算结果，如图 8-11 所示。

D	E	F	G	H
	月份	平均年限法	年数总和法	双倍余额递减法
	16	￥411.67	￥607.38	￥501.15
	公式	F3=SLN(B3,B5,B4*12)	G3=SYD(B3,B5,B4*12,E3)	
		H3=IF(E3<=36,DDB(B3,B5,B4*12,E3),SLN(B3-SUM(D8:D10),B5,24))		

图 8-11　按月查询固定资产折旧

其中，添加控件(详见任务 1.5)并设置控件格式，如图 8-12 所示。H3 单元格公式的含义是前 3 年(36 个月)按双倍余额递减法计算折旧，后 2 年按直线法计算折旧。

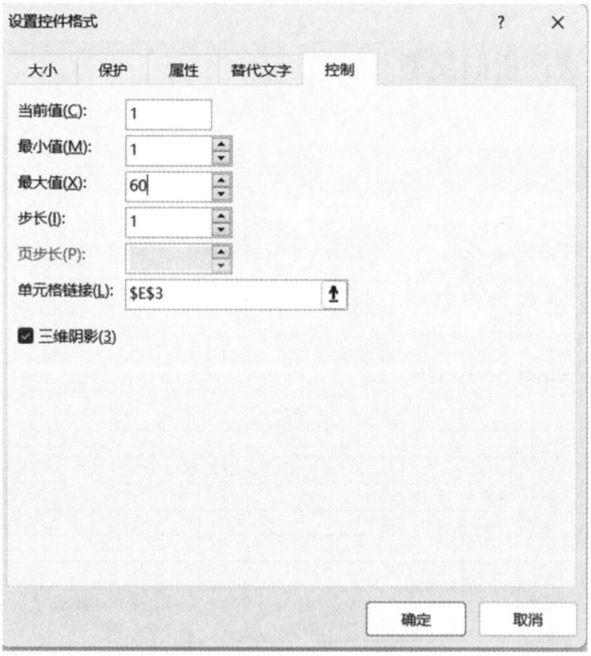

图 8-12　控件参数设置

要求(3)：制作固定资产折旧动态柱形图。

公式及计算结果如图 8-13 和图 8-14 所示。

其中：图表标题文本框的设置为" = 折旧模型!$B$19"，这样标题也动态地显示出三种不同的折旧方法。

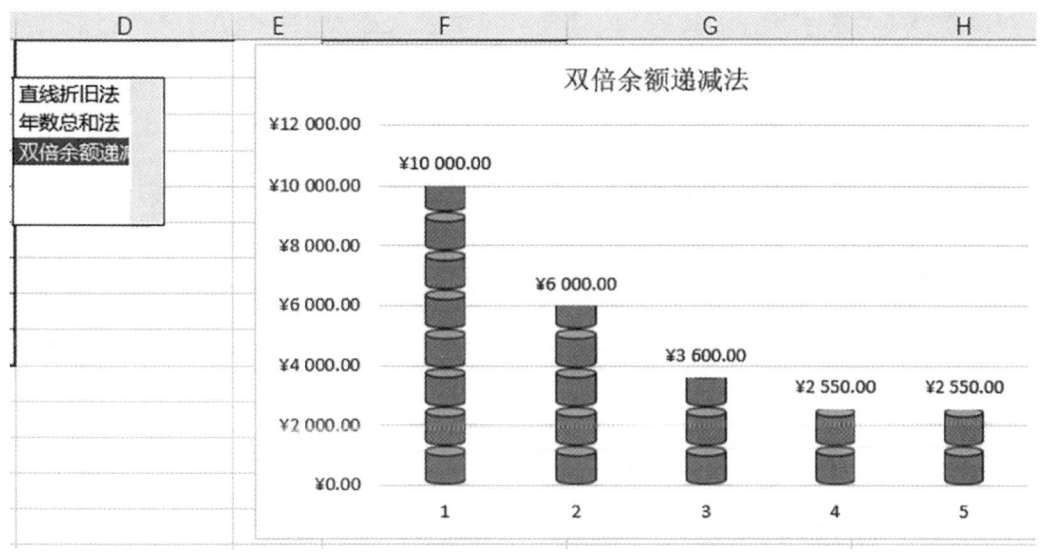

图 8-13　动态图区域设置

图 8-14　动态柱形图

8.3　固定资产折旧模拟运算表

案例 8.4

案例背景：同［案例 8.1］。

要求(1)：以年数总和法为例，建立固定资产折旧模拟运算表。

其中，月份可以是 1～60 个月中的任意月份，其中"＝G3"是复制 G3 单元格的公式。

操作步骤如下：

选中 J4:K14 单元格区域，单元"数据"→"模拟分析"→"模拟运算表"，在弹出的"模拟运算表"对话框中，做如图 8-15 的设置，单击"确定"即可。运算结果，如图 8-16 所示。

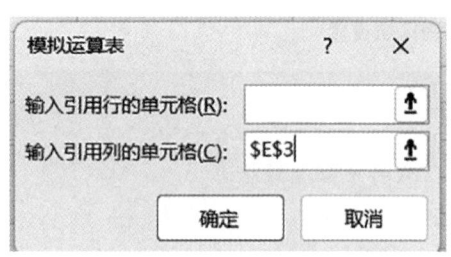

图 8-15　模拟运算表参数设置　　　　　图 8-16　模拟运算表结果

要求(2)：计算按月累计折旧额。

以双倍余额递减法为例，其中，模拟运算表的建立与[案例 8.4]建立固定资产折旧模拟表相同。

公式及计算结果，如图 8-17 所示。

	M	N	O	P	Q	R
1						
2		月折旧额	累计折旧额			
3		¥501.15		公式		
4	1	¥833.33	¥833.33	=N4		
5	2	¥805.56	¥1 638.89	=O4+N5	向下复制公式	
6	3	¥778.70	2 417.592 593			
7	4	¥752.75	3 170.339 506			
8	5	¥727.66	3 897.994 856			
9	6	¥703.40	4 601.395 027			
10	7	¥679.95	5 281.348 527			
11	8	¥657.29	5 938.636 909			
12	9	¥635.38	6 574.015 679			
13	10	¥614.20	7 188.215 156			
14	11	¥593.73	7 781.941 318			
15	12	¥573.94	8 355.876 607			

图 8-17　月累计折旧额

 **实战演练**

和顺有限公司 2025 年 1 月 31 日有关固定资产的资料,如表 8-1 所示。

表 8-1　固定资产概况

项目	取得时间	金额(元)	预计使用年限(年)	预计净残值率
机器设备	2018 年 5 月 20 日	300 000.00	10	0.30%
办公设备	2019 年 3 月 5 日	80 000.00	5	0.50%
建筑物	2019 年 8 月 13 日	90 000 000.00	50	0.02%

要求:利用折旧函数,采用年限平均法、双倍余额递减法以及年数总和法分别计算各项固定资产的年折旧额和月折旧额,并构建固定资产年折旧额的动态模型。

最佳现金持有量模型

知识目标

(1) 理解存货模式、随机模式和现金周转模式各自的基本原理、假设条件和适用范围。

(2) 掌握每种模式下最佳现金持有量模型的构建方法。

能力目标

(1) 能够收集、整理和分析企业的历史财务数据,如现金流量、收入、支出以及市场环境等相关数据。

(2) 根据企业的实际情况和特定需求,选择合适的模型或结合多种模型进行构建,以准确反映企业的现金持有量动态变化。

(3) 将构建好的模型应用于实际决策中,根据模型结果调整现金持有量,优化企业的现金流管理。

素质目标

(1) 经济伦理与道德责任。企业在追求经济效益的同时,也应关注社会责任和道德风险,避免因为过度追求现金流而忽视了对员工、消费者和社会的责任。

(2) 诚信与法治。库存现金的管理和使用需要遵循法律法规,这体现了诚信和法治的原则。引导学生理解在财务管理中诚信和法治是如何保障企业稳健运营和社会和谐的。

9.1 最佳现金持有量基础理论

9.1.1 最佳现金持有量的定义

最佳现金持有量又称最佳现金余额,是指现金在满足生产经营需要的同时,使现金使用的效率和效益达到最高时的现金最低持有量。即能够使现金管理的机会成本与转换成本之和保持最低的现金持有量。

9.1.2 综合现金管理成本

9.1.2.1 机会成本

机会成本是指企业为从事某项经营活动而放弃另一项可能产生收益的经营活动的机会或利用一定资源获得某种收入时所放弃的另一种收入。机会成本与现金的持有量成正比,持有量越大,机会成本就越高。

9.1.2.2 转换成本

转换成本是指企业用现金购买有价证券或者将有价证券转换为现金所发生的交易费用,包括经济成本(如买卖证券支付的佣金、手续费和进行证券交易支付的税金等)和非经济成本(如时间、精力和情感等)。

9.1.2.3 短缺成本

短缺成本是指企业在发生现金短缺的情况下可能造成的损失。短缺成本与现金持有量成反比,现金持有量越大,短缺成本越小。

9.1.2.4 管理成本

管理成本是指企业因为持有一定数量的现金而发生的管理费用,包括出纳人员的工资和企业保管现金发生的安全费用等。管理成本一般具有固定性,在一定的现金余额范围内与现金的持有量关系不大。

机会成本、转换成本、短缺成本和管理成本都是企业在现金管理和投资决策中需要考虑的重要因素。机会成本关注资源的最优配置,转换成本关注客户忠诚度和市场竞争,短缺成本关注现金流的稳定性和安全性,而管理成本则关注现金持有的日常管理费用。企业需要综合考虑这些因素,以实现现金的最优管理和利润的最大化。

9.1.3 最佳现金持有量模式

9.1.3.1 存货模式

1) 存货模式的原理

存货模式是基于现金相关成本之和最低的原则来确定目标现金持有量的模式。这种模式将存货经济订货批量模型原理应用于现金管理,旨在找到使现金管理的机会成本与转换成本之和保持最低的现金持有量。

2) 存货模式的假设前提

(1) 企业的现金流入量和流出量都是稳定并且可以预测的。

(2) 在预测期内,企业的现金需求量是一定的,且不能发生现金短缺。

(3) 企业所需要的现金可通过证券变现取得,且证券变现的不确定性很小。

(4) 证券的利率或报酬率以及每次固定性交易费用可以获悉。

3）存货模式的计算公式

$$Q = \sqrt{\frac{2TF}{K}}$$

其中，Q 代表最佳现金持有量；T 代表一个周期内现金总需求量；F 代表每次转换有价证券的固定成本；K 代表有价证券利息率（机会成本）。

9.1.3.2　现金周转模式

1）现金周转模式的原理

现金周转模式是以现金周转期来确定最佳现金持有量的模式。它是现金从投入生产经营到最终再转化为现金的一个全过程。影响现金周转模式的因素主要有以下几点：

（1）存货周转期是指从原材料采购到产成品销售并收回现金的整个过程所需的时间。较短的存货周转期意味着企业能够更快地将其存货转化为现金，从而提高资金利用效率。

（2）应收账款周转期是指从销售商品或提供服务到收到客户付款之间的时间。较短的应收账款周转期有助于企业更快地回收资金，降低坏账风险，从而增强企业的流动性。

（3）应付账款周转期是指企业从收到商品或服务到支付供应商款项之间的时间。延长应付账款周转期可以为企业争取更多的资金使用时间，相当于一种无息贷款，有助于改善企业的现金流状况。

（4）现金周转天数是指从现金投入生产经营开始，到产成品出售收回现金的时间。

（5）企业年现金需求量是指企业 1 年内预计需要使用的现金总量。通过结合现金周转天数和每日现金需要量，企业可以计算出其年现金需求量，进而确定最佳现金持有量。

2）现金周转模式的假设前提

企业的生产经营应持续稳定，现金支出须均匀稳定，不确定因素少；未来年度的现金总需求量可以根据产销计划较准确地预计；未来年度与历史年度的周转效率基本一致或其变化率可以预计。

3）现金周转模式的计算公式

现金周转期 = 存货周转期 + 应收账款周转期 − 应付账款周转期

现金周转率 = 计算期天数 ÷ 现金周转期

最佳现金持有量 = 预计现金年需求总量 ÷ 现金周转率

9.1.3.3　随机模式

1）随机模式的原理

随机模式是在现金需求难以准确预测的情况下，用于确定企业最佳现金持有量的模式。该模式通过制定一个现金控制区域，即确定现金持有量的上限和下限，以及一个目标现金余额(现金回归线),来管理企业的现金持有量。

确定控制范围,即企业根据历史经验和未来预测,设定一个现金持有量的控制范围,包括现金持有量的上限(H)和下限(L)。这个范围旨在确保企业既不过多持有现金而增加机会成本,也不过少持有现金而导致流动性风险。

目标现金余额又称现金回归线,即在控制范围内,企业还需要确定一个目标现金余额(R)。这是企业希望维持的理想现金持有量水平。

动态调整,即当企业的现金余额达到上限时,将多余的现金转换为有价证券,如债券或股票,以降低现金持有量;当现金余额降至下限时,则通过出售有价证券来补充现金,使其回升到目标现金余额水平。

2)随机模式的计算公式

随机模式的计算公式主要用于确定目标现金余额、现金持有量上限和下限。

$$R = \sqrt[3]{\frac{3b\sigma^2}{4i}} + L$$

其中,R 代表目标现金余额;b 代表每次金融资产的固定转换成本,如交易手续费等;σ 代表现金净流量的标准差,反映了企业现金流量的波动性;i 代表金融资产的日利息率,反映了持有现金的机会成本;L 代表现金持有量的下限。

$$现金持有量上限\ H = 3R - 2L$$

需要注意的是,随机模式适用于现金流量波动较大、难以准确预测的企业。在实际应用中,企业需要根据自身情况调整公式中的参数,如固定转换成本和日利息率等。除了考虑成本最小化,企业还需要考虑其他因素,如流动性需求和风险管理等。

9.2 现金持有量动态模型设计——存货模式

 案例 9.1

案例背景:长风有限责任公司 2025 年的相关指标如下:

有价证券利率:假设公司持有的有价证券(如短期债券)的年利率为 3%。

全年现金需求量:假设根据公司的预测和计划,全年现金需求量为 3 920 000 元。

有价证券转换成本:每次将有价证券转换为现金时,需要支付一定的交易成本,假设每次转换成本为 1 200 元。

要求:根据上述资料建立最佳现金持有量动态模型。

操作步骤如下:

(1)建立相应的工作簿与工作表(略)。

（2）设计最佳现金持有量模型，并输入基本信息，如图 9-1 所示。

	A	B
1	**最佳现金持有量模型**	
2	项目	
3	有价证券利率	3%
4	全年现金需求量（元）	3 920 000
5	有价证券转换成本（元/次）	1 200
6	一年内变现次数（次）	
7	最佳现金持有量（元）	
8	**相关成本计算**	
9	机会成本	
10	交易成本	
11	相关总成本	

图 9-1　最佳现金持有量模型

（3）计算最佳现金持有量和相关成本（公式法），如图 9-2 所示。

	A	B	C
1	**最佳现金持有量模型**		计算公式
2	项目		
3	有价证券利率	3%	
4	全年现金需求量（元）	3 920 000	
5	有价证券转换成本（元/次）	1 200	
6	一年内变现次数（次）	7	B4/B7
7	最佳现金持有量（元）	560 000	SQRT(2*B4*B5/B3)
8	**相关成本计算**		
9	机会成本	8 400	B7/2*B3
10	交易成本	8 400	B6*B5
11	相关总成本	16 800	B9+B10

图 9-2　计算公式

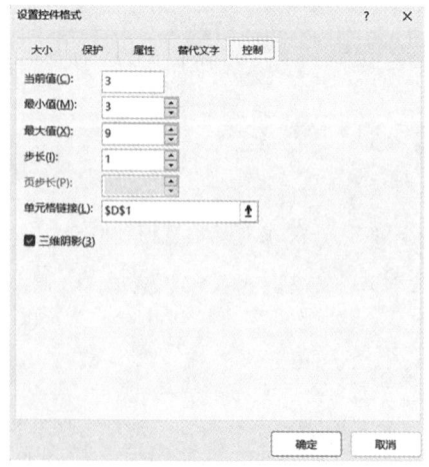

图 9-3　控件格式参数设置

（4）动态显示有价证券利率从 3% 至 9% 时，现金持有量的变动情况。

单击"开发工具"→"插入"→"数值调节钮"，滑出按钮后（在工作表的适当位置单击并拖动鼠标，以绘制出所需大小的数值调节钮。释放鼠标后，该控件将被放置在选定位置），单击右键，选择"设置控件格式"命令，在弹出的对话框中，做如图 9-3 的设置。

将 B3 单元格设置为公式"＝D1/100"，按滚动按钮，即可显示出有价证券利率从 3% 至 9% 时，现金持有量的变动情况，如图 9-4 所示。

B3		fx	=D1/100	
	A		B	C
1	最佳现金持有量模型			计算公式
2	项目			
3	有价证券利率		9%	
4	全年现金需求量（元）		3 920 000	
5	有价证券转换成本（元/次）		1 200	
6	一年内变现次数（次）		12	B4/B7
7	最佳现金持有量（元）		323 316.150 7	SQRT(2*B4*B5/B3)
8	相关成本计算			
9	机会成本		14 549.226 78	B7/2*B3
10	交易成本		14 549.226 78	B6*B5
11	相关总成本		29 098.453 57	B9+B10

图 9-4　利率变动情况

需要注意的是，全年现金需求量与有价证券转换成本也可以给出一个变动范围，作动态显示。

（5）形成有关现金持有量变动的模拟表与三种成本的 XY 散点图，并添加标签等元素。

分别复制 B9、B10、B11 公式至 F2、G2、H2 单元格，如图 9-5 所示。

	E	F	G	H
1		机会成本	交易成本	总成本
2		8 400	8 400	16 800
3	200000	3 000	23 520	26 520
4	300000	4 500	15 680	20 180
5	400000	6 000	11 760	17 760
6	500000	7 500	9 408	16 908
7	560000	8 400	8 400	16 800
8	700000	10 500	6 720	17 220
9	800000	12 000	5 880	17 880
10	900000	13 500	5 226.666 7	18 726.667
11	1000000	15 000	4 704	19 704
12	1100000	16 500	4 276.363 6	20 776.364
13	1200000	18 000	3 920	21 920
14	1300000	19 500	3 618.461 5	23 118.462
15	1400000	21 000	3 360	24 360
16	1500000	22 500	3 136	25 636
17	1600000	24 000	2 940	26 940

图 9-5　模拟运算表

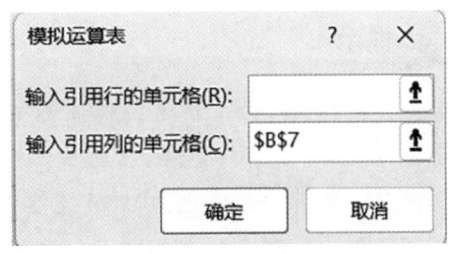

模拟运算表 ? ×

输入引用行的单元格(R):

输入引用列的单元格(C): $B$7

确定　　取消

图 9-6　参数设置

单击"数据"→"模拟分析"→"模拟运算表"，在弹出的对话框中做如图 9-6 的设置。

选中模拟表，单击"插入"→"图表"→"平滑 XY 散点图"，制作 XY 散点图，并添加"最佳持有量"垂直线，如图 9-7 和图 9-8 所示。

需要注意的是，在图 9-8 中可以自行添加可变动因素按钮，如有价证券转换成本、利率和全年现金需求量，随着这些要素的不同取值，最佳现金持有量也随之变动。

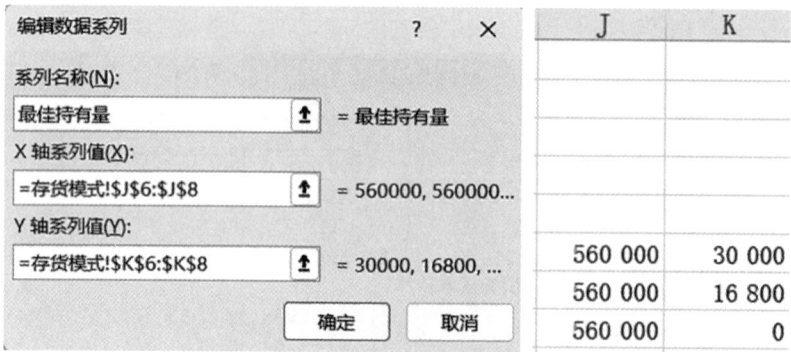

图9-7 添加垂直线

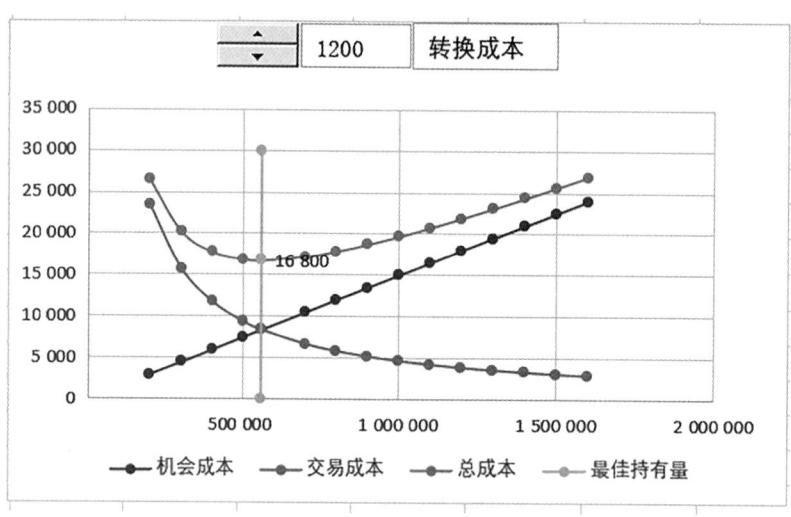

图9-8 三种成本模拟图

 提示

传统的现金持有量模型往往基于静态参数,难以适应复杂多变的动态经济环境。通过 Excel 控件,可以设定相关参数为动态数值,使得模型能够更准确地反映实际经济环境中的变化。Excel 控件允许修改和调整模型中的参数,从而快速生成不同条件下的现金持有量方案。这种灵活性,使得模型更加适应不同企业的特定需求。

(6) 利用规划求解,计算最佳现金持有量。

单击"数据"→"规划求解",做如图9-9的参数设置,单击"求解"按钮即可。

需要注意的是,利用规划求解求出的最佳现金持有量,不能做动态模型设置。

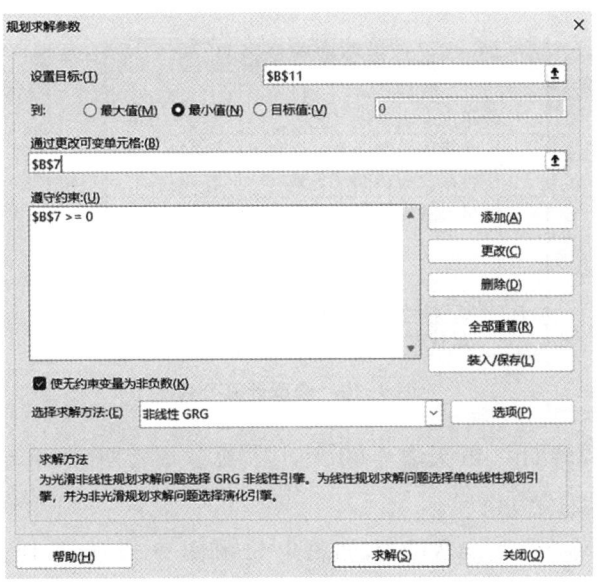

图 9-9 参数设置

提示

　　存货模式通过平衡现金的机会成本和转换成本,帮助企业找到最佳的现金持有量。这有助于企业降低现金管理的总成本,提高资金使用效率,同时确保企业有足够的现金来满足日常经营和应对潜在风险。

9.3 现金持有量动态模型设计——现金周转模式

案例 9.2

　　案例背景:长风有限责任公司 2025 年的相关指标如下:

存货周转期:假设长风有限责任公司的存货周转期为 30 天。

应收账款周转期:假设为 45 天。

应付账款周转期:假设为 60 天。

全年现金需求量:假设根据公司的预测和计划,全年现金需求量为 3 920 000 元。

要求:根据上述资料建立最佳现金持有量动态模型。

操作步骤如下:

(1) 建立相应的工作簿与工作表(略)。

(2) 设计最佳现金持有量模型,并输入基本信息及计算公式,如图 9-10 所示。

	A	B	C
1	**最佳现金持有量模型**		计算公式
2	项目		
3	全年现金需求量（元）	3 920 000	
4	存货周转期（天）	30	
5	应收账款周转期（天）	45	
6	应付账款周转期（天）	60	
7	**相关计算**		
8	现金周转期	15	B4+B5-B6
9	现金周转率（次/年）	24	360/B8
10	最佳现金持有量	163 333.33	B3/B9

图 9-10　模型计算公式

（3）应收账款周转期由 45 天增至 60 天，应付账款周转期由 60 天减至 30 天，用柱形图，体现现金持有量的变动情况。

添加按钮同[案例 9.1]，参数设置，如图 9-11 和图 9-12 所示；现金持有量的柱形图，如图 9-13 所示。

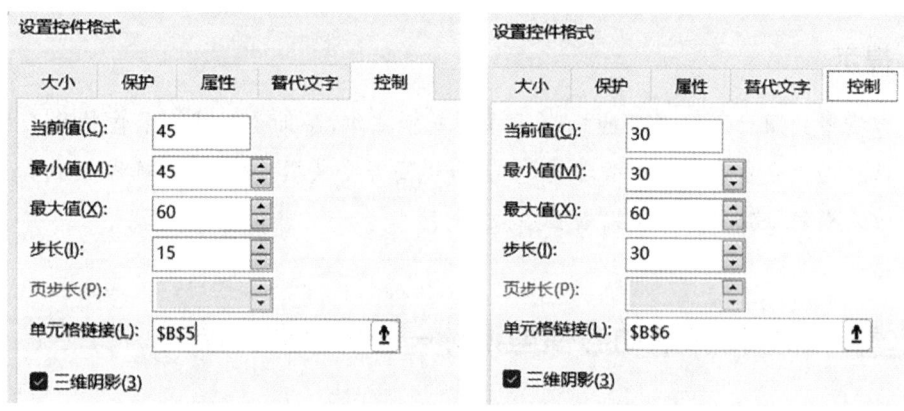

图 9-11　应收账款周转期参数设置　　图 9-12　应付账款周转期参数设置

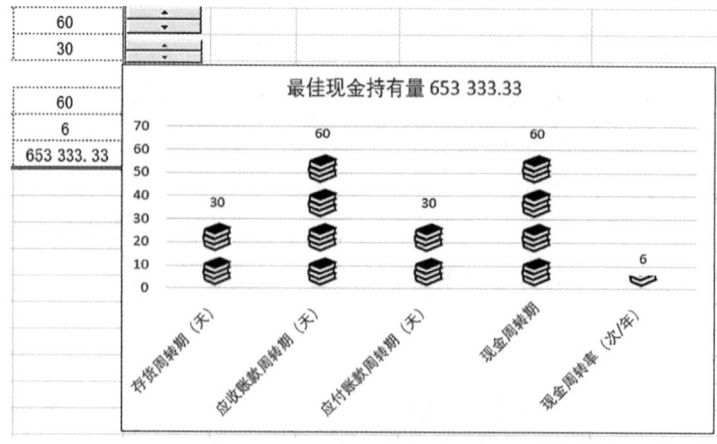

图 9-13　柱形变动图

提示

现金周转期是衡量企业运营效率的重要指标之一。较短的现金周转期意味着企业能够更快地将销售额转化为现金，表明企业具备良好的运营能力。反之，如果现金周转期过长，可能意味着企业管理效率低，资金利用不够充分。

9.4 现金持有量动态模型设计——随机模式

案例9.3

案例背景： 双城有限责任公司由于每日现金需求波动较大难以准确预测，为了维持日常运营和应对突发情况，企业决定采用随机模型来确定最佳现金持有量的区间，包括现金存量的下限（L）和上限（H）。

已知条件如下：

有价证券的日利息率（i）：假设为3%。

每次有价证券的固定转换成本（b）：每次转换需支付经纪费用100元。

预期每日现金余额变化的标准差（σ）：根据历史数据，计算得到标准差为20 000元。

企业最低现金需求（L）：为保证日常运营，最低需要保持50 000元现金。

要求： 根据上述资料建立最佳现金持有量动态模型。

操作步骤如下：

（1）建立相应的工作簿与工作表（略）。

（2）设计最佳现金持有量模型，并输入基本信息及计算公式，如图9-14所示。

	A	B	C
1	最佳现金持有量		公式
2	有价证券的日利息率（i）	3%	
3	每次有价证券的固定转换成本（b）	100	
4	预期每日现金余额变化的标准差（σ）	20 000	3
5	企业最低现金需求（L）	50 000	
6	现金最优返回线（R）	60 000	POWER((3*B3*B4^2)/(4*B2),1/3)+B5
7	现金持有量的上限（H）	80 000	3*B6-2*B5

图9-14 模型构建及公式

（3）有价证券的日利息率由1%增至10%，步长为1，每次有价证券的固定转换成本由100增至150，步长为10，用条形图体现现金持有量的变动情况，如图9-15所示。

其中,控件设置参考[案例 9.1]。

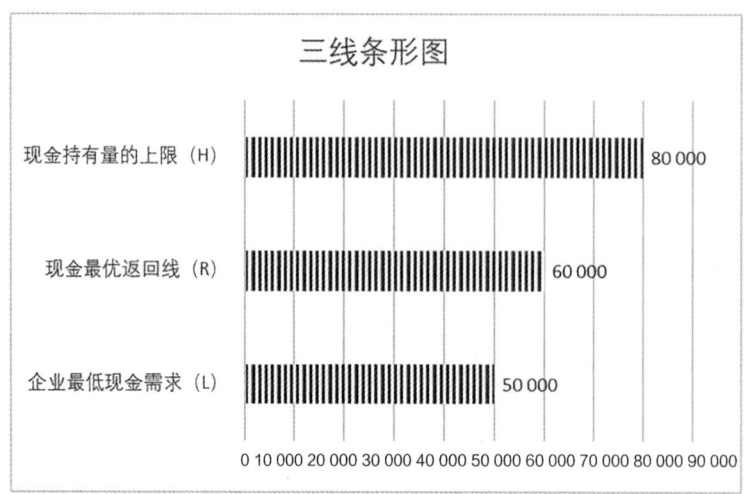

图 9-15　R H L 三线条形图

 **实战演练**

　　背景信息:大江机械制造厂面临日益复杂的经济环境和市场波动,其现金流入和流出表现出较大的不确定性。为了更有效地管理其现金持有量,企业决定采用动态模型来确定最佳现金持有量。该企业预计全年(按 360 天计算)的现金需求量在 400 000～450 000 元波动,且预计现金与有价证券的每次转换成本为 120～140 元。此外,有价证券的年利率为 4%～12%。

　　要求:请根据企业情况,设计一套动态模型来计算最佳现金持有量。

经济订货批量模型

 知识目标

(1) 掌握经济订货批量模型的核心概念,即如何通过计算确定最优订货批量,以实现总成本(包括订货成本和储存成本)的最小化。

(2) 熟悉经济订货批量模型的基本公式,包括如何根据年需求量、每次订货成本和单位存货年储存成本等参数,计算最优订货批量。

(3) 理解保险储备量的概念,学会将保险储备量的计算问题转化为一个可以通过"规划求解"工具解决的优化问题。

 能力目标

(1) 运用经济订货批量模型对企业库存成本进行量化分析,找出降低成本的有效途径。

(2) 利用"规划求解"工具,通过调整决策变量(如保险储备量)来优化目标函数(如最小化总成本)。

 素质目标

(1) 培养成本意识与效益观念。通过经济订货批量模型的讲解,让学生深刻理解成本(包括订货成本、持有成本和缺货成本)与效益之间的平衡关系;引导学生认识到,在追求库存成本最小化的同时,也要考虑到企业的整体运营效益,包括客户满意度和市场反应速度等。从而,培养学生的成本意识和效益观念,学会在复杂经济环境中做出合理决策。

(2) 强化数据驱动决策的能力。在经济订货批量模型的应用过程中,强调数据收集、整理和分析的重要性。通过实际案例或模拟练习,让学生运用 Excel 工具进行数据分析,培养他们基于数据做出决策的能力。

10.1 经济订货批量模型概述

10.1.1 经济订货批量模型的概念

经济订货批量模型是一种旨在确定企业单次订货（无论是外购还是自制）数量的方法，其核心目的在于通过有效平衡订货成本与储存成本，实现总成本的最小化。

订货成本是指企业为了订购和接收货物或服务而发生的各项费用。这些费用通常与订货次数直接相关，而与订货批量的大小关系不大（尽管在某些情况下，如运输费用可能会随着订货量的增加而有所变化，但在经济订货批量模型中，这些费用通常被视为常数或固定值）。

储存成本是指企业在储存存货过程中发生的各种费用支出，这些费用支出可以根据其与储存存货数量和储存时间的关系，分为变动性储存成本和固定性储存成本两部分。

10.1.2 经济订货批量模型的假设

经济订货批量模型基于以下假设：

（1）存货年需要量是已知且稳定的。

（2）货物均一次性到达，不考虑陆续到货。

（3）不考虑数量折扣。

（4）不会发生缺货。

（5）存货单价稳定且已知。

（6）企业能够及时补充存货，即需要订货时便可立即取得存货。

（7）企业现金充足，不会因为现金短缺而影响进货。

（8）所需存货市场供应充足。

10.1.3 经济订货批量模型的成本构成与公式

1）经济订货批量模型的成本构成

（1）采购成本

$$采购成本 = 存货单价(p) \times 存货年需要量(D)$$

在经济订货批量模型中，采购成本通常被视为固定成本，不直接影响订货批量的决策。

（2）储存成本

$$储存成本 = 订货批量(Q)/2 \times 单位存货年储存成本(C)$$

需要注意的是,由于平均库存量为订货批量的一半,故计算时需除以 2。

(3) 订货成本

$$订货成本 = 存货年需要量(D)/ 订货批量(Q) \times 每次订货成本(K)$$

随着订货批量的增加,订货次数减少,但每次订货的成本固定,因此,总订货成本与订货批量成反比。

(4) 总成本

$$总成本 = 采购成本 + 储存成本 + 订货成本$$

在经济订货批量模型中,需要找到使总成本最小的订货批量。

2) 经济订货批量模型公式

$$Q = \sqrt{\frac{2DS}{H}}$$

其中,Q 代表经济订货批量,即每次订货的数量;D 代表年需求量(单位/年);S 代表每次订货成本(元/次);H 代表单位商品的年储存成本(元/单位/年)。

此公式通过平衡订货成本和储存成本来找到最优的订货批量。订货成本随着订货批量的增加而减少(因为订货次数减少),但储存成本随着订货批量的增加而增加(因为库存水平更高)。经济订货批量模型就是找到两者之间的平衡点。

10.2 最佳经济订货批量动态模型设计

最佳经济订货批量是指使存货的相关总成本达到最低点的订货数量。它通过平衡采购进货成本和保管仓储成本核算,以实现总库存成本最低的最佳订货量。

 案例 10.1

案例背景: 华联有限公司每年需要耗用甲材料 28 800 吨,该材料的单位采购成本为 2 000 元,储存成本为 300 元/吨,平均每次进货费用 200 元。模型设计的假设条件均满足。

要求: 根据上述资料,建立最佳经济订货批量动态模型。

操作步骤如下:

(1) 新建工作簿与工作表,设置经济订货模型,并对其格式进行优化,输入有关数据,如图 10-1 所示。

(2) 已知全年订货次数“ = 全年材料需求量/每次订货批量”。计算公式与结果,如图 10-2 所示。

▲	A	B
1	经济订货模型	
2	项目	数值
3	全年材料需求量（吨）	28 800
4	每次订货费用（元/次）	200
5	单位存货储存成本（元/吨）	300
6	全年订货次数	
7	每次订货批量（吨）	
8	相关成本计算	
9	订货费用	
10	储存成本	
11	相关总成本	

图 10-1　经济订货模型

▲	A	B	C
1	经济订货模型		
2	项目	数值	公式
3	全年材料需求量（吨）	28 800	
4	每次订货费用（元/次）	200	
5	单位存货储存成本（元/吨）	300	
6	全年订货次数	147	B3/B7
7	每次订货批量（吨）	196	SQRT((2*B3*B4)/B5)
8	相关成本计算		
9	订货费用	29 394	B6*B4
10	储存成本	29 394	B5*B7/2
11	相关总成本	58 788	B9+B10

图 10-2　模型计算公式

（3）建立成本计算的模拟运算表。

第一，在 E3 单元格中输入" = B11"，在 F3 单元格中输入" = B9"，在 G3 单元格中输入" = B10"，如图 10-3 所示。

▲	D	E	F	G
1	成本计算模拟运算表			
2	每次订货量	相关总成本	订货费用	储存成本
3		58 788	29 394	29 394
4	50			
5	100			
6	150			
7	200			
8	250			
9	300			
10	350			
11	400			

图 10-3　设置模拟运算表

第二，选中 D3:G11 单元格区域，选择"数据"→"模拟分析"→"模拟运算表"命令，在"模拟运算表"对话框的"输入引用列的单元格"中输入" $B$7"，如图 10-4 所示。单击"确定"按钮，计算结果如图 10-5 所示。

图 10-4　"模拟运算表"对话框

需要注意的是,不要改变模拟运算表中的数据,否则可能会出现 Excel 工作簿无法操作的现象,此时按"Esc"键可以退出。

	D	E	F	G
1		成本计算模拟运算表		
2	每次订货量	相关总成本	订货费用	储存成本
3		58 788	29 394	29 394
4	50	122 700	115 200	7 500
5	100	72 600	57 600	15 000
6	150	60 900	38 400	22 500
7	200	58 800	28 800	30 000
8	250	60 540	23 040	37 500
9	300	64 200	19 200	45 000
10	350	68 957	16 457	52 500
11	400	74 400	14 400	60 000

图 10-5 "模拟运算表"计算结果

(4) 制作成本与订货批量关系的散点图。

第一,选中 D2:G2 和 D4:G11 单元格区域,选择"插入"→"推荐的图表"→"查看所有图表"命令,选择"XY 散点图"→"带平滑线的散点图",如图 10-6 所示。单击"确定"按钮,插入图表。

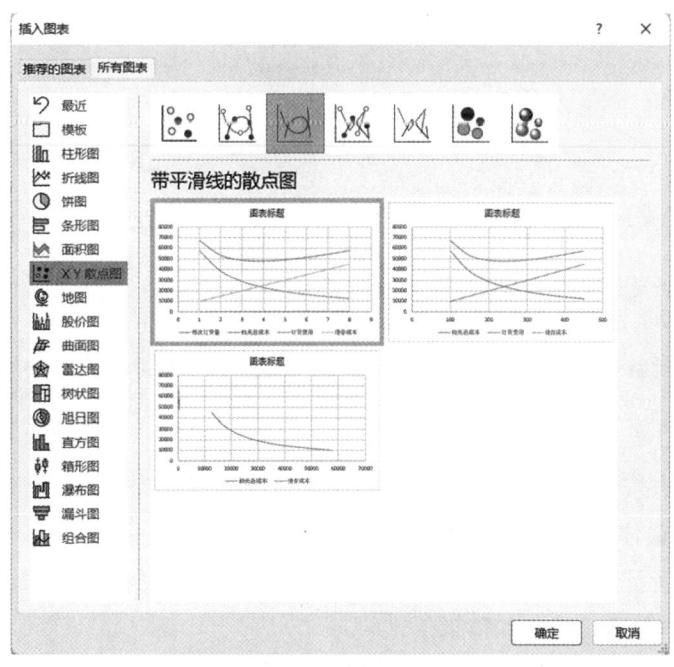

图 10-6 插入图表

第二,选中图表区,选择"图表设计"→"添加图表元素"→"图表标题"→"图表上方"命令,更改图表标题为"相关总成本与订货批量的关系",字体为"黑体",字号为"14"。

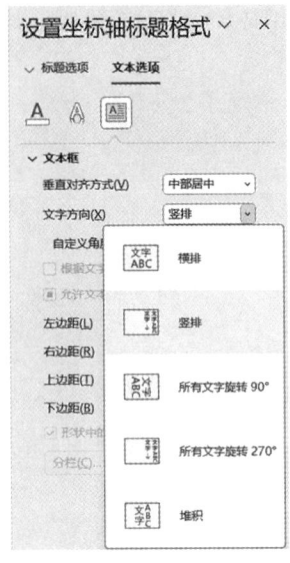

图 10-7　设置坐标轴文字方向

第三,选中图表区,选择"图表设计"→"添加图表元素"→"坐标轴标题"→"主要横坐标轴"命令,更改水平轴标题为"订货批量",字体为"黑体",字号为"14"。选择"图表设计"→"添加图表元素"→"坐标轴标题"→"主要纵坐标轴"命令,更改垂直轴标题为"成本",字体为"黑体",字号为"14",文字方向为"竖排"。设置横(纵)坐标标题时,可双击横(纵)坐标标题文字,工作表右侧会弹出"设置坐标轴标题格式"对话框,坐标轴文字方向设置方式,如图 10-7 所示。

(5)添加最佳订货量垂直线。选中"图表区",单击右键"选择数据",在弹出的"选择数据源"对话框中,单击"添加"按钮,做如图 10-8 所示的设置。

图 10-8　添加订货量垂直线

 提示

　　最佳订货批量会随着全年订货需要量、单位采购成本和单位储存成本的变动而变动。

(6)添加动态按钮。在每次订货成本从 150~300 元不等的情况下,观察最佳订货批量的变动情况。最佳订货批量动态图如图 10-9 所示。

(7)经济订货批量确认的"规划求解法"。在经济订货量的确认中,目标通常是总成本最小化,该成本包括订货成本和储存成本。

第一,单击"数据"→"规划求解"命令,在"规划求解参数"对话框的"设置目标"栏输入"$B$11","到"选择项中选择"最小值",在"通过更改可变单元格"栏输入"$B$7"。然后增加约束条件,单击"添加"按钮,输入"$B$7 = 整数",单击"确定"按钮后,用同样的方式,

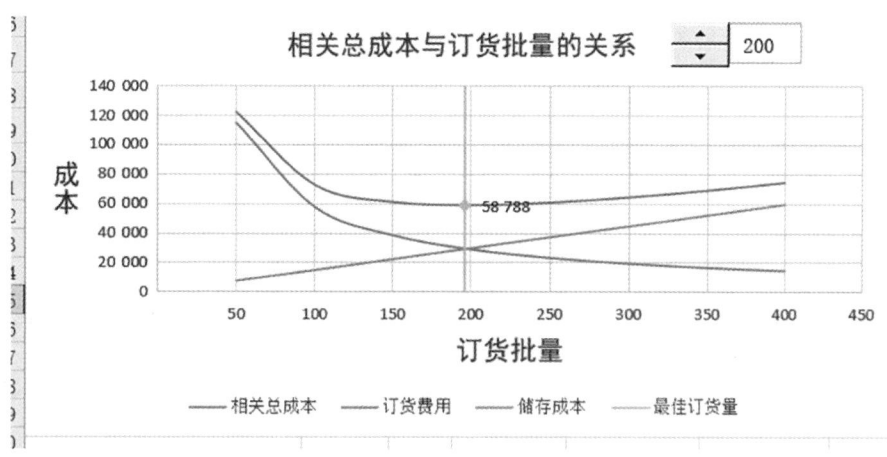

图 10-9　最佳订货批量动态图

增加约束条件"$B$7 <= 28 800",勾选"使无约束变量为非负数",在"选择求解方法"中，选择"非线性 GRG"，如图 10-10 所示。

第二，单击"求解"按钮，弹出"规划求解结果"对话框，选择"保存规划求解的解"，单击"确定"按钮，结果如图 10-11 所示（经济订货量为 196 吨）。

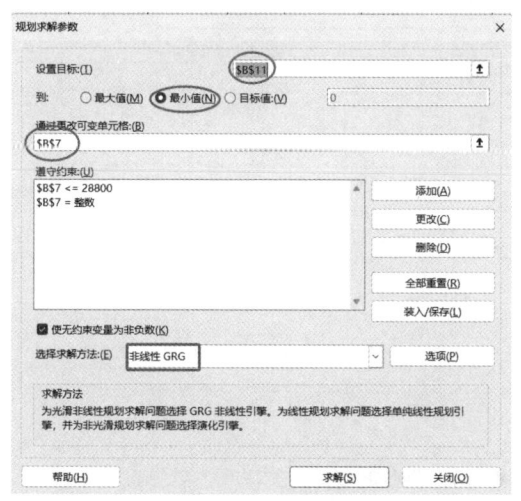

图 10-10　设置规划求解参数

	经济订货模型	
	项目	数值
1	经济订货模型	
2	项目	数值
3	全年材料需求量（吨）	28 800
4	每次订货费用（元/次）	200
5	单位存货储存成本（元/吨）	300
6	全年订货次数	147
7	每次订货批量（吨）	196
8	相关成本计算	
9	订货费用	29 388
10	储存成本	29 400
11	相关总成本	58 788
12		

图 10-11　规划求解结果

10.3　保险储备模型设计

保险储备模型是指在确定经济订货批量或再订货点（ROP）的基础上，为防止交货期内需求量增加或交货延迟而建立的一种额外库存模型。它旨在通过储备一定量的保险库存来降低缺货风险，同时，控制储存成本，使缺货成本和储存成本之和达到最小。

案例 10.2

案例背景： 同[案例 10.1]，假设甲材料从订货到交货的时间为 5 天，单位缺货成本为 200 元，交货期内的存货消耗量及其概率分布，如表 10-1 所示。

要求： 设计企业最佳保险储备模型。

表 10-1 交货期内甲材料需求量及其概率分布

需要量	330	350	370	390	410	430	450
概率	0.01	0.03	0.3	0.6	0.03	0.02	0.01

操作步骤如下：

（1）设置保险储备模型项目，并对其格式进行优化，假设保险储备量为 20 吨，输入其他有关数据，如图 10-12 所示。

图 10-12 经济订货模型（考虑保险储备）

（2）由[案例 10.1]计算可知，企业的每次最佳订货批量为 196 吨，在 K9 单元格中输入"196"，在 K10 单元格中输入公式"= K8/K9"。

（3）计算缺货量。在 K4 单元格中输入公式"= IF(K2 <= \$K\$15,0,(K2 − \$K\$15) * K3)"，横向复制该公式计算缺货量。计算总缺货量，在 K5 单元格中输入公式"= SUM(K4:Q4)"。

（4）计算再订货点。在 K15 单元格中输入公式"= K8/360 * K13 + K14"。

（5）计算相关成本。在 K17 单元格中输入公式"= K5 * K10 * K11"，在 K18 单元格中输入公式"= K12 * K14",在 K19 单元格中输入公式"= K17 + K18",如图 10-13 所示。

	J	K	L	M	N	O	P	Q
1	交货期内甲材料需求量及其概率分布							
2	需要量	330	350	370	390	410	430	450
3	概率	0.01	0.03	0.3	0.6	0.03	0.02	0.01
4	缺货量	0	0	0	0	0	0.2	0.3
5	总缺货量	0.5						
6								
7	项目	数值						
8	全年材料需求量（吨）	28 800						
9	每次订货批量（吨）	196						
10	全年订货次数	147						
11	单位缺货成本（元）	200						
12	单位储存成本（元）	300						
13	交货时间（天）	5						
14	保险储备量（吨）	20						
15	再订货点（吨）	420						
16	相关成本计算							
17	缺货成本	14 694						
18	保险储存成本	6 000						
19	年相关总成本	20 694						

图 10-13 计算结果

（6）最佳保险储备量的规划求解法。

第一，单击"数据"→"规划求解"命令，在"规划求解参数"对话框的"设置目标"中输入"\$K\$19"，"到"选择项中选择"最小值"，在"通过更改可变单元格"中输入"\$K\$14"。然后增加约束条件，单击"添加"按钮，增加约束条件"\$K\$14 = 整数"单击"确定"按钮后，用同样的方式增加约束条件"\$K\$14 <= 30"，勾选"使无约束变量为非负数"，在"选择求解方法"中选择"非线性 GRG"，如图 10-14 所示。

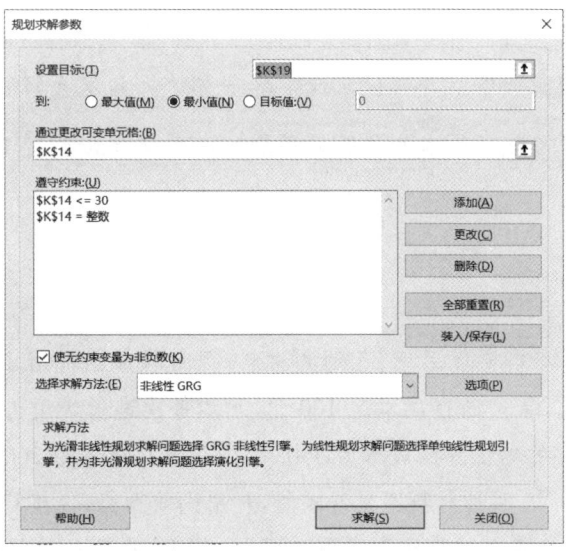

图 10-14 规划求解参数设置

第二，单击"求解"按钮，弹出"规划求解结果"对话框，选择"保存规划求解的解"，单击"确定"按钮，结果如图 10-15 所示，最佳保险储备量为 30 吨。

	J	K
7	项目	数值
8	全年材料需求量(吨)	28 800
9	每次订货批量(吨)	196
10	全年订货次数	147
11	单位缺货成本（元）	200
12	单位储存成本（元）	300
13	交货时间（天）	5
14	保险储备量（吨）	30
15	再订货点（吨）	430
16	相关成本计算	
17	缺货成本	5 878
18	保险储存成本	9 000
19	年相关总成本	14 878

图 10-15　保险储备量计算结果

 提示

案例中，相关计算公式设置的意义如下：

再订货点＝交货时间×日均需求量＋保险储备量

缺货量的计算需要考虑交货期内需要量及其概率和再订货点的大小，总缺货量（平均缺货量）等于各种情况下缺货量之和。

年总成本＝缺货成本＋保险储备成本

缺货成本＝单位缺货成本×平均缺货量×年订货次数

保险储存成本＝保险储备量×单位储存成本

 实战演练

华联有限公司每年需要耗用甲、乙两种材料，甲材料每年耗用 1 650 吨，该材料的单位采购成本为 250 元，单位储存成本为 100 元，平均每次进货费用为 200 元；乙材料每年耗用 3 500 吨，该材料的单位采购成本为 350 元，单位储存成本为 200 元，平均每次进货费用为 400 元。假设甲、乙两种材料不允许缺货，耗用比较均衡，价格稳定。

要求：利用模拟运算表以及规划求解工具，计算甲、乙两种材料的经济订货批量，并生成描述相关成本与订货批量关系的动态图。

筹资预决策模型

 知识目标

(1) 掌握销售百分比法、回归直线法和高低点法等资金需要量预测的基本原理与模型构建方法。

(2) 掌握不同类型资本成本模型的构建方法。

 能力目标

(1) 能够利用销售百分比法、回归直线法和高低点法进行资金需要量的预测。

(2) 能够利用相关财务函数计算筹资的资本成本，做出最优的筹资决策。

 素质目标

(1) 强化财经伦理意识。在筹资预决策模型的构建中，引导学生深入理解诚信筹资的重要性，拒绝虚假包装和误导性陈述，确保筹资活动的透明度和公信力。

(2) 提升社会责任感。筹资活动不仅关乎企业自身的发展，更对社会经济有着深远的影响。在模型设计过程中，鼓励学生考虑筹资行为的社会影响，包括对经济、环境和社会等各方面的潜在影响。通过模拟不同筹资方案的社会效益评估，培养学生的社会责任感，使其能够在追求经济效益的同时，兼顾社会整体利益。

11.1 筹资概述

　　企业筹资是指企业作为筹资主体，根据自身的生产经营、对外投资和优化资本结构等需要，运用各种筹资方式，经济有效地筹措资本的活动。它是企业财务活动的重要组成部分，关乎企业的生存和发展。筹资的目的在于满足企业资金需求，优化资本结构，降低筹资成本，提高资金利用效率。在筹资过程中，企业需要综合考虑各种因素，包括市场环境、企业自身条件、筹资方式及成本等。

企业筹资方式多种多样,按不同标准可划分为多种类型。

11.1.1　权益筹资与债务筹资

1)　权益筹资

企业通过吸收直接投资和发行股票等方式筹集资金,这些资金属于企业的所有者权益。权益筹资的优点在于不需要还本付息,但会稀释原有股东的股权。

2)　债务筹资

企业通过发行债券和向银行借款等方式筹集资金,这些资金属于企业的负债。债务筹资需要按期还本付息,但不会稀释股权。

11.1.2　长期筹资与短期筹资

1)　长期筹资

企业筹集用于长期投资或满足长期资金需求的资金,如长期借款和发行长期债券等。

2)　短期筹资

企业筹集用于短期经营或满足临时性资金需求的资金,如短期借款和商业信用等。

11.1.3　直接筹资与间接筹资

1)　直接筹资

企业不经过银行等金融机构,直接与投资者协商融通资金,如发行股票和债券等。

2)　间接筹资

企业通过银行等金融机构筹集资金,如银行借款和融资租赁等。

11.1.4　内源筹资与外源筹资

1)　内源筹资

企业利用自身内部积累的资金进行筹资,如留存收益和折旧等。

2)　外源筹资

企业从外部筹集资金,包括权益筹资和债务筹资等。

11.2　资金需求量预测模型构建

11.2.1　销售百分比法

销售百分比法是一种预测方法。它基于资金各个项目与销售收入之间的依存关系,同时考虑销售收入的增长情况,来估算企业在计划期内需要从外部额外筹集的资金数额。

运用销售百分比法预测资金需求量的具体步骤如下:

（1）划分敏感性项目和非敏感性项目。将资产负债表上的全部项目划分为敏感性项目和非敏感性项目。敏感性项目是指其金额随销售收入的变动呈同比率变动的项目；非敏感性项目是指其金额不会随着销售收入的增减而成比例变动的项目。

资产类项目中的货币资金、应收账款和存货等，一般都会因销售额的增长而相应地增长，通常称为敏感性项目。

在负债类项目中，短期借款、应付账款和应付票据等短期负债与销售额也存在较为密切的关系，所以称为敏感性项目。长期负债则往往是非敏感性项目。

在所有者权益项目中，留存收益属于内部融资来源，这部分资金的多少取决于净收益的多少和股利支付率的高低。

（2）计算资金需求量。

资金需求量 ＝ 敏感资产金额 × 增长率 － 敏感负债金额 × 增长率 ＋ 新增投资

（3）计算预测期留存收益。

预测期留存收益 ＝ 预测期收入 × 销售净利率 × 利润留存率

（4）计算外部融资需要量。

外部融资额 ＝ 资金需求 － 预测期留存收益

 案例 11.1

案例背景： 华联有限责任公司 2024 年的销售收入为 50 000 万元，销售净利润率为 10%，净利润的 60% 分配给投资者。2024 年 12 月 31 日，华联有限责任公司的资产负债表（简表），如表 11-1 所示。该公司 2025 年的计划销售收入 70 000 万元。为实现这一目标，公司需新增设备一台，价值 6 000 万元。根据历年的财务数据分析，公司流动资产与流动负债随销售额呈同比率增减。假定该公司 2025 年的销售净利率和利润分配政策与上年保持一致。

表 11-1 华联有限责任公司资产负债表（简表）

2024 年 12 月 31 日　　　　　　　　　　　　　　　　　　单位：万元

资产	期末余额	负债及所有者权益	期末余额
货币资金	4 000	应付账款	4 500
应收账款净额	6 000	应付票据	5 500
存货	5 500	长期借款	7 400
固定资产净值	17 400	实收资本	20 000
无形资产	8 000	留存收益	3 500
资产合计	40 900	负债及所有者权益合计	40 900

要求(1)：根据华联有限责任公司资产负债表(简表)，构建 2025 年华联有限责任公司所需的外部资金需求量模型，如图 11-1 所示。

B	C	D	E	F	G	H	I	J
2024年简要资产负债表		单位：万元		7000				
期末余额	负债及所有者权益	期末余额				基斯	报告期（预测期）	增长额	增长率
4 000	应付账款	4 500			项目	2024年	2025年预计（万元）	增长额	增长率
6 000	应付票据	5 500			销售收入	50 000	70 000	20 000	40.00%
5 500	长期借款	7 400			销售净利率	10.00%	10.00%		
17 400	实收资本	20 000			股利支付率	60.00%	60.00%		
8 000	留存收益	3 500			其他资金需求		6000		
40 900	合计	40 900							
资金需要量计算表								
期末余额	是否敏感	负债	期末余额	是否敏感				
4 000	T	应付账款	4 500	T				
6 000	T	应付票据	5 500	T				
5 500	T	长期借款	7 400	F				
17 400	F	实收资本	20 000	F				
8 000	F	留存收益	3 500	F				
15 500		敏感负债合计	10 000						
8 200	预测期留存收益	2 800	外部融资额	5 400				

B16=SUMIF(C11:C15,"T",B11:B15)
E16=SUMIF(F11:F15,"T",E11:E15)
B17=(B16-E16)*J4+H7
D17=H4*H5*(1-H6)
F17=B17-D17

图 11-1　销售百分比法预测资金需求量

要求(2)：如果预测期销售收入由 70 000 元上升至 150 000 元，步长为 10 000 元，显示外部资金需求量的变动情况。

操作步骤如下：

添加按钮、参数设置，如图 11-2 所示。这样，随着预测期销售收入的增长，外部资金需求量由 5 400 万元随之增加至 11 000 万元。

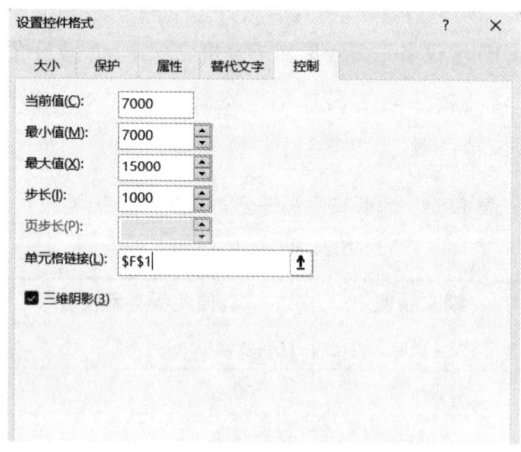

图 11-2　控件格式参数设置

 **思考**

随着销售净利率与股利支付率变动，外部资金需求量将如何变动？

11.2.2 回归直线法

11.2.2.1 资金习性预测法

回归直线法是资金习性预测法中的一种。资金习性预测法是指根据资金同业务量之间的依存关系来预测未来资金需要量的一种方法。资金习性是指资金的变动同产销量（或销售额）变动之间的依存关系。

资金按照习性可以分为不变资金、变动资金和半变动资金。不变资金是指在一定的产销量范围内，不受产销量变动的影响而保持固定不变的那部分资金，包括为维持营业而占用的最低数额的现金，存货的保险储备，厂房、机器设备等固定资产占用的资金；变动资金是指随产销量的变动而同比例变动的那部分资金，一般包括直接构成产品实体的原材料等占用的资金；半变动资金是指虽然受产销量变化的影响，但不成同比例变动的资金，如一些辅助材料占用的资金，半变动资金可采用一定的方法划分为不变资金和变动资金两部分。

11.2.2.2 回归直线方程

回归直线法是指根据过去一定时期的销售量和资金总额，运用反映资金量和销售量之间关系的回归直线方程，并据此确定资金总额中的变动资金和固定资金的一种定量分析方法。其计算公式为 $y = a + bx$，其中，因变量 y 代表预测的资金需要量；a 代表不变资金的部分；b 代表变动资金的部分；自变量 x 则代表销售量（或销售额）。

案例 11.2

案例背景： 华联有限责任公司 2020—2024 年的销售收入与资金占用之间的关系，如表 11-2 所示，2025 年的预计销售收入为 1 000 万元。

表 11-2　销售收入与资金占用关系表

年度	2020	2021	2022	2023	2024
销售额 x（万元）	505	515	495	535	680
资金占用 y（万元）	100	115	125	130	140

要求： 用回归直线法预测该公司 2025 年的资金需求量。

操作步骤如下：

（1）加载宏。单击 Excel 文件选项卡，进入 Excel 选项，单击"加载项"，选择"分析工具库"，如图 11-3 所示。选择"转到"按钮，在弹出的"加载项"对话框中，勾选"分析工具库"选项，单击"确定"按钮，如图 11-4 所示。加载完成后，"数据分析"选项就会出现在"数据"选项卡的"分析"功能区内，如图 11-5 所示。

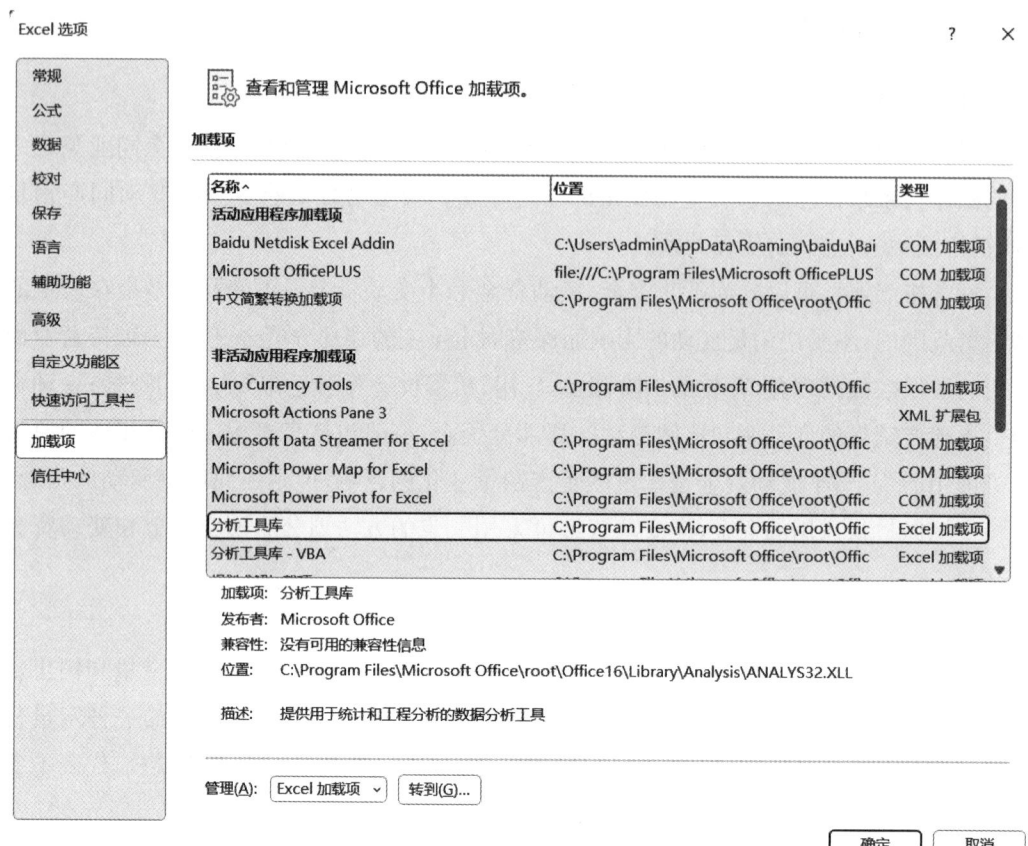

图 11-3　加载分析工具库

图 11-4　加载宏

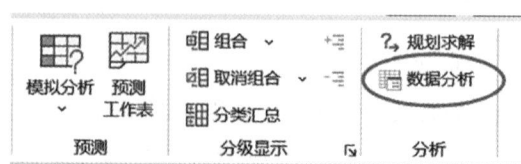

图 11-5　加载后的结果

（2）选择回归分析法。单击"数据"选项卡，选择"数据分析"功能，在弹出的"数据分析"对话框中，选择"回归"，单击"确定"按钮，如图 11-6 所示。

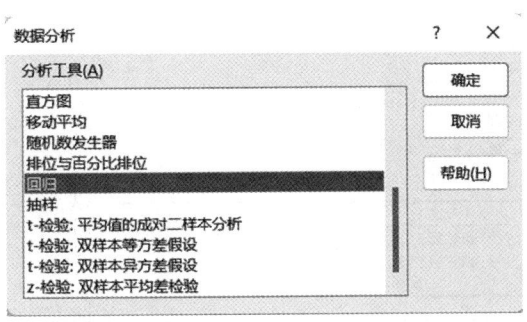

图 11-6　选择"回归"分析法

（3）设置因变量和自变量计算区域。在"回归"对话框的"Y 值输入区域"中，输入因变量指标（资金占用额）"＄B＄4：＄F＄4"，在"X 值输入区域"中，输入自变量指标（销售额）"＄B＄3：＄F＄3"，在"输出区域"中，输入"＄A＄6"，如图 11-7 所示。回归分析输出结果，如图 11-8 所示。

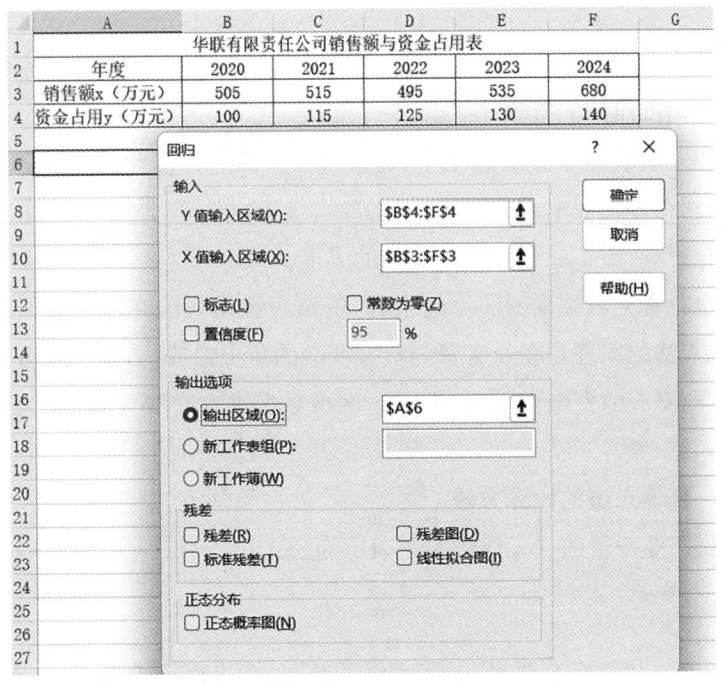

图 11-7　回归公式中自变量与因变量区域的输入

（4）编辑资金预测的线性回归公式 $y = a + bx$。在系统计算的结果中，B26 单元格输出的值为不变资金 a，B27 单元格输出的值为变动资金 b。假设 2025 年的预计销售收入为 1 000 万元，根据以上数据可以构建资金预测的线性公式 $y = 44.970 + 0.141 1 \times 1 000$，得出该公司 2025 年的资金需求量为 186.07 万元。

6	SUMMARY OUTPUT					
7						
8		回归统计				
9	Multiple R	0.706 464 2				
10	R Square	0.499 091 6				
11	Adjusted R Square	-1.666 667				
12	标准误差	12.461 203				
13	观测值	1				
14						
15	方差分析					
16		df	SS	MS	F	gnificance F
17	回归分析	5	464.155 23	92.831 046	2.989 119 5	#NUM!
18	残差	3	465.844 77	155.281 59		
19	总计	8	930			
20						
21		Coefficient	标准误差	t Stat	P-value	Lower 95% Upper 95% 下限 95.0% 上限 95.0%
22	Intercept					-1.588 332 1.588 332 37
23	X Variable 1					0 0
24	X Variable 2					0 0
25	X Variable 3					1.25E-306 1.246E-306
26	X Variable 4	44.969 983	44.901 34	1.001 528 7	0.390 370 6	-97.926 12 187.866 1 -97.926 12 187.866 087
27	X Variable 5	0.141 080 6	0.081 601	1.728 907	0.182 268 9	-0.118 61 0.400 772 -0.118 61 0.400 771 56
28						

图 11-8　回归分析输出结果

11.2.3　高低点法

11.2.3.1　高低点法的概念

高低点法是一种在若干连续时期中,通过选择最高业务量和最低业务量两个时点的数据,来对比并求得变动成本和固定成本的方法。它主要用于分解半变动成本,即那些虽然受业务量变化影响,但不完全按比例变动的成本。

高低点法也是资金习性预测法中的一种(资金习性预测法在回归直线法中已经进行了介绍)。高低点法的原理是在业务量与资金变动的历史数据中,找出业务量最高和最低的两个点,及其所对应的资金占用量,根据这两组数据求出直线方程,作为预测资金需要量的模型。

11.2.3.2　高低点法的计算方法

资金需要量与业务量的一元线性关系表示为公式:

$$y = a + bx$$

其中,因变量 y 代表资金要量;a 为直线的截距,代表固定资金;b 为直线的斜率,代表单位变动资金;自变量 x 代表业务。

a 和 b 的计算公式为:

$$b = \frac{最高资金占用量 - 最低资金占用量}{最高业务量 - 最低业务量}$$

$$a = 最高点资金占用量 - b \times 最高业务量$$

或者，

$$a = 最低点资金占用量 - b \times 最低业务量$$

 案例 11.3

案例背景： 华联有限责任公司 2020—2024 年的产量与资金占用额数据，如表 11-3 所示，该公司 2025 年的计划产量为 150 件。

表 11-3　华联有限责任公司 2020—2024 年的产量与资金占用额

年度	产量 x（件）	资金占用额 y（万元）
2020	70	125
2021	80	136
2022	90	143
2023	100	150
2024	110	153

要求： 利用高低点法预测 2025 年的资金需要量。

操作步骤如下：

（1）设计高低点法预测资金需要量的计算模型，录入相关数据，计算公式及结果，如图 11-9 所示。

	A	B	C	D
1		产量与资金占用表		公式
2	年度	产量x（件）	资金占用额y（万元）	
3	2020	70	125	
4	2021	80	136	
5	2022	90	143	
6	2023	100	150	
7	2024	110	153	
8	单位变动资金b		0.7	(MAX(C3:C7)-MIN(C3:C7))/(MAX(B3:B7)-MIN(B3:B7))
9	固定资金a		76	MAX(C3:C7)-B8*MAX(B3:B7)
10	计划产量x		150	
11	预计资金需要量y		181	B9+B8*B10

图 11-9　高低点法预测资金需要量的计算模型

（2）计算"计划产量 $X = 150$"时的预计资金需要量 y，在 B10 单元格输入"150"，得到该公司 2025 年预测资金需要量为 181 万元。

11.3 资本成本模型构建

11.3.1 资本成本的概念

资本成本是指企业为筹集和使用资金而付出的代价,包括筹资费用和用资费用。它是企业投资者(包括股东和债权人)对投入企业的资本所要求的最低报酬率。

资本成本受多种因素影响,包括总体经济环境、证券市场条件、企业内部的经营和融资状况、项目融资规模等。这些因素通过影响无风险报酬率和风险报酬率,进而影响企业的资本成本。

资本成本可以通过多种方法计算,包括但不限于加权平均资本成本和权益资本成本等。其中,加权平均资本成本是考虑企业资本结构(债务和股权的比例)后,对债务资本成本和股权资本成本进行加权平均得到的。

11.3.2 加权平均资本成本模型

加权平均资本成本模型是最常用的资本成本模型之一。它根据企业的资本结构,将债务资本成本和股权资本成本按照各自的权重进行加权平均,得到企业的综合资本成本。该模型考虑了不同融资方式的成本和风险,为企业制定融资策略和投资决策提供了全面的参考。

加权平均资本成本模型公式:

$$加权平均资本成本 = (E/V) \times R_e + (D/V) \times R_d \times (1 - T_c)$$

其中,E 代表公司股权的市场价值;D 代表公司债务的市场价值(通常是账面价值,但也可以使用市场价值进行调整);V 代表公司总资本的市场价值,即 $E + D$;R_e 代表股权成本,通常使用资本资产定价模型或其他股权估值模型来计算;R_d 代表债务成本,即公司借款的利率;T_c 代表公司税率,用于计算税后债务成本。

案例 11.4

案例背景:华联有限责任公司现有资本账面价值 1 000 万元,其中,债券 400 万元,普通股 500 万元,优先股 100 万元。债券税前资本成本为 6%,普通股资本成本为 16%,优先股资本成本为 11%,企业所得税税率为 25%。

要求:构建加权平均资本成本模型,假设普通股资本成本由 6% 增至 20%,观察加权资本成本的变动情况。

操作步骤如下:

添加控件,链接地址为 \$G\$6,步长为 1,单元格的公式为 D4 = " \$G\$1/100",结果如

图 11-10 所示。

	加权平均资本成本模型					16
资本类型	账面价值（万元）	占比	资本成本	所得税税率	资本成本	公式
债券	400	40%	6%	25%	1.80%	C3*D3*(1-E3)
普通股	500	50%	16%		8.00%	C4*D4
优先股	100	10%	11%		1.10%	C5*D5
合计	1 000				10.90%	SUM(F3:F5)

图 11-10　加权平均资本成本模型

11.3.3　资本资产定价模型

资本资产定价模型是用于估算股权资本成本的模型。它认为资产的预期收益率与市场风险之间存在正向线性关系，通过无风险利率、市场风险溢价和资产的 β 系数来计算资产的预期收益率（即股权资本成本）。该模型在金融市场中被广泛应用，为企业评估投资项目的经济可行性和制定投资策略提供了有力的支持。

资本资产定价模型公式：

$$E(R_i) = R_f + \beta_i \times \left[E(R_m) - R_f \right]$$

其中，$E(R_i)$ 代表资产 i 的预期收益率；R_f 代表无风险收益率，通常指无风险资产（如政府债券）的收益率；β_i 代表资产 i 的系统性风险系数，用于衡量资产 i 的收益率相对于市场组合收益率的波动程度；$E(R_m)$ 代表市场组合的预期收益率，市场组合通常指包含所有可投资资产的广泛指数。

 案例 11.5

案例背景：华联有限责任公司现有一笔闲置资金，拟投资于某证券组合，该组合由 X、Y、Z 三种股票构成，资金权重分别 40%、30% 和 30%，β 系数分别为 2.5、1.5 和 1，其中 X 股票投资收益率分布，如表 11-4 所示。

表 11-4　X 股票投资收益率分布

状况	概率	投资收益率
行情较好	30%	20%
行情一般	50%	12%
行情较差	20%	5%

Y、Z 股票的预期收益率分别为 10% 和 8%，当前无风险利率为 4%，市场组合的必要收益率为 9%。

要求：构建资本资产定价模型。

操作步骤如下：

（1）建立资本资产定价模型表。

（2）计算 X 股票的预期收益率。

（3）计算该证券组合的预期收益率。

（4）计算该证券组合 β 系数。

（5）计算该证券组合的必要收益率。

计算结果，如图 11-11 所示。

	A	B	C	D	E
1	状况	概率	投资收益率	无风除利率	4%
2	行情较好	30%	20%	必要收益率	9%
3	行情一般	50%	12%		
4	行情较差	20%	5%		
5	X股票投资收益率	13.00%	SUMPRODUCT(B2:B4,C2:C4)		
6					
7	资本资产定价模型				
8		资金权重	预期收益率	β系数	
9	X股票	40%	13.00%	2.5	
10	Y股票	30%	10.00%	1.5	
11	Z股票	30%	8.00%	1	
12	证券组合的预期收益率	10.60%	SUMPRODUCT(B9:B11,C9:C11)		
13	证券组合β系数	1.75	SUMPRODUCT(B9:B11,D9:D11)		
14	证券组合必要收益率	**12.75%**	E1+B13*(E2-E1)		

图 11-11　资本资产定价模型

 提示

证券组合的必要收益率为 12.75%，大于证券组合的预期收益率 10.60%，所以，该证券组合不值得投资。

11.3.4　股利增长模型

股利增长模型依据企业未来股利支付将按一定增长率持续增长的假设，来估算投资者所要求的回报率的模型。该模型特别适用于拥有稳定股利支付历史，并且预期未来股利将持续增长的企业。通过预测企业未来的股利增长率，并结合当前的股利支付水平，该模型能够计算出投资者为持有该企业股权所要求的必要回报率，即股权资本成本。

股利增长模型公式：

$$P = D_1 / (r - g)$$

其中，P 代表股票的理论价值；D_1 代表下一年预期的每股红利 $[D_1 = D_0 \times (1 + g)]$；$r$ 代表投资者要求的年收益率（必要收益率）；g 代表每股红利的增长率。

案例 11.6

案例背景： 华联有限责任公司以其稳定的盈利能力和持续增长的股利政策而闻名。当前（即第一年）该公司每股支付的红利为 2 元，并且承诺未来将以每年 4% 的速度增长其每股红利。市场上，类似风险水平的股票要求的必要收益率为 8%。

要求： 使用股利增长模型来估算该公司股票的理论价值，作为投资者评估该公司股权资本成本的一个参考。

操作步骤如下：

根据上述资料建立的股利增长模型，如图 11-12 所示。

	A	B	C	D	E
1	股利增长模型				
2	每股红利	每股红利增长率	投资者要求的年收益率	下一一年预期每股红利	股票理论价值
3	2	4%	8%	2.08	52.00
4	公式			A3*(1+B3)	D3/(C3-B3)

图 11-12 股利增长模型

根据股利增长模型的计算，该公司股票的理论价值为 52 元。这意味着，如果投资者要求的年收益率为 8%，并且他们相信，该公司的每股红利将按 4% 的速度持续增长，那么，他们愿意为该公司的股票支付的最高价格是 52 元。

 **实战演练**

（1）华联有限责任公司 2024 年 12 月 31 日资产负债表（简表），如表 11-5 所示。

表 11-5 华联有限责任公司资产负债表（简表）

2024 年 12 月 31 日

单位：元

资产	期末余额	负债及所有者权益	期末余额
货币资金	80 000	短期借款	150 000
应收账款净额	120 000	应付账款	50 000
存货	550 000	应付票据	50 000
固定资产	150 000	长期借款	100 000
		所有者权益	550 000
资产合计	900 000	负债及所有者权益合计	900 000

该公司 2024 年销售收入为 1 000 000 元，且还有剩余生产能力，即增加收入不需要进行

固定资产投资。公司销售净利率保持 10%不变,2025 年计划销售收入提高到 1 200 000 元,利润分配率为 70%。

要求:构建该公司的 2025 年资金需求量模型。

(2)华联有限责任公司 2018—2024 年的产销量与资金占用量之间的关系,如表 11-6 所示。

表 11-6　产销量与资金占用量之间的关系表

年度	产销量 x(万件)	资金占用 y(万元)
2018	12	100
2019	11	96
2020	12	99
2021	13	105
2022	14	110
2023	15	112
2024	16	115

要求:采用回归分析法预测该公司 2025 年的产销量和资金需要量。

(3)华联有限责任公司 2020—2024 年销售收入与资金占用量之间的关系,如表 11-7 所示。

表 11-7　产销量与资金占用量之间的关系表　　　　　　　　单位:万元

年度	销售收入	资金占用量
2020	2 000	110
2021	2 400	130
2022	2 600	140
2023	2 800	150
2024	3 000	160

要求:根据资料,采用高低点法,预测该公司 2025 年资金需要量。

(4)华联有限责任公司 2024 年的股权市场价值为 100 亿元,债务市场价值为 50 亿元,所得税税率为 25%,股权成本(通过资本资产定价模型计算得出)为 10%,债务成本为 6%。

要求:计算公司总资本的市场价值及该公司的加权平均资本成本。

投资决策模型

知识目标

(1) 理解资金时间价值函数的参数设置。

(2) 掌握项目现金流量的确定方法。

(3) 理解常用项目评价指标的涵义及函数设置。

能力目标

(1) 具备利用 Excel 进行资金时间价值等函数的设置,并进行投资决策的能力。

(2) 能够运用所学的投资决策模型,对实际投资项目进行分析和评估,包括预测项目的未来收益和评估项目的风险,并据此做出合理的投资决策。

素质目标

(1) 培养诚信与透明度。在模型设计中强调数据来源的可靠性和准确性,要求学生注明所有假设和数据的来源,培养诚信意识;展示透明度的重要性,通过清晰的图表、公式和注释,使投资决策过程可追溯、可验证。

(2) 风险意识。引导学生认识投资的风险和不确定性,培养其风险管理能力。在强调追求利润的同时,合理评估和控制风险。

12.1 投资决策模型概述

12.1.1 投资决策评价指标

投资决策评价指标是指用于衡量和比较投资项目可行性,以便据以进行方案决策的定量化标准与尺度,是由一系列综合反映投资效益和投入产出关系的量化指标构成的。

投资决策评价指标按照是否考虑资金的时间价值可分为静态评价指标和动态评价指标。其中,静态评价指标主要包括会计收益率和静态投资回收期等;动态评价指标有净现值、获利指数、内含报酬率和净现值率等。

12.1.2 资金时间价值函数

资金时间价值又称货币的时间价值,是指资金经历一定时间的投资和再投资所增加的价值。在筹资和投资决策时,财务人员必须充分了解资金的时间价值,才能促成合理、有效地筹集和利用资金。

常用的时间价值函数有 PV 函数、FV 函数、PPMT 函数和 IPMT 函等。

12.1.2.1　PV 函数

PV 函数用于计算一项投资或贷款的现值,即它汇总了一系列未来付款或收款的当前价值。

PV 函数的语法格式为 PV(rate, nper, pmt, [fv], [type])。各个参数的具体含义是:

rate 为必需参数,表示每期的利率,这是计算现值时的关键参数。如果贷款或投资的利率是年利率,并且需要按月计算,则需要将年利率除以 12 得到月利率。

nper 为必需参数,表示投资或贷款的总期数,通常以月为单位。例如,如果贷款期限为 5 年,并且按月还款,则期数为 5 年乘以 12 个月,即 60 期。

pmt 为必需参数,表示各期所应支付的金额。这是每期需要支付的金额,包括本金和利息,但不包括其他费用及税款。如果忽略此参数,则必须包含 fv 参数。

[fv]为可选参数,表示未来值或在最后一次支付后希望得到的现金余额。如果省略此参数,则假设其值为零,即贷款或投资的未来值为零。

[type]为可选参数,表示用以指定各期的付款时间是在期初还是期末。数字 0 或省略表示期末付款,数字 1 表示期初付款。

12.1.2.2　FV 函数

FV 函数用于计算基于固定利率及等额分期付款方式,返回某项投资的未来值。

FV 函数的语法格式为 FV(rate, nper, pmt, [pv], [type])。各个参数的具体含义是:

rate 为必需参数,表示每期(如每月、每年)的利率。例如,如果年利率为 5%,并且按月计算,则每期的利率为 5%/12。

nper 为必需参数,表示投资或贷款的总期数。例如,如果贷款期限为 5 年,并且按月还款,则总期数为 5 * 12 = 60 期。

pmt 为必需参数,表示每期付款金额,通常是固定的,包含本金和利息部分。如果计算的是投资,则此参数表示每期投资金额;如果计算的是贷款,则此参数表示每期还款金额。

[pv]为可选参数,表示现值,即一系列未来付款的当前值的累积和,也就是贷款或投资的初始金额。如果省略此参数,则默认为 0。

[type]为可选参数,表示支付类型。数字 0 表示期末支付(默认值),即每期付款在期末进行;数字 1 表示期初支付,即每期付款在期初进行。

12.1.2.3 PPMT 函数

PPMT 函数用于计算基于固定利率及等额分期付款方式,返回投资在某一给定期间内的本金偿还额。

PPMT 函数的语法格式为 PPMT(rate, per, nper, pv, [fv], [type])。各个参数的具体含义,参照 FV 或 PV 函数。

12.1.2.4 IPMT 函数

IPMT 函数用于计算在定期偿还、固定利率条件下,返回给定的期次内,某项投资回报(或贷款偿还)的利息部分。

IPMT 函数的语法格式为 IPMT(rate, per, nper, pv, [fv], [type])。各个参数的具体含义,参照 FV 或 PV 函数。

12.1.3 投资决策核心函数

12.1.3.1 NPV 函数(净现值函数)

NPV 函数用于计算基于一系列将来的收(正值)、支(负值)现金流和贴现率,返回一项投资的净现值。

NPV 函数的语法格式为 NPV(rate, valuel, [value2], …)。各个参数的具体含义是:

rate 为必需参数,表示贴现率或期望的投资回报率。

value1 为必需参数,代表第一笔现金流(可以是支出或收入,通常支出为负值,收入为正值)。后续 value2, … 是可选参数,代表后续各期的现金流。这些参数在时间上必须具有相等间隔,并且都发生在期末。

💡 注意点

现金流的间隔必须相等,且都发生在期末;如果第一笔现金流发生在期初,则需要单独处理,不应包含在 NPV 函数的参数中;忽略空白单元格、逻辑值、数字的文本表示形式、错误值或不能转化为数值的文本;如果参数是一个数组或引用,则只计算其中的数字;NPV 函数与 PV 函数(现值函数)的主要区别在于,PV 函数允许现金流在期初或期末开始,而 NPV 函数的现金流则假定发生在期末。

12.1.3.2 XNPV 函数

XNPV 函数用于计算非周期现金流的净现值,它可以处理非常规分布的现金流,如在不固定时间发生的任意时间点上进行现金流的评估。

XNPV 函数的语法格式为 XNPV(rate, values, dates)。各个参数的具体含义是:

rate 为必需参数,表示折现率,即用来将未来现金流折现至现值的利率。

values 为必需参数,表示现金流入和流出的数组或范围,第一个现金流发生在 dates 数组的第一个日期,依此类推。

dates 为必需参数,表示与 values 数组相对应的现金流发生日期的数组或范围。这些日期必须以升序排列,即最早的日期应首先列出,最晚的日期应最后列出。日期可以是 Excel 的日期序列号、日期格式或文本格式的日期。

💡 **注意点**

XNPV 函数要求 dates 数组中的日期是唯一的,即每个日期只能对应一个现金流。

如果 dates 数组中的日期不是升序排列,XNPV 函数将返回错误。

XNPV 函数假设现金流发生在每个指定日期的期末(即,现金流与日期相对应,而不是与日期之间的时间段相对应)。

与 NPV 函数不同,XNPV 函数允许现金流发生在非定期的时间点上,这使得它更适合于评估具有不规则现金流的投资项目。

12.1.3.3 IRR 函数

IRR 函数用于计算一组现金流的内部收益率,这些现金流可以是定期的投资收益或支出。这个函数在财务分析中非常重要,因为它能够提供投资的回收利率,考虑了定期支付和收入的现金流。

IRR 函数的语法格式为 IRR(values,[guess])。各个参数的具体含义是:

values 为必需参数,表示数组或单元格的引用,包含用来计算返回的内部收益率的数字。这些数字必须包含至少一个正值和一个负值。

[guess]为可选参数,表示对函数 IRR 计算结果的估计值。如果省略,假设它为 0.1(10%)。

💡 **注意点**

函数 IRR 根据数值的顺序来解释现金流的顺序;如果数组或引用包含文本、逻辑值或空白单元格,这些数值将被忽略;如果函数 IRR 返回错误值♯NUM!,或结果没有靠近期望值,可用另一个 guess 值再试一次。

12.1.3.4 XIRR 函数

XIRR 函数用于计算一组可能不规则分布的现金流的内部收益率。这些现金流可以是投资项目的收益或支出,且金额和时间间隔均不固定。

XIRR 函数的语法格式为 XIRR(values, dates,[guess])。各个参数的具体含义是:

values 是与 dates 中的支付时间相对应的一系列现金流。首期支付是可选的,并与投资开始时的成本或支付有关。如果第一个值是成本或支付,则它必须是负值。

dates 为必需参数,表示与现金流支付相对应的支付日期表。日期可按任何顺序排列。

[guess]为可选参数,表示对函数 XIRR 计算结果的估计值。如果省略,guess 值假定为 0.1(10%)。

注意点

函数 XIRR 要求至少有一个正现金流和一个负现金流；如果 dates 中的任一数值不是有效日期，函数 XIRR 返回错误值♯VALUE!；如果 values 和 dates 所含数值的数目不同，函数 XIRR 返回错误值♯NUM!。

12.2 投资决策模型设计——资金时间价值函数应用

案例 12.1

案例背景： 某客户欲购买一套价值 180 万元的公寓，首付 60 万元，余下全额向银行申请商业贷款 120 万元，贷款年限 10 年，年利率为 5%。

要求： 采用等额还款方式还款，请设计月还款额动态模型。

操作步骤如下：

（1）建立相应的工作簿与工作表（略）。

（2）设计月还款额动态模型，并输入基本信息，如图 12-1 所示。

	A	B	C	D	E	F	G	H
1	公寓价值	1 800 000.00		期数	还款本金	还款利息	还款总额	贷款余额
2	首付	600 000.00						1 800 000.00
3	商业贷款	1 200 000.00		1	11 591.79	7 500.00	19 091.79	1 788 408.21
4	贷款年限	10		公式	E3=PPMT($B$5/12, D3, $B$4*12, -H2)			
5	年利率	5%			F3=IPMT($B$5/12, D3, $B$4*12, -H2)			
6					G3=E3+F3		H3=H2-E3	

图 12-1 月还款额动态模型

（3）添加控件（如前所述），参数设置如图 12-2 所示。

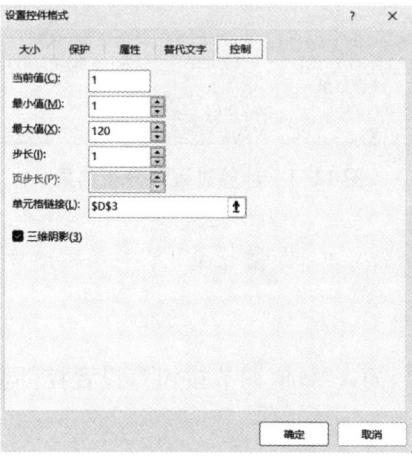

图 12-2 模型参数设置

通过单击控件,即可显示出 1~120 期的还款本金、还款利息和还款总额等指标。

 思考

按等息还款的方式,如何计算月还款额?

12.3 投资决策模型设计——投资决策核心函数应用

 案例 12.2

案例背景:华夏公司现有 A、B、C 三个投资项目,A 项目初始投资额为 12 万元,经营期 5 年,每年可获得的净现金流量 3 万元;B 项目初始投资额为 10 万元,经营期 5 年,每年可获得的净现金流量分别为 38 000 元、36 000 元、35 000 元、30 000 元和 28 000 元;C 项目初始投资额为 25 万元,经营期 5 年,各时期可获得的净现金流量分别 60 000 元、65 000 元、78 000 元、82 000 元和 90 000 元。

要求(1):建立投资决策模型表;分别用不同的方法计算三个项目的净现值与内部收益率;根据净现值指标,选出最优投资项目。

计算过程及分析结果,如图 12-3 所示。

		投资决策模型				贴现率	10%
A项目	初始投资(元)	-120 000	30 000	30 000	30 000	30 000	30 000
	经营期(年)	5					
	每年净现金流量(元)	30 000					
B项目	年	0	1	2	3	4	5
	各年净现金流量(元)	-100 000	38 000	36 000	35 000	30 000	28 000
C项目	日期	2020/3/5	2021/1/10	2022/10/15	2023/2/18	2024/11/22	2025/12/31
	净现金流量(元)	-250 000	60 000	65 000	78 000	82 000	90 000
		计算					
项目	净现值(元)	公式		内部收益率	公式		
A	-6 276.40	PV(H1,C3,-C4)+C2		8%	IRR(C2:H2)		
B	28 469.74	NPV(H1,D6:H6)+C6		21%	IRR(C6:H6)		
C	18 754.79	XNPV(H1,C8:H8,C7:H7)		12.42%	XIRR(C8:H8,C7:H7)		
		评价结果					
最大净现值		28 469.74		MAX(B12:B14)			
实现该净现值最大值的项目		B		XLOOKUP(C16,B12:B14,A12:A14)			

图 12-3 计算过程及分析结果

要求(2):假设内部收益率由 1% 增长至 12%,显示出最优投资项目的变动情况。

操作步骤如下:

打开“开发工具”选项卡,插入“数值调节按钮”,设置控件格式,如图 12-4 所示,设置 H1 单元格值=“J1/100”。

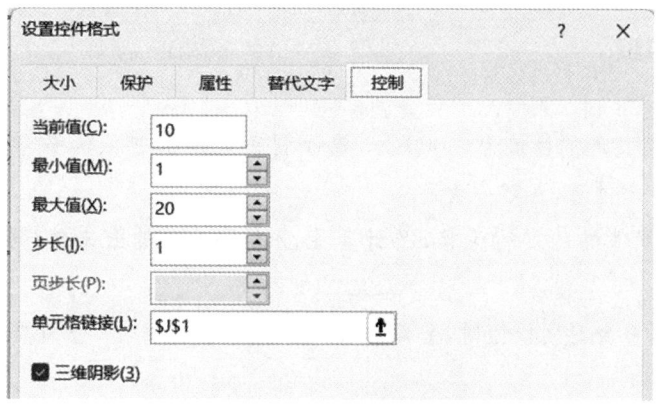

图 12-4　控件格式参数设置

要求(3)： 制作三个项目净现值的动态条形图。

操作步骤如下：

打开"开发工具"选项卡，插入"列表框"，设置控件格式，如图 12-5 所示；动态图以及图表公式设置，如图 12-6 所示。

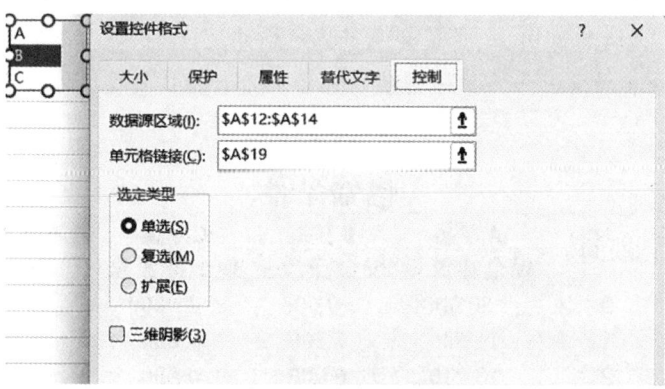

图 12-5　控件格式参数设置

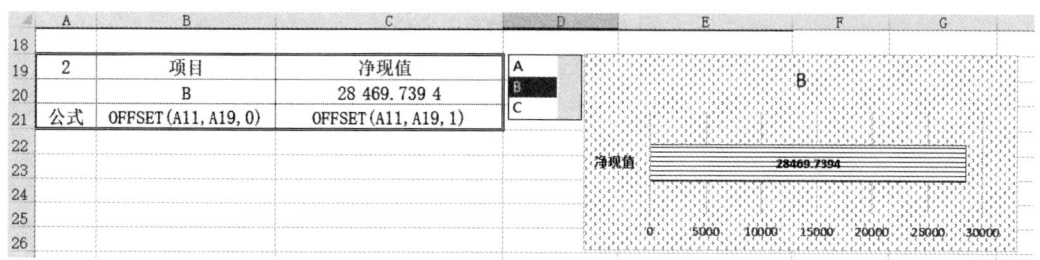

图 12-6　动态图及公式设置

 **实战演练**

(1) 假设发行债券的面值为 2 000 元,票面利率为 8%,期限为 5 年。若市场利率为 10%,规定每年年末付息,到期一次还本。

要求: ①计算债券的发行价格;②计算企业支付款项的未来值(即终值,支付款项 5 年末的价值)。

提示:在计算资金时间价值时,金额前加"－"代表资金流出,金额前加"＋"或忽略代表资金流入。

(2) 企业借入一笔期限为 10 年、利息为 6%、余额为 400 000 元的贷款,若每月月末等额偿还。

要求: ①计算每月应偿还的贷款金额;②计算第 1 个月偿还的本金和利息。

提示:在通过 PMT、PPMT、IPMT 函数求贷款的月还款额、月偿还本金和月偿还利息时,贷款利率、贷款总期数应该以月为单位;当求贷款的年还款额、年偿还本金和年偿还利息时,贷款利率和贷款总期数应该以年为单位。

(3) 华夏公司准备购入一台设备生产新产品以增加收益,现有 A、B、C 三个方案可供选择,各方案的有关资料如图 12-7 已知条件区域所示。

要求: 建立一个计算三个方案净现值及评价其可行性的模型。

期间	已知条件			
	A方案 现金净流量	B方案 现金净流量	C方案 现金净流量	资本成本 10%
0	-20 000	-9 000	-12 000	
1	11 800	1 200	4 600	
2	13 240	6 000	4 600	
3		6 000	4 600	
合计	5 040	4 200	1 800	

图 12-7 方案的有关资料

财务报表分析模型

知识目标

(1) 深入理解财务报表的基本构成与解读原则。

(2) 掌握资产负债表、利润表以及现金流量表的结构分析、变动及趋势分析以及质量分析的方法。

(3) 熟悉利用 Excel 进行数据收集、处理及动态图表制作的方法。

能力目标

(1) 能够根据企业实际情况,设计并构建资产负债表、利润表以及现金流量表动态模型,实现数据的动态更新和可视化展示。

(2) 能够通过数据对比和趋势分析等手段,发现企业财务状况的变化规律和潜在问题。

素质目标

(1) 培养职业道德。强调在财务工作中遵法守纪、崇德向善、诚实守信的重要性,培养学生的职业道德观念和社会责任感,使他们在未来的职业生涯中能够坚守底线,拒绝财务造假等违法行为。

(2) 提升职业素养。通过财务报表分析相关知识的介绍,培养学生的专业技能、团队协作精神和自我管理能力,增强其职业生涯规划意识,引导其努力成为高素质的财务人才。

13.1 资产负债表分析

13.1.1 资产负债表结构分析

资产负债表又称财务状况表,是反映企业在某一特定日期(通常为各会计期末)的财务状况的报表。它表示企业在该日期的资产、负债和所有者权益(或股东权益)的状况,是企业重要的静态报表之一。

13.1.1.1 资产结构分析

 案例 13.1

案例背景： "绿荫科技"是一家主要从事环保设备的生产和销售的上市公司。从绿荫科技的资产负债表中，识别出如图 13-1 所示的主要资产类别及数额。

要求：

(1) 解读各部分资产在总资产中的占比以及它们之间的比例关系。

(2) 假设企业的存货由 1 000 万元到 2 000 万元不等，步长为 100，观察企业存货周转率的变动情况。

(3) 假设企业年销售收入为 5 亿元，年销售成本为 4 亿元，计算应收账款周转率与存货周转率。

(4) 制作各部分资产结构的饼图。

操作步骤如下：

(1) 各部分资产数据及计算结果，如图 13-1 所示。

	A	B	C	D	E
1	项目名称	金额（万元）	占比		
2	现金及现金等价物	500	5.88%		
3	应收账款（平均值）	1 500	17.65%		
4	存货（平均值）	2 000	23.53%		
5	固定资产	3 000	35.29%		
6	其他流动资产	500	5.88%		
7	无形资产	1 000	11.76%		
8	总计	8 500	100.00%		
9					
10	年销售收入	50 000	33.333 33	应收账款周转率	
11	年销售成本	40 000	20	存货周转率	
12					
13	计算公式	C2=B2/$B$8			
14		向下填充至C8单元格			
15		C10=B10/B3			
16		向下填充至C11单元格			

图 13-1 各部分资产数据及计算结果

(2) 添加控件，最小值为 2 000，最大值为 3 000，步长等于 100，单元格链接为 B4 单元格。

(3) 插入饼图，其中，值显示数值与百分比，结果如图 13-2 所示。

(4) 结果分析如下：①固定资产占比高。"绿荫科技"的固定资产占比高达 35.29%，表明该企业在生产设备和厂房等基础设施上投入了大量资金。②存货占比高。存货占比达到 23.53%，表明企业持有较多的库存商品。这可能是因为市场需求旺盛，企业为了满

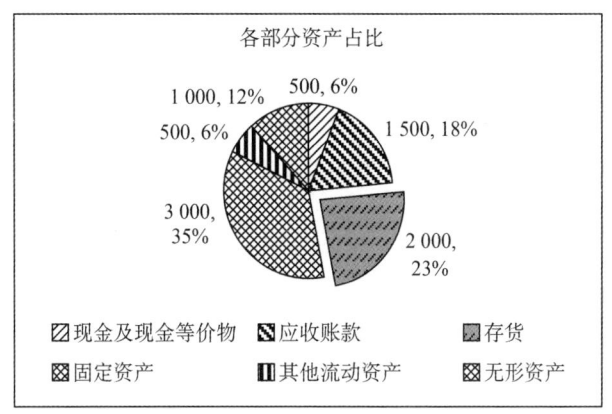

图 13-2 各部分资产所占比重

足订单需求而增加库存;也可能是因为销售不畅,导致库存积压。③应收账款占比较高。应收账款占比 17.65%,表明企业在销售过程中给予客户一定的信用期,这有助于促进销售,但也可能增加坏账风险。④现金及现金等价物占比较低。现金及现金等价物占比仅为 5.88%,表明企业的现金储备相对较少。这可能影响企业的偿债能力和应对突发事件的能力。⑤周转率分析。应收账款周转率为 33.33 次,表明企业应收账款回收速度较快,有助于维持现金流的稳定。⑥存货周转率。存货周转率为 20 次,表明企业存货管理效率较高,能够快速响应市场需求。

13.1.1.2 负债结构分析

 案例 13.2

案例背景: 阳光机械有限公司是一家专注于高端机床制造的企业,近年来,随着市场需求的增长,公司决定扩大生产规模并引入新技术。为了实现这一目标,公司进行了多项融资活动,形成了特定的负债结构。

要求:

(1) 计算各部分负债结构。

(2) 制作组合饼图显示各部分结构的占比。

操作步骤如下:

(1) 各部分指标及计算公式,如图 13-3 所示。

(2) 编制图表辅助区域,如图 13-4 所示。

(3) 选中 B、C 两列,单击"插入"→"推荐的图表",选择"组合图",将"系列 2"勾选为次坐标,在"设置数据系列格式"中将"饼图分离"设置为"35%",添加标签及改变颜色等设置,如图 13-5 所示。

	A	B	C	D
1	项目名称	金额（万元）	占比	计算公式
2	总负债	10 000		
3	长期负债	6 000	60.00%	B3/B2
4	其中：			
5	银行长期贷款	4 000	66.67%	B5/B3
6	企业债券	2 000	33.33%	B6/B3
7	短期负债	4 000	40.00%	B7/B2
8	其中：			
9	银行短期贷款	2 000	50.00%	B9/B7
10	应付账款及票据	2 000	50.00%	B10/B7

图 13-3　指标及计算公式

	A	B	C	D
11				
12	长期负债	60.00%	66.67%	银行长期贷款
13			33.33%	企业债券
14	短期负债	40.00%	50.00%	银行短期贷款
15			50.00%	应付账款及票据

图 13-4　辅助区域

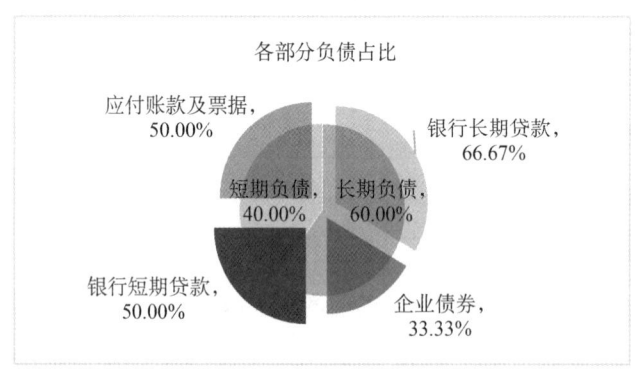

图 13-5　负债结构图

（4）结果分析如下：①银行长期贷款 4 000 万元和短期贷款 2 000 万元，共计 6 000 万元，占总负债的 60%。这表明银行是阳光机械有限公司的重要融资渠道，银行借款具有成本相对较低、灵活性较高的特点，适合企业不同期限的资金需求。②发行企业债券 2 000 万元，占总负债的 20%。通过债券市场融资，公司能够吸引更广泛的投资者，同时债券融资通常成本低于股权融资，有助于降低融资成本。此外，债券融资还能提高企业的市场形象和信誉。③应付账款及票据 2 000 万元，占总负债的 20%。这部分负债主要来源于与供应商的交易，反映了公司在产业链中的议价能力和对上游供应商的管理能力。通过合理利用应付账款的账期，公司可以在不增加直接融资成本的情况下，优化现金流管理。

13.1.1.3 所有者权益结构分析

 案例 13.3

案例背景:"智慧科技"是一家上市公司,该公司近年的财务报表显示,其所有者权益主要由股本、资本公积和留存收益构成。

要求:根据该公司 2024 年度的财务报表的相关数据,计算股本比例、资本公积比例以及留存收益比例。

操作步骤如下:

(1)股本比例、资本公积比例以及留存收益比例的计算公式,如图 13-6 所示。

	A	B	C
1	项目	金额(万元)	计算公式
2	股本总额	100 000	
3	资本公积	50 000	
4	留存收益	80 000	
5	盈余公积	20 000	
6	未分配利润	60 000	
7			
8	股本比例	43.48%	B2/ SUM($B$2:$B$4)
9	资本公积比例	21.74%	B3/ SUM($B$2:$B$4)
10	留存收益比例	34.78%	B4/ SUM($B$2:$B$4)

图 13-6 所有者权益及比例计算公式

(2)结果分析如下:①从股本比例来看,"智慧科技"的股本占比较高(43.48%),表明其基础资本实力较强。②留存收益比例较高(34.78%),表明"智慧科技"在过去的经营活动中积累了较多的利润,并且选择将这些利润留在企业内部用于未来的发展和扩张。③资本公积比例适中(21.74%),表明企业在接受投资和资本增值方面有一定的表现。

13.1.2 资产负债表趋势分析

13.1.2.1 资产变化分析

 案例 13.4

案例背景:"慧行科技"是一家专注于智能出行解决方案的科技公司,业务涵盖自动驾驶技术研发、智能车载设备生产及销售等,已知 2021—2024 年各年资产总额。

要求:计算各部分资产的逐期增长量与环比增长率,并进行趋势分析。

操作步骤如下：

（1）逐期增长量与环比增长率的计算，如图 13-7 所示。

	A	B	C	D	E
1	年份	2021年	2022年	2023年	2024年
2	总资产（万元）	50 000	70 000	90 000	120 000
3	逐期增长量	—	20 000	20 000	30 000
4	环比增长率（%）	—	40	28.571 43	33.333 33
5	应收账款（万元）	10 000	15 000	23 000	30 000
6	逐期增长量	—	5 000	8 000	7 000
7	环比增长率（%）	—	50	53.333 33	30.434 78
8	存货（万元）	14 900	15 000	15 158	25 000
9	逐期增长量	—	100	158	9 842
10	环比增长率（%）	—	0.671 141	1.053 333	64.929 41
11	固定资产（万元）	20 000	33 000	42 000	50 000
12	逐期增长量	—	13 000	9 000	8 000
13	环比增长率（%）	—	65	27.272 73	19.047 62
14					
15	计算公式	C3=C2-B2	复制公式至E2单元格		
16		C4=C3/B$2*100	复制公式至E3单元格		
17		其他同理			

图 13-7　逐期增长量与环比增长率计算

（2）编制趋势分析组合图，如图 13-8 至图 13-10 所示。

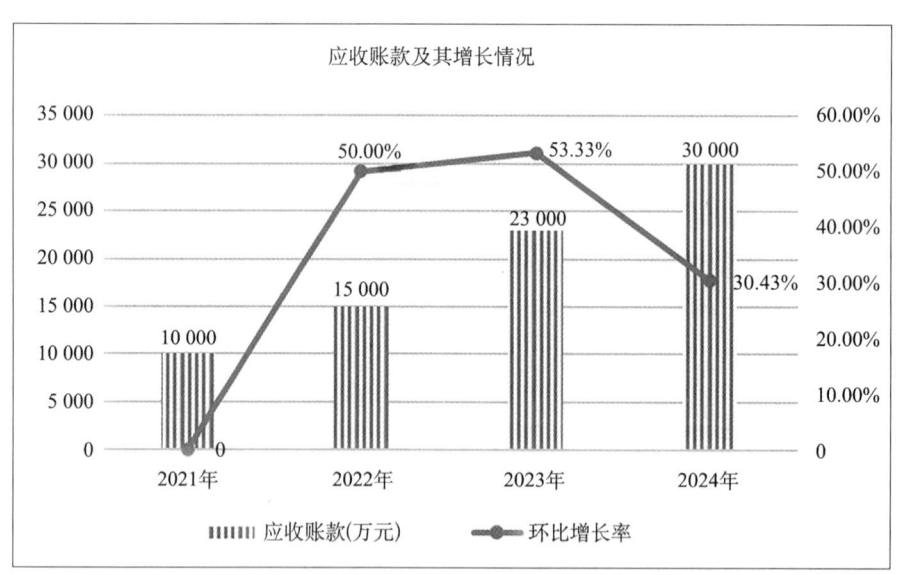

图 13-8　应收账款及增长趋势

（3）结果分析。"慧行科技"的资产总额连续 4 年保持增长态势，且增长率保持在较高水平，这反映了公司良好的发展势头和扩张能力。其中：①应收账款。从 2021 年的 1 亿元增长至 2024 年的 3 亿元，增长了 2 倍。应收账款的增长可能表明公司销售收入的增加，但同时也需注意收款周期是否延长，是否存在坏账风险。若收款效率下降，可能影

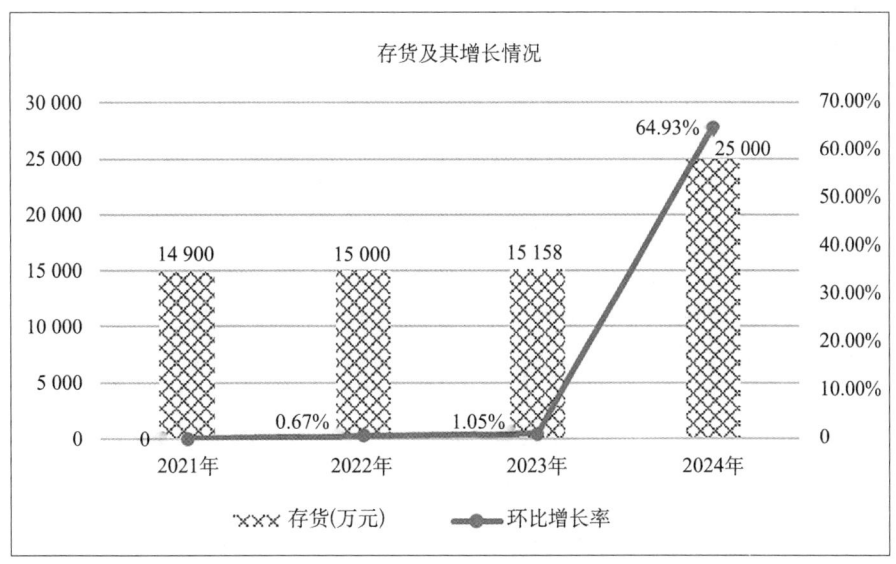

图 13-9　存货及增长趋势

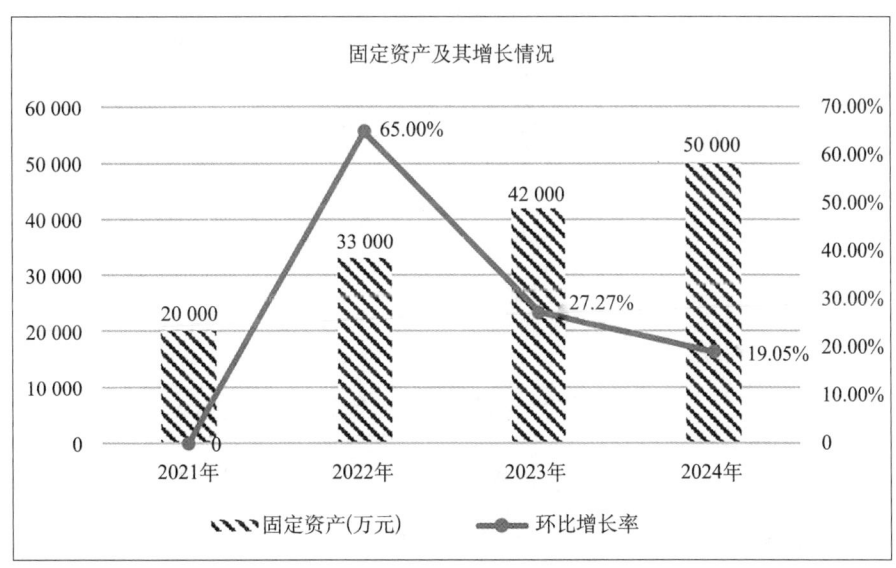

图 13-10　固定资产及增长趋势

响公司的现金流状况。②存货。2021—2023 年存货量稳定在 1.5 亿元左右,但 2024 年突增至 2.5 亿元。存货增加可能反映了公司对未来市场的乐观预期,增加了原材料和产成品的储备。然而,过高的存货水平也可能占用大量资金,增加存储和管理成本,需关注其周转效率。③固定资产。公司的固定资产从 2021 年的 2 亿元增长至 2024 年的 5 亿元,增长了 1.5 倍。表明公司在扩大生产规模和提升产能方面进行了大量投资。这有助于增强公司的竞争力和市场份额,但同时也需关注投资回报率和资产利用率,确保投资的有效性。

13.1.2.2　负债变化分析

 案例 13.5

案例背景：2021 年，"慧行科技"处于初创期，负债总额为 5 000 万元，相对较低，主要来源于初创资金、天使轮融资以及部分供应商应付款项。随后几年，随着自动驾驶技术研发的深入和智能车载设备市场的拓展，"慧行科技"加大了研发投入和市场推广力度，负债总额逐步增长，到 2024 年，负债总额攀升至 1.8 亿元。

要求：计算短期借款与长期借款占负债总额的比率，并进行趋势分析。

操作步骤如下：

（1）短期借款与长期借款占负债总额的比率，如图 13-11 所示。

（2）短期借款与长期借款各年占比的变动情况，如图 13-12 所示。

	A	B	C	D	E	F
1	年份	负债总额（万元）	短期借款（万元）	短期借款占比	长期借款（万元）	长期借款占比
2	2021年	5 000	3 500	70.00%	1 500	30.00%
3	2022年	8 000	4 800	60.00%	3 200	40.00%
4	2023年	12 000	6 000	50.00%	6 000	50.00%
5	2024年	18 000	7 200	40.00%	10 800	60.00%

图 13-11　负债总额及各部分占比

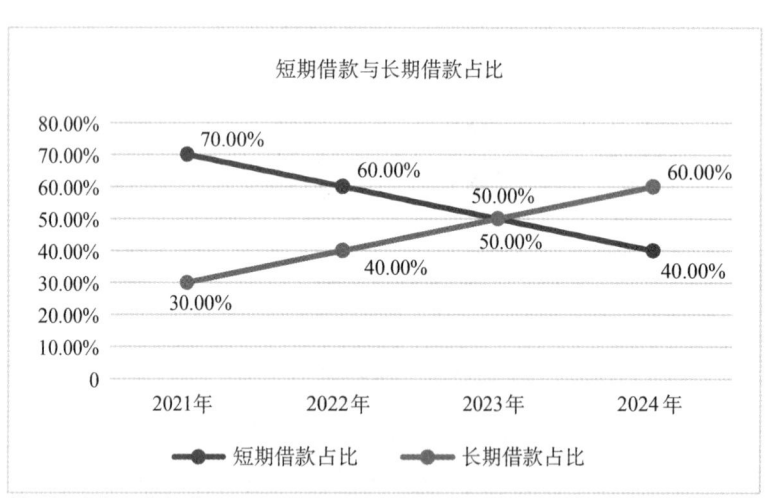

图 13-12　短期借款与长期借款各年占比

（3）结果分析。2021 年公司处于初创期，短期负债占比较高（70%），用以支持其快速响应市场变化和运营需求。2022 年，随着公司的发展，短期负债占比有所下降（60%），而长期负债占比上升，表明公司开始寻求更稳定的资金来源。2023 年，短期负债和长期负债的占比达到平衡（各占 50%），表明公司正在逐步优化其负债结构。2024 年，长期负债占比进一步上升(60%),表明公司更加依赖长期融资来支持其持续扩张和战略投资。

13.1.2.3 所有者权益变化分析

 案例 13.6

案例背景:"慧行科技"从 2021 年至 2024 年,总股本保持相对稳定,没有发生重大变化,公司通过盈利、资产重估或其他方式增加了资本公积,同时,公司的盈利能力不断增强,将大部分净利润保留下来作为未来的发展资金。

要求:分别计算股本、资本公积、留存收益各年的逐期增长量与环比增长率。

操作步骤如下:

(1) 相关指标及计算结果,如图 13-13 所示。

	A	B	C	D	E
1	年份	2021年	2022年	2023年	2024年
2	股本(万股)	5 108.93	5 108.93	5 108.93	5 108.93
3	逐期增长量	—	0	0	0
4	环比增长率	—	0	0	0
5	资本公积(万元)	1 000	1 200	1 500	1 800
6	逐期增长量	—	200	300	300
7	环比增长率	—	20.00%	25.00%	20.00%
8	留存收益(万元)	110.38	146.28	198.58	290.38
9	逐期增长量	—	35.9	52.3	91.8
10	环比增长率	—	32.52%	35.75%	46.23%

图 13-13 相关指标及计算结果

(2) 结果分析如下:①从 2021 年至 2024 年,"慧行科技"总股本保持相对稳定,没有发生重大变化,这表明公司在这一时期内没有通过增发或回购等方式,对股本进行大规模调整,公司的股权结构相对稳定,没有新的投资者大量进入或原有股东大量退出。②资本公积从 2021 年的 1 000 万元增长至 2024 年的 1 800 万元,呈现逐年增长的趋势,且增长率逐年提高(20%、25%、20%),资本公积的增加通常与股本溢价、资产评估增值等因素有关。这表明公司在这一时期内可能通过盈利、资产重估或其他方式增加了资本公积。③留存收益从 2021 年的 110.38 万元增长至 2024 年的 290.38 万元,这表明公司在这一时期内盈利能力不断增强,且将部分净利润保留下来作为未来的发展资金。

13.2 利润表分析

利润表又称损益表或收益表,是反映企业在一定会计期间(如月度、季度、半年度或年度)内经营成果的财务报表。它全面揭示了企业在某一特定时期实现的各种收入、发生的各种费用、成本或支出,以及企业实现的利润或发生的亏损情况。

13. 2. 1　利润表中的关键指标

13. 2. 1. 1　毛利率

毛利率是毛利额与主营业务收入之间的比率。其计算公式为：

$$毛利率 =（销售收入 - 销售成本）/ 销售收入 × 100\%$$

毛利率反映了企业销售商品或提供服务的初始盈利能力,是衡量企业成本控制和产品定价策略的重要指标。毛利率越稳定,说明企业的经营状况越稳定。

13. 2. 1. 2　销售净利率(净利润率)

销售净利率是净利润与主营业务收入之间的比率。其计算公式为：

$$销售净利率 = 净利润 / 主营业务收入 × 100\%$$

销售净利率体现了企业每一百元销售收入净额可实现的净利润的比例,该比率越高,说明企业的获利能力越强。它是评估企业整体盈利能力的重要指标。

13. 2. 1. 3　营业利润率

营业利润率是营业利润与营业收入之间的比率。计算公式为：

$$营业利润率 = 营业利润 / 营业收入 × 100\%$$

营业利润率反映了企业在销售和经营活动中实现的利润水平,是衡量企业经营效率的重要指标。它考虑了营业成本以及剔除当期损益的期间费用后所得到的净利润。

13. 2. 1. 4　主营业务利润率

主营业务利润率是主营业务利润与主营业务收入之间的比率。其计算公式为：

$$主营业务利润率 = 主营业务利润 / 主营业务收入 × 100\%$$

主营业务利润率反映了企业核心业务的盈利能力和对总体收益的贡献。它是衡量企业主营业务经营效益的重要指标,能够揭示企业核心业务的市场竞争力和发展潜力。

13. 2. 2　利润表动态模型构建

 案例 13.7

案例背景: 长城有限责任公司是一家专注于高新技术产品研发与销售的科技型企业,主要从事智能设备、物联网解决方案及云计算服务的研发与推广。为了更直观地展示该公司在一年内的经营状况及财务表现,本例选取了 4 个季度的关键财务指标进行分析。

要求: 构建利润分析表;构建利润分析指标的静态柱形图;构建利润分析指标的动态图。

操作步骤如下：

（1）构建的利润分析表，如图 13-14 所示。

	季度	营业收入	营业成本	净利润	营业利润	毛利率	销售净利润	营业利润率
1	利润分析表							
3	1季度	698 724. 42	602 909. 3	95 172. 93	94 945. 78	13.71%	13.62%	13.59%
4	2季度	456 065. 25	297 289. 4	157 872. 3	157 137. 2	34.81%	34.62%	34.45%
5	3季度	589 019. 79	473 212. 2	114 908. 8	114 290. 7	19.66%	19.51%	19.40%
6	4季度	724 235. 24	706 527. 7	16 620. 88	15 624. 75	2.44%	2.29%	2.16%
7	计算公式	G3=(C3-D3)/C3		H3=E3/C3		I3=F3/C3		

图 13-14　利润分析表

（2）构建的静态柱形图，如图 13-15 所示。

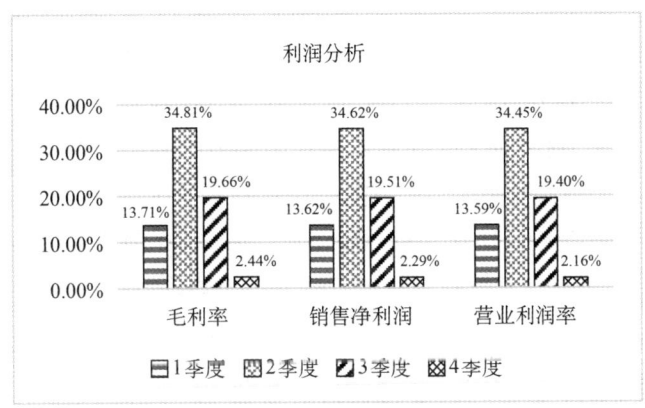

图 13-15　静态柱形图

（3）插入组合框，控件格式的参数设置，如图 13-16 所示。

图 13-16　控件格式参数设置及指标计算

（4）在 A9：C13 单元格区域设置动态图的数据源，选中 C9 单元格，输入公式"＝OFFSET（$F$1，A9，$A$8）"，向下填充至 C13 单元格。这样，随着组合框的选取，会动态显示出毛利率、销售净利润以及营业利润率的具体数值，如图 13-17 所示。

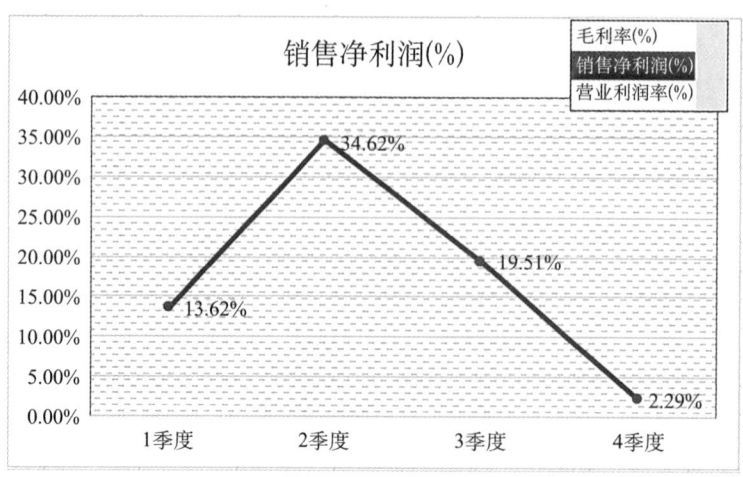

图 13-17　各指标动态图

　　(5) 结果分析如下:①毛利率在不同季度间的差异显著。第一季度毛利率较低,仅为13.71%;随后,在第二季度大幅提升至 34.81%;第三季度略有回落到 19.66%;第四季度则急剧下降至 2.44%。这显示了企业在成本控制和盈利能力上的不稳定。②净利润方面,第二季度达到 157 872.32 元,表现最佳,远高于其他季度,主要得益于较高的毛利率。然而,第四季度净利润骤降至 16 620.88 元,反映出该季度盈利能力的大幅下滑。销售净利润率和营业利润率也呈现出与净利润相似的波动趋势,第二季度最高,第四季度最低。③从全年来看,企业的盈利能力表现出较大的不稳定性,特别是第四季度的大幅下滑,可能受到市场环境、成本控制和销售策略等多种因素的影响。④企业在控制成本方面面临巨大挑战,尤其是第四季度,导致毛利率和净利润率均降至极低水平,这可能需要企业重新评估其成本结构和运营策略。

13.3　现金流量表分析

　　现金流量表是反映企业在一定会计期间现金和现金等价物流入和流出的报表。其主要目的是揭示企业一定时期内现金流入、流出及净增加额的情况,以评估企业的支付能力、偿债能力和资金周转效率等。

13.3.1　现金流量表分析要点

13.3.1.1　资产流动性分析

　　企业通过现金流量表分析企业资产的流入和流出情况,评估企业财务状况的灵活性和应变能力。

13.3.1.2 收益能力分析

现金流量表能够直接反映企业现金的流入和流出情况,是衡量企业收益能力的重要指标之一。通过分析经营活动产生的现金流量净额,可以评价企业的直接经济效益和收取现金、控制支出的能力。

13.3.1.3 现金流量净额分析

现金流量净额反映了企业现金流入和流出的总体情况。通过观察现金净增加额及其来源,可以判断企业的财务状况和未来发展潜力。

13.3.1.4 趋势分析

企业通过对比不同会计期间的现金流量表数据,可以分析现金流量的变化趋势和规律,预测未来的现金流量状况。

13.3.1.5 结构分析

企业通过分析现金流量表中各项现金流入和流出的结构比例,可以了解企业现金流量的主要来源和去向,评估资金运作效率和风险水平。

13.3.2 现金流量表动态模型构建

 案例 13.8

案例背景: 新邦科技公司对 2025 年度的现金流进行了预测。

第一季度(Q1):

现金流入情况为,融资活动 5 000 万元(银行贷款和股权融资),上一财年未结清款项 1 000 万元,客户预付款项 500 万元。

现金流出情况为,研发投入 3 000 万元,市场营销支出 1 500 万元,员工薪酬 800 万元,租金及日常运营费用 700 万元。

第二季度(Q2):

现金流入情况为,销售收入 3 000 万元,融资活动 500 万元。

现金流出情况为,研发投入 2 500 万元,市场营销支出 1 800 万元,员工薪酬、租金及日常运营费用 1 200 万元(随业务量增加)。

第三季度(Q3):

现金流入情况为,销售收入 8 000 万元(显著增长),成本节约与效率提升带来的额外现金流 500 万元。

现金流出情况为,研发投入 2 000 万元(逐渐稳定),市场营销支出 1 500 万元(略有减少),员工薪酬、租金及日常运营费用 1 800 万元(随业务量增加)。

第四季度(Q4):

现金流入情况为,销售收入(年终冲刺)10 000 万元,应收账款回收 2 000 万元,政府补贴/非核心资产出售 500 万元。

现金流出情况为,员工年终奖金 1 200 万元,供应商款项支付 3 000 万元,税款缴纳 2 000 万元,租金及日常运营费用 1 800 万元(维持水平)。

要求:构建现金流量分析表;构建 4 个季度现金流入、现金流出以及净现金流的动态饼图;构建 4 个季度占比的趋势图。

操作步骤如下:

(1) 构建的现金流量分析表,如图 13-18 所示。

季度	1季度	2季度	3季度	4季度	全年	1季度占比	2季度占比	3季度占比	4季度占比
现金流量分析表								单位：万元	
现金流入	6 500	3 500	8 500	12 500	31 000	20.97%	11.29%	27.42%	40.32%
筹资活动	5 000	500			5 500	90.91%	9.09%	0	0
经营活动	1 500	3 000	8 500	12 500	25 500	5.88%	11.76%	33.33%	49.02%
筹资活动占比	76.92%	14.29%		0	82.26%				
经营活动占比	23.08%	85.71%	100.00%	100.00%	82.26%				
现金流出	6 000	5 500	5 300	8 000	24 800	24.19%	22.18%	21.37%	32.26%
投资活动	3 000	2 500			7 500	40.00%	33.33%	26.67%	
经营活动	3 000	3 000	3 300	8 000	17 300	17.34%	17.34%	19.08%	46.24%
投资活动占比	50.00%	45.45%	37.74%	0					
经营活动占比	50.00%	54.55%	62.26%	100.00%	69.76%				
净现金流	500	-2 000	3 200	4 500	6 200	8.06%	-32.26%	51.61%	72.58%
计算公式	G3=B3/$F3	向下向右填充公式							
	B6=B4/B$3	其他同理							

图 13-18　现金流量分析表

(2) 构建 4 个季度现金流入、现金流出以及净现金流的动态饼图设计表,如图 13-19 所示。其中,列表框参数设置,如图 13-20 所示。

	A	B	C	D	E	F	G
16		1					现金流入
17			1季度	2季度	3季度	4季度	现金流出
18		现金流入	6 500	3 500	8 500	12 500	净现金流
19	计算公式	B18=OFFSET($A$2,($A$16-1)*5+1,0)					
20		C18=OFFSET(B2,($A$16-1)*5+1,0)	向右填充至F18				

图 13-19　动态饼图设计表

(3) 动态饼图,如图 13-21 所示。

(4) 构建的 4 个季度占比的趋势图,如图 13-22 所示。

(5) 结果分析如下:①现金流入分析。全年现金流入总额为 31 000 万元。这显示了企业在一年内的资金流入情况较为稳定。现金流入在第四季度达到高峰,占总流入的 40.32%,表明企业在年末可能面临较高的收款活动或销售旺季。第一季度占比 20.97%,相比之下,第二季度现金流入较少,仅占 11.29%,可能与市场淡季或季节性因素有关。筹资活动与经营活动方面,筹资活动现金流入主要集中在第一季度,占全年筹资

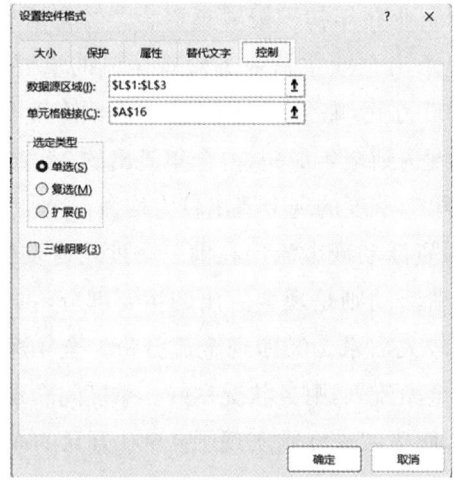

图 13-20　列表框参数设置

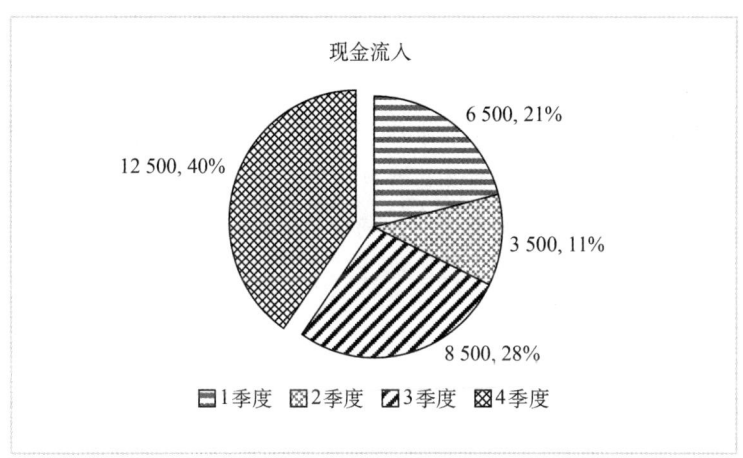

图 13-21　动态饼图

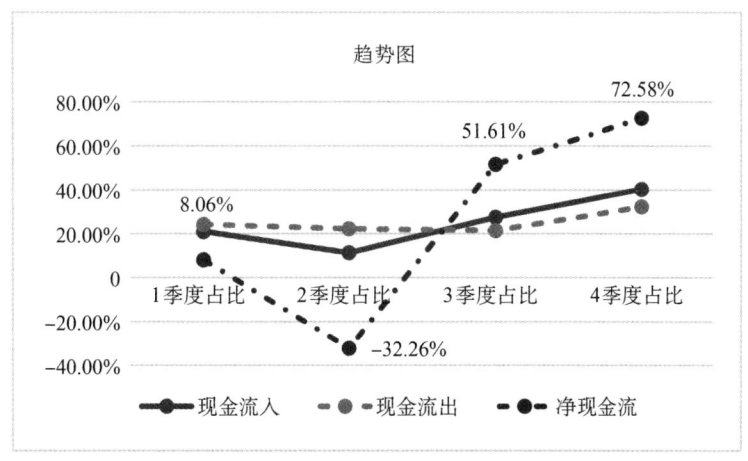

图 13-22　4 个季度占比的趋势图

活动流入的 90.91%，表明企业在年初积极筹集资金。经营活动则是全年现金流入的主要来源，占比高达 80%，显示出企业主营业务对现金流的重要贡献。②现金流出分析。全年现金流出总额为 24 800 万元，略低于现金流入，表明企业在控制支出方面做得相对较好。现金流出在第四季度达到全年最高，占全年流出的 32.26%，可能与年末的支付活动增加有关。第一季度和第二季度的现金流出较为均衡，分别占 24.19% 和 22.18%。投资活动与经营活动方面，投资活动现金流出在前三季度均有发生，但占比较低，表明企业在投资方面相对谨慎。经营活动则是现金流出的主要部分，占比超过 60%，显示出企业在运营过程中对现金流的较大需求。③净现金流分析。全年净现金流为 6 200 万元，表明企业在一年内实现了资金净流入，财务状况良好。季度间净现金流波动较大，第二季度出现 2 000 万元的净流出，而第四季度则实现了 4 500 万元的净流入，是全年最高的季度净流入。这种波动可能与季节性因素、市场状况及企业内部经营策略的调整有关。

 **实战演练**

（1）收集某公司近 5 年的财务报表数据，包括资产负债表和利润表等，并将这些数据按年份和科目分类整理到 Excel 表格中。

（2）分别对资产负债表和利润表进行结构分析与动态分析。